The Evolution of a Corporate Idealist

Christine Bader

理想主義者として働く

真に「倫理的」な企業を求めて

クリスティーン・ベイダー 著

原賀真紀子 訳

英治出版

A、C、Aに捧ぐ

THE EVOLUTION OF A CORPORATE IDEALIST
When Girl Meets Oil
by
Christine Bader

First published by Bibliomotion, Inc., Brookline, Massachusetts, USA
This translation is published by arrangement with Bibliomotion, Inc.
through Tuttle-Mori Agency, Inc., Tokyo

優れたビジネスとは、高い競争力を発揮して成功を収めると同時に、
世の中を良い方向へ導く力を持つものでなければならない。

――BP「私たちが目指すもの」

（2002年に発表した、同社のビジネス理念についての声明より）

ある物事をそのまま受け入れて信じ続けることと、
同じことを新たな目で見て信じるようになることのあいだには、
とても大きな違いがある。

――W・H・オーデン（詩人）

理想主義者として働く❖目次

第4章

国際連合――原則の力
実効性のある規範を作るには

第5章

メキシコ湾──理想主義の危機

事故や不正はどうすれば防げるのか……225

第6章

ニューヨーク——再出発
理想主義者はどう働き、どう行動すべきか

＊本文中の〔　〕は訳注です。
＊原注は該当箇所に番号を振り、巻末にまとめて掲載しています。
＊引用部はすべて独自訳です。
＊本文中の「ドル」はすべて米ドルのことです。

プロローグ
石油メジャーに恋をして

私と石油メジャーが「付き合う」ようになったのは、1999年の夏のことだった。すべてはその前の年に、コネチカット州ニューヘイブンの、聴衆であふれかえった大学の講堂から始まった。

当時はまだブリティッシュ・ペトロリアム（英国石油）の名で知られていたBPの最高経営責任者（CEO）ジョン・ブラウンが、同社の温室効果ガス排出量を削減するという野心的な計画について講演を行なうために、私たちの大学へやって来た。(1) ブラウンはエネルギー企業の経営者の中では初めて気候変動の現実を認めて行動を促し、ほかの巨大石油企業とは異なる方針を少し前に打ち出したばかりだった。(2)

当時、私はイェール大学経営大学院で学んでいて、MBAコースの1年目に在籍していた。その頃、政府機関や非営利団体で何年か働いてビジネスの威力を外側から目の当たりにしたあとだった私は、はたして自分が民間企業でやり甲斐を見出せるものかどうか思案していた。

大学を卒業したあと、私は「シティ・イヤー」という非営利団体で1年間、地域奉仕活動に従事した。この時、いくつもの企業が寄付や物資の提供に加え、私たちの指導役として共に奉仕活動をする社員を派遣していることを知った。それから私は全寮制私立高校の名門で教員兼助手を務めて地域奉仕を担当し、恵まれた同校の生徒たちからメンバーを募って地域住民と協働するプログラムを運営した。その地域、ローレンスは1800年代後半には繊維産業の地として栄えたが、今ではマサチューセッツ州でもっとも貧しい街のひとつだ。その後、ニューヨーク市庁に勤務していた時には、雇用と税収に関して市が企業に頼り切っている現実を見た。

多くの企業が社会にとってプラスになる貢献をしている一方で、そうした企業の中には必然的に気前のよい寄付をせざるをえない状況を同時に作り出しているところもあるという現実を、私は少しずつ理解し始めた。私が仕事で関わったどの貧しい地域も、産業の喪失によって困難な状況に追いやられ、苦しみを味わうようになったうえに、税基盤が貧弱になったことでその窮状は一層悪化し、教育の質も低下してしまったのだ。場所によってはもっと直接的に、ビジネスが負のインパクトを与えている。たとえば、企業が地域の公共公園を汚染してしまったり、役所に働きかけてそこを駐車場にしてしまったり、あるいは自分たちが進出した地元のコミュニティから誰も採用しなかったり、といったことが起きているのだ。

ビジネスが社会に与える影響について、私は関心を抱くようになった。こうした企業の経営幹部とは、一体どのような人たちなのだろうか？　地域コミュニティが栄えるか衰えるかの鍵を握る彼らは、どのような理由で、またいかにして、その意思決定を行なっているのだろう？

大学を卒業する前、キャンパスにやって来た企業の採用担当者たちに、私は目もくれなかった。私の両親はどちらもビジネスの分野で仕事をしていたが、それがどのような世界なのか、子どもの頃はまったくわからなかった。(3) 毎朝父はスーツに身を包み、母は体をくねらせながら薄いベージュのストッキングに足を通し、ふたり揃って混雑したニューヨークの地下鉄に乗って通勤していた。姉と私がベビーシッターと一緒に夕食を済ませた頃にふたりともクタクタになって帰宅したが、両親が日中職場でどのように過ごしているのか、当時の私はほとんど理解していなかった。成長した私の目には、ビジネスの世界が持っている力が見えるようになってきた。だが、私自身がその力を少しでも借りたいかどうかはわからなかった。もしかしたら、私はビジネス界に受け入れてもらえないかもしれない……。それでも私は、企業を間近で見てみたいと思った。

それでビジネススクールに進むことにしたものの、その先の進路についてははっきりとした考えを持っていなかった。同級生たちはすでに入学して間もなく、投資銀行やコンサルティング会社に履歴書を送り始めたが、私はもっと興味が持てそうな仕事が見つかることを期待していた。

そこへある秋の朝、ジョン・ブラウンが現れたのである。「企業はビジネスを展開する地域の社会から切り離された存在であってはならないのです」と彼は言った。「我々は、そこでお金儲けだけして、さっさとほかの場所へ行ってしまう、などということはしません。その地域は、企業にとっても自分たちの社会なのです。我々のために働いてくれる人々は、その社会に暮らす市民でもある。彼らは自分たちのこと、そして家族のことを考えて、希望も心配も抱いているのです。長期にわたって順調に操業を続けたいのであれば、地域社会から孤立した存在になってはいけません」

それから10年もすると、これは各社のCEOが口にする一般的なフレーズになったのだが、当時の私の耳にはブラウンの言い回しが高尚で好ましいものとして響いた。のちに私はロンドンにあるBP本社の役員室で数カ月間インターンをすることになり、期待で胸を膨らませていたのだが、それが単なる「ひと夏の職業体験」以上の収穫につながるかどうかについては確信が持てずにいた。

インターンとして働き始めた当初、私は良い意味で驚き、目に映るものが魅惑的に思えた。颯爽と上質なスーツを着こなす男性たち（そして、人数は少ないが女性も）が、いかにも英国ならではのドライでウィットに富んだ会話や振る舞いをし、操業現場での実践的な役割から財務や政府の公共政策に至るまで、世界を股にかけて様々な仕事をこなして活躍していたのだ。私にとってもっとも影響が大きかったのは、気候変動と闘うことや操業現場を置く地域のコミュニティを支援することなど、彼らがたえず社会におけるBPの役割について語っているように思えたことだ。それまでずっと私は社会正義について考えてきたが、民間企業で働く人たちも同じように考えているとは思いもしなかったし、企業の経営幹部たちがそのような話をするのを聞いてうっとりとしてしまった。その時の私は、まるでアメリカ人の交換留学生が生まれて初めてイタリア語を耳にしたような感じだった。

そんなBPに、私は恋をしてしまった。そしてBPのほうでも私を好きになってくれて、社員として迎え入れ、様々な機会を与えてくれた。インドネシアの駐在では、人里離れたガス田の周囲で起きていた社会問題に取り組んだ。中国では、化学合弁事業において労働者と地域コミュニティの安全を確保する仕事を担当した。英国に戻ってからは、人権に対する社内の理解を深め、その保護と尊重を進めるために、世界各地の同僚たちと一緒に取り組んだ。

ＢＰは同社のプロジェクトの周辺に住む人々の暮らしを支援することを目的として、私に給料を払ってその課題に取り組ませた。やがてそれが同社のビジネスを助けることにつながるからだ。

それなのに、石油メジャーは私を失望させた。その予兆に目を向けるべきだった。ブラウンがＣＥＯを務めていた時代の最後の数年間、ＢＰはいくつもの悲惨な事故に見舞われ、彼自身も最後はスキャンダルによって評価を失墜させ、辞任に追い込まれた。探索と生産の部門を率いていたトニー・ヘイワードが後任の座に就くが、人権や再生可能エネルギーについてブラウンが主張した進歩的なスタンス[4]を軽視し、代わって安全で確かな操業に「レーザー照射のごとく」焦点をしぼって注力することを誓った[5]。だがこの姿勢はのちに、あまりにも波乱に満ちた展開によって覆されることになる。私は国連のプロジェクトに専念するためにＢＰを辞めたのだが、訣別の理由はＢＰにあるというよりも、自分には追い求めたい目標があったからだ、という部分のほうが大きい。「あなたのせいで別れたんじゃなくて、私自身の問題だったの」という感じだ。

そして、メキシコ湾岸の掘削施設「ディープウォーター・ホライズン」で爆発事故が発生し、ＢＰはそれによって大きな打撃を受けた。かつて私が勤めていた会社は、もはや面倒見がよくて思いやりのある企業ではなく、支配欲が強くて人殺しも辞さない企業、つまりロメオではなくマクベスと見なされていた。報道や解説で伝えられたことを信じるならば、すべてヘイワードが悪いわけではなく、ＢＰはずっと前から膿を抱えていて、これまで諸事に紛れて目立たなかっただけなのだということになる。[6] メキシコ湾岸の爆発事故によって、アジアをはじめとする地域で私が担当した良い取り組みまでが否定されたわけではないのだが、もはやなにを信じてよいのかわからなくなってしまった。９年間に及んだＢＰと私の関係は、偽りだったのだろうか？

私は、ほかの場所に愛を求めた。国連の仕事もしばらくのあいだは良かったのだが、その政治的な力学や抽象的な概念が肌に合わなかった。また、仕事の中で出会った活動家たちの闘う姿は情熱にあふれてはいるものの、「なにが間違っていて、どういうことなら筋が通るか」という点ばかりを問題にしており、私の目には実用的な視野に欠け、救いようがないくらいネガティブなものに映った。私はそれよりも「どんなことが可能か」について想像を膨らませたかったし、それを実現したいと思っていた。

ほかの人たちとの付き合いを深めれば深めるほど、私はビジネスの世界へと引き戻されていった。多国籍企業で働く人たちは理想主義者でありながら実利を重んじていて、仕事熱心だけど自分を卑下する傾向があり、リソースに恵まれていることを認識しながら自身の職務と格闘している。要するに、彼らは私とそっくりだったのだ。

さらに言うと、彼らの会社もＢＰと同様に落ち度があって複雑で、ある分野においては人権に関する取り組みが進んでいるものの、ほかの分野では人権への配慮が疎かになっていた。加速するグローバル化の波やテクノロジーの進歩への対応に追われ、世界で自分たちが担うべき役割がつねに進化しているという状況に置かれているのは、資源の開発によって環境破壊や社会的被害を招いた業界——主として採鉱——の企業や、労働搾取工場での生産が明らかになったスポーツやアパレルのブランドなど、問題が世間に知られるようになった企業だけに限らない。他社も同じような状況に直面しており、グーグルやマイクロソフト、ヤフーなどのIT企業は検閲や監視への関与を問題視されているし、アップルは労働環境が劣悪な工場に生産を委託していたことで非難を浴び、銀行業界は有害なインフラ整備プロジェクトへの投資やグローバル経済が弱体化する要因を作ったことなどで責められている。

言うまでもなく、ビジネスが社会や人々に危害を加えるという議論自体は目新しくない。南北戦争が勃発するまで、米国の綿貿易を支えていた原動力は奴隷制度だった。1911年にニューヨークで発生したトライアングル・シャツウェスト工場火災では、そこで縫製をしていた工員たちが146人も犠牲になった。作家のアプトン・シンクレアが1906年に発表した『ジャングル』には、米国の精肉業界における労働搾取の実態が赤裸々に描かれている。

現在でも米国の内外で、同じように劣悪な労働環境が存在している。国際労働機関（ILO）は人身売買によって生み出される利益は年間で320億ドルに及ぶと試算している。ヒューマン・ライツ・ウォッチが2005年にまとめた「血と汗と恐怖——米国の精肉・鶏肉工場における労働者の権利」と題する報告書を読むと、シンクレアが書いたものではないかと思ってしまうような内容だ。２０１３年にバングラデシュで発生した事故では、ラナ・プラザという建物の崩壊によって、その中の縫製工場に勤めていた１１２９人の命が奪われた。

こうした問題は、企業の社会的責任（ＣＳＲ）や持続可能性への取り組みが増し、これらの課題について研究する学問や会議や専門誌があり、インターネット上でもつぶやかれるようになったにもかかわらず、依然として繰り返されるのである。(7) 企業とその経営幹部の社会的責任については、すでに１９３０年代から40年代の文献において言及されている。(8) だが、その概念がビジネスの主流に姿を現すのは１９９０年代後半で、ナイキ社がアジアの供給業者に対してもっと責任を持ってその労働環境を改善するようにと世間から圧力をかけられたり、ロイヤル・ダッチ・シェル社がケン・サロ＝ウィワの処刑に加担したとして非難されたりした頃のことである。サロ＝ウィワは、同社がニジェール・デルタで展開する操業に対して抗議活動を行なっていた人物だ。

２０１２年、フォーチュン誌の企業番付で上位５００社に選ばれた企業の半数以上がＣＳＲまたは持続可能性についての報告を発表し、そのうちの多くが持続可能性に関する最高責任者を置き、ＣＳＲ部門やそれに類する部署を持っていた。(9) 多数の企業が長年にわたって慈善事業のための基金や財団を運営してきたが、近年新たに繰り返し叫ばれるようになった企業市民活動とは、「いかにお金を寄付するか」ではなく、本業の中核付近に企業市民活動を据え、それによっていかにビジネスで収益を生むかという点に焦点をあてて考えるということである。

多国籍企業の内部に身を置き、社会と環境により配慮したビジネス慣行の実現を目指して奮闘する人たち――彼らの取り組みは成功している部分もあれば、あまりうまくいっていない部分もある――のグローバルな集団の中に自分も属しているということに、私は気づいた。それ以来、新聞の紙面を飾る企業の事故や不祥事の見出しを異なる視点で眺めるようになった。画一的で顔の見えない企業に対して怒りをぶつけるかわりに、その会社の深部にいる人たちのことを想像し、彼らは世間の視線が集まらないところで、悲惨な事故を繰り返さないための方針や手順の導入を強く訴えてきたのではないかと考えるようになった。では、なぜその働きかけはうまくいかなかったのだろうか？　彼らはどんなふうに受けとめているのだろうか？　そして、彼らはそもそもどんな人たちなのだろう？

彼ら、つまり私たちのような人間は、「企業内理想主義者《コーポレート・アイデアリスト》」である。ある人はアジアの工場地帯にいて、従業員が必ず適正な給料を支払われ、きちんとした扱いを受けられるように、現地のマネージャーと共に仕事をしている。またある人はアフリカにいて、油田開発のために外国から多くの労働者が流入してくる中、その土地古来の伝統を守ろうとして年老いた村人たちと一緒に土まみれの床に座り込んで頑張っている。あるいは、シリコンバレーで製品開発者と協働し、利用者のプライバシーを保護するための取り組みに従事している人もいる。ロンドンやニューヨークには、人と地球を守ることはビジネスにとってもプラスであることを上司に理解させようと奮闘する人がいる。

ビジネスはより良い世界を築くための力になれると私たちは信じている。たとえ自分自身が抱える矛盾とのあいだに葛藤があるとしても――。私たちはグローバル化に反対するデモに参加したりはしない。だが、改革を唱える彼らの主張の一部には賛同できる。CEOたちが過度に高い報酬を受け取っていることについて憤りを感じるが、自分たちも家族や自分自身のために仕事で成功したいと思っている。仕事では持続可能な製品を販売するように会社に強く働きかけているくせに、いざ自分が消費者の立場になるとオーガニック製品の値段が高いことについて文句を言う。投資家や活動家に対しては自分の会社を擁護する一方で、自分たちはやるべきことを十分にやっていないと同僚に向かって主張する。

私たちは、メキシコ湾岸の爆発事故による原油流出やラナ・プラザの崩壊のような事故が再び起きるのを防ごうとして守備を固める一方で、より良い未来を作るためのビジョンに向かって前進しようとしている。しかし、時には失敗してしまうのは言うまでもない。

心が折れるような経験もしたし、信じていたものに幻滅して夢から覚めたような気分も味わった。それでも私たちは、大企業には世の中をより良い方向へと導く力があることを知っているし、そのために自分たちができることはすべてやらなければならないという気概を持っている。

そんな私たちは幻想を抱いているのだろうか、それとも現実的な視点を持っているのだろうか？　これまでのビジネスのやり方を変えつつあるのだろうか、それともビジネスの本質ではないところで物事を改善すべくあれこれといじくりまわしているだけなのだろうか？　リスクに怯えているのか、それとも機会を見出してやる気にあふれているのだろうか？　大企業に対する私たちの愛情は正当化されるのだろうか、それとも間違った方向を向いているのだろうか？

まさにこれが、私たちのストーリーのテーマなのだ。

本書には、私がBP勤務時代にインドネシアや中国、そして英国で取り組んだ仕事のこと、およびビジネスと人権に関する国連事務総長特別代表のプロジェクトに従事した時のことが詳しく書かれている。執筆にあたり、私はこれまでに知り合った企業内理想主義者たちの体験や考察を随所に織り込んでいるが、それらを読み進めるうちに、私の体験は詳細だけを見れば独特かもしれないがテーマ自体は決してそうではないことを、読者の皆さんにもおわかりいただけるだろう。

本書に登場する会話や出来事は、関係者とのあいだで交わしたやりとりや文書、リサーチ、そして私自身の記憶に基づいて再現されている。事実関係の確認には最善を尽くし、自分の記憶が正しいかどうかについて、ほかの人の判断も仰いだが、やはり人の記憶には間違いがつきもので、歴史というのは主観的なものであると認識するに至った。私のために多くの時間を割き、貴重な意見を共有してくれただけではなく、記述の中に間違いや解釈の誤り、または見落とされているものがないかどうか、強い責任感を持ってチェックしてくれたすべての友人、仲間、元同僚に心から感謝している。

第1章

インドネシア——手探りの出発

Indonesia: On the front lines

事業の影響にどう向き合うか

大きなナタを持った小柄でがっしりとした男性のあとを、私は汗だくになりながら遅れずについて歩こうとして、木の根っこにつまずいてしまった。それは2001年2月のことで、インドネシアの最東端、パプア州にいた時のことだ。

私は当時BPに入社したばかりで、この日はBPが液化天然ガス（LNG）のプラントを建設しようとしていた場所から離れた土地を目指して歩いていた。プラントの建設予定地には、土の色彩が豊かであることからタナメラ（インドネシア語で「赤い大地」を意味する）と呼ばれる村があった。タナメラには127世帯が暮らしていたが、その人たちはこれからBPが建設する新しい居住地へ引っ越さなければならなかった。新しく村を作る場所を初めて見学するために、私は現地を訪れていた。前を歩いていた男性はタナメラの指導者のひとりで、ヨナスだ。

天然ガスが埋蔵している湾岸部から内陸へ向かって、生い茂る低木を切り倒しながら苦労して進んでいくと、開拓された小さな土地が現れ、私たちはそこでようやく足を止めた。

「ここだ」とヨナスが言った。

私たちは沿岸からかなり離れた場所の、乾いた草の上に立っていた。そこは、これまで彼らが暮らしてきた村——遮るものがなく湾を見渡すことができ、土地も肥沃で、魚介類の漁を生業とする人たちにとっては最高の場所——とは似ても似つかないところだった。私は思わず、眉をつり上げた。ヨナスも私と同じように、このような状況は不当であると感じているだろうか……。肩をすくめたヨナスは、運命には従わざるをえないと、あきらめているかのようだった。

このプロジェクトには、タングーという名前がついていた。「強い」とか「打たれ強く、しなやか」という意味を持つ、インドネシアの言葉だ。BPはこの湾岸で採掘したガスを海中のパイプラインでLNGプラントへ送り、そこで華氏マイナス260度まで冷却して濃縮したものをタンカーに積み、環太平洋諸国へ出荷するという計画だった。

これに先立つこと2年、BPは米国の石油会社アトランティック・リッチフィールド（ARCO／アルコ）の買収を発表しているが、その主な目的のひとつがタングーだった。株主総会で買収を発表した時、ジョン・ブラウンはこのプロジェクトを「もっとも重要な案件」と称した。ガス田は広大で、その埋蔵量はおよそ14・4兆立方フィート（4077億立方メートル）と推定されていた。これは、米国における天然ガスの需要をほぼ8カ月間十分に満たすことができる量である。[1]先進諸国では原油や天然ガスの供給量が減少し、関連企業は世界のエネルギー需要に応えるために、より遠方での開拓を余儀なくされていた。天然資源をめぐる競争がますます熾烈になっていく中で、タングー・プロジェクトの獲得はBPにとってこのうえなく得難いものだった。こうしてBPがインドネシアとロシアに進出する道を買収によって切り開いていた頃、シェブロンはそれと同じことを、ユノカルとテキサコを買収してミャンマーとエクアドルで行なっていた。エクソンはモービルと合併し、よりグローバルに展開しようとしていた。中国の採鉱企業は、アフリカへの進出を開始していた。

タングー・プロジェクトは、技術的には筋道を立てやすい案件だった。ガス田はとても大きくて海面に近いところにあるのでアクセスが容易だし、BPは世界中でLNGプラントの建設を成功させてきた。しかし、パプアのような土地での建設は、それまで彼らは経験したことがなかった。

「資源の呪い」への不安

ニューギニア島の西側半分を占めるパプア州は、世界でもっとも人里離れた場所のひとつである(2)(ニューギニア島の東側は、独立国家であるパプア・ニューギニア)。2000年の国勢調査によると、パプアでは210万人がカリフォルニア州と同じくらいの大きさの地に散らばるようにして暮らしている。ちなみに、同年のカリフォルニアの人口は3400万人である。州の大半は人が足を踏み入れることのできない土地で、道路は少なく、その多様で起伏に飛んだ地形にはマングローブや多雨林、サバンナ、そして山々が広がっているだけではなく、赤道直下の氷河までもが存在する。また、ニューギニアは多様な生物が生息するホットスポットだ。[3] その土地が世界の陸塊に占める割合は1パーセントだが、そこには世界に存在する動植物のうち、5パーセントに相当する種が生息している。まさに、この土地に足を踏み入れる際には、どこに工業施設を建てるかは言うまでもなく、希少品種の蛾やランの花を潰してしまわないように、注意を払わなければならないのだ。

何百という数の民族や言語が存在するので、「新しい民族が発見された」[4] という話が伝えられるたびに——最近では2010年にもそのようなことがあった——、この土地の神秘性は増していく。高山で暮らす民族の男たちがボディペイント以外にはコテカ（乾燥させたひょうたんの皮で編んだ鞘）でペニスを覆っているだけの姿で写っている写真も、そのことに一役買っているのだろう。

パプアは2000マイル（約3200キロメートル）も離れたところにある自国の首都ジャカルタよりも、オーストラリアのほうが近い。そもそもジャカルタをパプアにとっての首都とみなすべきかどうかについて、一部の人たちのあいだで論争の種になっている。それまでオランダ領だったパプアは1962年、スカルノ大統領（当時）がこの土地を力ずくで掌握すると脅しをかけたことによって、暫定的に国際連合の監視下に置かれた。1969年、「自由選択権投票」という住民投票が行なわれたのだが、インドネシア政府が選んだ1000人ほどのパプア人にのみ投票権が与えられたので、彼らは予想どおりインドネシアへの併合に賛成票を投じた。分離主義者たちの運動は現在も続いており、時折インドネシア軍との武力衝突が起こっている。また、州の名前をめぐっても論争が絶えない。1960年代に当時のスハルト大統領が「イリアン・ジャヤ」と名付けたのだが、現地の人々は決してそれを州の名前として受け入れなかった。それでも2007年まで、その名前は法律上ある一定の有効性を保っていた(5)。

私が出会った範囲での話だが、パプア系ではないインドネシア人の中には、パプアのことを未開民族が暮らす地帯として見下しているような人たちがいた。パプアの人たちの容姿は、インドネシア人よりもメラネシアの人々のそれに似ていて、肌の色が浅黒く、髪の毛はクルクルと巻いたようになっていて、体つきはどっしりとしている。細身で肌の色の薄いマレー系の同胞とは対照的だ。また、パプアの人々の多くはアニミズムまたはキリスト教を信仰している(後者は西洋の宣教師たちの遺産である)。このことは、インドネシアの多数派であるイスラム教徒たちとの違いを一層際立たせている。首都からは物理的にも心理的にも、そして政治的にも離れているため、パプアには公共事業が行き届いておらず、国内でもっとも貧しくて識字率が低く、平均寿命の短い州のひとつに数えられている。

ところが、インドネシア政府はパプアに備わる豊かな天然資源に目をつけ、それらは貴重な財源になると考えていた。ほかの多くの国々と同様に、インドネシアでも原油やガスは国の政府が所有しており、BPのような民間企業にそうした資源の開発を委託している。政府と企業が生産拠点を共有する合意書に調印するのが一般的なやり方だが、それはすなわち、経費を回収できるようになるまでは、プロジェクトの開発に投資した企業側が先に収益を得る権利がある、ということになる。

経費を回収することができたら、その後は企業と政府のあいだで利益を分配する。

企業が進出してきたことによって不便を強いられた近隣住民に対して、国はその事業で得た利益を還元するというのが、本来あるべき姿だろう。しかしながら、行政の透明性や法律の順守という概念の不在が長く続いた国では、支配層のエリートたちは市民の生活を良くすることよりも、自分たちの懐を肥やすことに、そのお金を使ってしまうのだ。結果として、資源からいちばん近いところに住んでいた人々が、その開発によってもたらされる利益を享受することができなくなってしまう。そのうえ、なんとも皮肉であり、かつ嘆かわしいことだが、その人たちの生活は前よりも悪くなってしまうのである。アゼルバイジャンやジンバブエなどの国々にある地域コミュニティでも同様の現象が起きていて、これは「資源の呪い」とか「資源の豊富さの逆説」などと呼ばれている。(6)原油や天然ガスや鉱物が見つかれば、人々はその発見を祝い、自分たちに仕事や富がもたらされるだろうと期待するものである。まさか自分たちはなにも得ることができず、その土地の環境や社会も破壊されることになるなんて、その時に予想する人はいない。

企業側がこうした状況をさらに悪化させてしまうことが、あまりにも頻繁に起きている。彼らが近隣の地域コミュニティに住む人々と話し合う機会を持たなかったり、その国の政府との付き合いだけが大事だという誤った認識に基づいて行動したり、地元の人々を寄せ付けないようにするために賄賂を与えたり、殺し屋のような警備員を雇ったりするからだ。

自分の親族や身内を潤わせる交渉を企業に持ちかけるということを、スハルト大統領が何十年にもわたって続けていたために、インドネシアには「資源の呪い」に関する事例がかなり多く存在する。その中でも悪い事例としてもっとも有名なケースが、やはりパプアで報告されている。タングーから数百マイル離れたところにある、フリーポート・マクモラン社が所有するグラスベルグ鉱山だ。世界最大級の金と銅の鉱山のひとつであるこの場所では、これまで長きにわたって襲撃事件が繰り返されている。鉱山のそばで暮らす地元の人々は、同社に対して強い憎しみを抱いているのだ。何種類かの低賃金労働を除けば、彼らは就労の機会から締め出されているし、同社は鉱山で出る廃棄物を何マイルにもわたって垂れ流しているからだ。タングーへ向かう途中にグラスベルグの上空を飛行機で通り過ぎるのだが、初めてその一帯を見下ろした時、そこには広大な灰色の荒れ地が広がっていたので、私は一瞬、雪が降ったのだと思ってしまった。

パプアとは国の反対側にあるアチェ州では2001年、周辺で内戦が続いたために、エクソンモービル社のLNGプラントが4カ月間生産を停止した。人々のあいだには、この内戦につながる衝突を同社が激化させたと確信する見方がある。その年、同社がインドネシアの特殊部隊に建物や備品を提供したとして、11人のアチェ人が米国連邦裁判所でエクソンモービル社に対する訴訟を起こした。(7)「独立主義運動に関わったという容疑をかけられたアチェ人の尋問、拷問、殺人のために、インドネシアの特殊部隊はそれらを使用した」というのがその主張だ。2013年現在、この訴訟に関してはまだ司法の判断が下っておらず、示談にもなっていない。

インドネシア政府は1999年、豊富な資源を持つ州――すなわちパプアとアチェを指す――が抱える問題への対処を検討していくという趣旨で、州政府に利益がもっと還元されるようにする法律を可決した。しかし、実際に条例を施行するとなると、その作成には何年もの時間を要する。そのうえ、当面はパプアを複数の州に分割しようとする国の取り組みは、むしろパプアを分断して制圧しようとする試みであると見なされてしまった。仮に条例が施行されたとしても、各州にお金が行き渡る前に、誰かに吸い上げられてしまう可能性が高い。トランスペアレンシー・インターナショナルが発表した「腐敗認識指数」によると、インドネシアは2001年と2002年、1・9と格付けされた。10段階評価のうち、0は「きわめて腐敗している」、10は「きわめてクリーン」である。

天然資源の採掘プロジェクトが辿る通常の道筋や、特にインドネシアではそれらの開発がどのように行なわれてきたかの軌跡を勘案すれば、タングー・プロジェクトもこれから同じ道を歩むだろうと想像するのは容易なことだった。しかし、当時のジョン・ブラウンは、それまでとは違うアプローチでプロジェクトに臨みたいと考えていたのだ。

石油業界の異端児

ジョン・ブラウンは、世間が石油業界のビジネスマンに対して抱くイメージとは正反対の人物であるように見えた。細身で物腰が柔らかく、オペラ愛好家である彼が見せる細部へのこだわりは、サヴィルロー〔高級紳士服をオーダーで作る店が集中するロンドンの一角〕で仕立てるスーツから芸術品のコレクション、そしてみずから陣頭指揮をとる企業経営のスタイルに至るまで、見て取ることができた。ブラウンがＢＰに加わったのは１９６６年のことで、当時学生だった彼は見習いとして仕事を始めた。その後、資源の探査や生産を担う部署を経験し、だんだんと上位のポジションへと移っていき、１９９５年には同社のＣＥＯに指名された。ブラウンはアモコ、アルコ、カストロールを次々と買収し、アラスカと英国の北海の２カ所でパイプラインを操業していたＢＰを、世界的な巨大企業へと転換させた。

ブラウンはＢＰを経済界で認識される勢力にまで成長させたわけだが、それだけではなく、同社が世界に与えることのできるインパクトについても、より大きな視野を持っていた。彼は１９９６年、気候変動に関する懐疑的な見方を促進するために作られた「地球気候連合」というロビー活動団体から、ＢＰを撤退させている。１９９７年にスタンフォード大学で行なった講演では、「世界を代表する科学者たちと、科学以外の分野で活躍する意識の高い有識者たちのあいだでは、人類が気候に対してはっきりと認められる程度の影響を及ぼしているという一致した見解がある」と発言し、さらに「高まる懸念を無視すれば、それは思慮が足らず、潜在的に危険をはらむ行為だということになるだろう」と述べている。[8] 私自身もその場にいて聞いていた１９９８年のイェール大学での講演では、ブラウンは２０１０年までにＢＰの二酸化炭素排出量を１９９０年度の排出レベルより10パーセント下回る水準まで削減させると誓った。[9] 同社は予定よりも8年早く、その目標を達成した。そして2000年、BPは新しいロゴを展開した。「自然、熱、光」を彷彿させるために緑、黄色、白の3色で強い陽光を表現したデザインは、古代ギリシャの太陽神にちなんで「ヘリオス・マーク」と名付けられた。[10] このロゴは「石油を超えた世界へ」という新しいスローガンと共に採用された。

このような行動を起こしたことにより、ブラウンは石油業界以外の人々からも一目置かれるようになり、英国のビジネスエリートたちの投票によって「もっとも尊敬されるリーダー」に4年連続で選ばれた。[11] 1998年にナイトの爵位を与えられ、2001年には一代貴族になった。翌2002年には、フィナンシャル・タイムズ紙がブラウンを「太陽王」と呼んで賞賛する人物ルポを掲載した。

それから数年後、こうしたブラウンの偉業は一連の不祥事によって著しく傷つけられることになる。しかし当時の私はブラウンに対して、「みずからを同業者とは異なるタイプの石油マンとして、BPを競合他社とは異なるタイプの企業として位置づける人」という、世間の人々と同じ見方をしていた。

アウシュビッツ・ユダヤ人強制収容所からの生還者を親に持つブラウンは、社会や環境に対して企業が担うべき役割について頻繁に口にした。1998年に開催された、とある会議の場でブラウンは、「ビジネスが目指すべきものは勝利や制覇ではなく、共に働く人たちや共にビジネスを行なう相手、そして社会に対して、長期的な責任を負うことである。私たちは、誰もが社会の一員なのだ」と述べている。[12]

ブラウンは、そのようなことを机上の空論として語っていたのではない。1980年代、BPはコロンビアで資源の探査を開始し、1991年までには同国東部カサナーレ県の人里離れた場所に相当量の原油が埋蔵していることを確認した。1970年代に中東諸国が軒並み石油の生産を国営化したため、BPにとってコロンビアは英国と北米以外の地域で初となる進出先だった。[13] 不慣れな土地で、BPは事業を立ち上げることに苦労した。まず移民が流入してきたのだが、職を求めてやってきた人ばかりではなく、彼らの中にはBPが事業を始めることに付け込んで、不法な手段で一儲けしようと目論んだ連中も含まれていた。ゲリラ集団もこの流れに続いた。BPの施設では労働者による操業妨害が起こり、契約で仕事を請け負っていた人たちが誘拐される事件が起きた。もはやお金で安全を買う以外に選択肢はないと判断した結果、BPは被害者ではなく、むしろ現地の指導者の暗殺事件や金で雇われた者たちが起こす暴力事件の共犯者として見なされるようになってしまった。同社の共謀については数々のテレビ番組だけではなく、英国の下院や欧州議会でも繰り返し追及された。

何度も捜査が行なわれたが、容疑を示す証拠はなにも見つからなかった。それでも、カサナーレ県の地域コミュニティにはBPに対する根強い不信感があることだけは明らかだった。BPは「社会的営業免許」として一般的に知られるようになったもの——公的な取締機関から許可を得るだけではなく、会社が操業を始めることによって影響を受ける様々な立場の利害関係者からも許しを得ること――を確保することができなかったのである。その後BPは、地域コミュニティとの関係を深めることに力を注ぎ、様々なプログラム――人権に関する軍隊向けの研修、地域における物資の調達、人気を博するようになった「平和の時間」というラジオ番組で寛容の精神と暴力の防止を訴えること――を立ち上げた。会社を取り巻く状況と地域の人たちとの関係は劇的に改善した。BPは、ここで教訓を得たのである。

ブラウンにとってパプアでのタングー・プロジェクトは、BPがコロンビアで抱えた問題が常軌を逸していたことを示す機会だった。彼はのちに自伝でこう綴っている。「リーダーは完璧な人間ではなく、新しいことを始める時には過ちをおかすものだ。しかし、同じ間違いを二度と起こしてはならない(14)」

タナメラを新しい土地へ移住させることは、タングー・プロジェクトにとって最初の、そしてもっとも明白な課題だった。ダム、高速道路、発電所、地下鉄のように公共性が高いと見なされる事業を政府が推し進める場合、そこに暮らす人々が移住を余儀なくされることは、世界各地で見受けられる現象だ。そして多くの国では、移住を余儀なくされた住民との協議や彼らに対する補償が義務づけられている。ところがインドネシアでは、土地の所有をめぐって市民の権利と国益が対立することを禁じる法律が1960年に成立しているため、中央政府は土地を掌握することができる。タナメラに関しても、地域の住民になんらかの協議の場を用意したことを示す記録はほとんど残されておらず、かろうじて存在していたのは、彼らの土地に対して1平方メートルあたり15～30ルピア（1ルピアは1セントの何分の一かに過ぎない）をアルコが支払うという1999年の合意のみだった。今となっては村の人々は、この金額は不公平であると感じている。パプアでは、土地の価格に対してベンチマークを設定するというような類の事例は存在しなかった。中央政府がフリーポート社に鉱山を委ねた時も、地元の人たちにはなんの補償も与えられなかった。同社と地域コミュニティとの関係が非常に悪かった理由のひとつは、ここにある。アルコが行なった取り決めについても政府はまったく懸念を示さず、むしろＢＰがプラントを建設してくれれば政府に収入がもたらされるので、熱烈に歓迎していた。しかも政府自体は、怒りに燃えた地域住民と間近で接して共生する、などということをしなくて済むのだ。

未開発の地へ

2000年の8月にインドネシアへ渡った時、私は人権問題や「資源の呪い」が自分の中心的な仕事になるとは思っていなかった。その前年の夏、私はＭＢＡコースに在籍する学生インターンとして、ロンドンのＢＰ本社で主にジョン・ブラウンの政策担当責任者のもとで働いた。地政学的な問題について学び、その人と議論することはとても楽しかったのだが、正規の社員としてＢＰに入社してからは、ビジネススクールで身につけたばかりのスキルを使ってデータを読み込み、売上管理アナリストとしての仕事をしなければならないと強く思っていた。まさにそれこそが本物のビジネスパーソンの仕事であるという考えが、私の頭の中にあったのだ。配属されたＢＰインドネシアのコマーシャル・チームは当時、買収によって取得したアルコの資産について、その財務の推移や生産上の数字を集めているさなかだった。私に与えられた仕事は、アジア地域とグローバル市場におけるＢＰのポートフォリオの中で、これらのプロジェクトはどのように位置づけられるかについて、こうしたデータに基づいて分析することだった。

自分の新しい仕事に対してワクワクする気持ちを抱きつつも、私は社会におけるビジネスの役割についても関心を持っていたので、地方政府や公的政策を担当する部署の責任者と会話をするようになった。その結果、定期的にコンタクトを取り合って、その都度私が手伝えるような仕事があるかどうかを検討しよう、ということになった。自分の席がその部署の近くにあったというメリットを活かし、私は彼らの会話を露骨に盗み聞きしてはあれこれ業務について質問した。そのうちに、彼らが取り組んでいた住民の移住や人権の問題は、その日の生産量や使用総資本利益率などよりもはるかに興味をそそられる事柄であることがわかった。

ほどなくして、それらの問題にもっと積極的に関われる機会が訪れた。ジョン・ブラウンによってピア・レビュー（同僚どうしが評価や検証を行なうシステム）が導入され、課題を抱えて行き詰まっている場合は誰でも、同じようなプロジェクトからスペシャリストを集めることができるようになった。ピア・レビューは通常、天然ガスの焼却や水の管理といった技術的な課題に適用されてきたが、ＢＰインドネシアのスタッフはこの手法を社会的な課題の検証に用いてタングー・プロジェクトで活かしたいと考えた。そして、私にその企画をやってみないかと打診してきた。このチャンスに、私は飛びついた。

売上管理の仕事を続けながら、私は数カ月かけて出張の手配や会議の設定、アジェンダの整理などを行なった。ピア・レビューのメンバーには、先住民の地域コミュニティと共に課題に取り組んだ経験を持つBPオーストラリアの役員2名、BP本社で衛生・安全・環境に関する政策やビジネス慣行を担当するバイスプレジデント、グローバル社会投資チームのメンバー1名、外部の専門家2名が含まれていた。専門家のひとりは文化人類学者で、長年にわたってパプアで研究した実績があり、もうひとりは環境コンサルタントだった。

ジャカルタのオフィスで一日かけて概況の説明と打ち合わせを行ない、早目の夕食を済ませると、私たちはその夜のフライトで出発するために空港へ向かった。二つの時間帯をまたいで1900マイル（約3058キロメートル）の距離を移動すると、ちょうど太陽がのぼる直前にビアク島に到着した。この島はニューギニア島の北西に位置する。部屋が一つあるだけの空港で、現地の男性たちが飛行機から下ろした荷物を部屋の一角に積み上げていった。そのあいだ、ほかの男性たちは壁沿いに並んで煙草をふかしていた。すると、ひとりの男性が近づいてきて、BPの社員証を示した（この飛行機に乗っていた西洋人は私たちだけだったので、すぐにわかったはずだ）。そして私たちは、彼の車に向かって歩き出した。

私たちのほかには数人の中国人ビジネスマンしか宿泊客のいない簡素なホテルで仮眠をとり、

シャワーを浴び、パウダーエッグとトーストを食べたあと、また空港へ戻った。ここから18人乗りのプロペラ機に1時間揺られて、パプアのより深いところを目指すのだ。パプアの景観は一様ではなく、木々が生い茂る多雨林が続いたかと思えば、明確に区切られた見晴らしのよい土地が姿を現したりする。所々に窪んでいるところがあるが、これらは第二次世界大戦中に日本の軍機が未使用の弾薬を落としてできた弾孔だ。私たちは滑走路が1本だけの小さな飛行場に降りて、BPが作成した安全に関するビデオを観た。それからヘリコプターに乗り換えて、45分間のフライトでビントゥニ湾へ行った。

生まれて初めてヘリコプターに乗った私は、シートベルトをしたままで可能な限り窓のほうへ体を傾けた。眼下に人の姿はなく、時折鳥の群れが木々から飛び立っていくのが見えただけだった。湾に着陸する態勢に入った時、茶色い四角の中に白く「H」と書かれたヘリコプターの離着陸場が目に入った。そして、その先には掘削装置が見えた。

プラントはどのような外観になる予定なのか、私はスケッチを見て知っていた。それは銀色の光りを放つ建物が並ぶ近代的なコンビナートで、保護用ヘルメットをかぶった男性たちがトラックや車に乗って行き交う、そんな絵だった。私は頭の中で森の草地を鉄鋼やコンクリートと置き換えることによって、スケッチで見たイメージを眼下の景色に重ねようとした。すると突然、ヘリコプターの乗り心地が悪くなったような気がした。キャビンを窮屈に感じ、機体の立てる音が耳をつんざく爆音のように聞こえた。私は目にかかる汗をぬぐい、救命胴衣をつかんで引っ張り、水をガブ飲みした。すると、なぜこのような不快感に襲われたのか、その理由がわかった。私は今回初めて、ＢＰがビジネスとしてなにをやっているのかを自分の目で見たのだ。そして文字どおり、私はそれを見て気分が悪くなったのである。

ＢＰ本社で衛生・安全・環境を担当するバイスプレジデントのキャスリン・シャンクスのほうを見ると、彼女は私の表情に不快感がにじむのを読み取ったようだった。「だからこそ私たちは、こうしてここまでやって来たのよ」と彼女は言った。「この状況を、私たちが正しい方向へと変えていくの。私たちがやらなければ、ここまで高いコストをかけてこの場所を支援しようと思う人なんて、ほかにいないでしょう?」　彼女の言うとおりだと思ったが、それでもなお、心の中のざらざらとした不安を払拭することはできなかった。

ヘリコプターの離着陸場に着くと、そこには3人のパプア人スタッフがいた。狭い間隔で一列に並び、1本の消防用ホースを手にしている。ゴム製の黒い箱型の消防スーツを着て、黄色い保護用ヘルメットをかぶり、ダークカラーの保護マスクをつけた彼らは、まるでレゴ〔おもちゃのプラスチック製ブロック〕で作った人間のように見えた。インドネシア人の同僚であるアーウィン・マリーヨトーの話によると、この3人は近隣の村から雇われたばかりで、その日は私たちのベースキャンプで作業の研修を受けていたのだという。

地球科学者としてアルコに入社したアーウィンは、1990年代半ばにこの地域で初めて地震調査を実施したチームの一員だった。同社が行なっていることを地域住民に説明する役は、社交的な彼がいつも引き受けていた。したがって、地域コミュニティとのやりとりに専念するスタッフを置く必要があるとアルコが認識した時、その仕事をアーウィンに依頼したのは自然な成り行きだった。BPがアルコを買収した頃には、アーウィンは地域住民から信頼され、敬意を示されるようになっており、彼がBPと地域住民のあいだを取り持つことのできる貴重な人材であることは明らかだった。

キャンプ・マネージャーの案内で仮設小屋のような建物へ行って荷物を置くと、私たちはこの地域を歩いて見学するツアーに出かけた。最初に訪問した村では、男性3人と女性4人が出迎えてくれて、彼らは草で編んだ腰巻をはき、体には白いボディペイントで装飾が施されていた。男性の一人は小さなドラムを持っていて、もう一人は銅鑼を手にしていた。全員が声を合わせて歌い、すり足で踊る。ほどなくして彼らはそこから下がって場所を空けた。すると、草の腰巻と深い青色のチューブトップを身にまとった若い8人の女性が現れて、先ほどの男女とは異なる動作で踊り、もっと高い声で歌った。村の人たちがその周りを囲むようにして立っていて、私たちが着ているスポンジ・ボブ〔アニメのキャラクター〕のTシャツや欧州のサッカーチームのジャージを凝視していた。入り江沿いにあるほかの村をいくつも訪ねたが、毎回これと同じ光景が繰り返された。

こうした歓迎の儀式を実際に目にすることができる人は、ほとんどいないだろう。最初の二つを見た時、私はこれほどまでに珍しいものを間近で見て感激し、畏敬の念に包まれた。しかし、住民たちの感情表現が冷めていることに気づいてからは、興奮した気分から一転、恥ずかしい気持ちになった。ショーではなくて本物の儀式としてやっているから、彼らは冷静な表情になるのだろうか？　それとも、侵入者のためにわざわざ時間をとって歓迎の儀式をやらされてうんざりしているのか、あるいは憤りを感じているのだろうか？　村の人々の考えでは儀式をせずに人を迎え入れることは不適切であり、失礼な行為にあたるのだとアーウィンは説明し、私たちを納得させた。彼の言っていることはほんとうなのだろうと思ったが、それでもなお、自分が相手の好意に甘え過ぎているにもかかわらず、お構いなしにずかずかと上がりこもうとする客になってしまったように感じた。

使命に出合う

自分が勤める会社が人々に与える影響を初めて目の当たりにして反感を抱いた「企業内理想主義者《コーポレート・アイデアリスト》」は、私以外にもいる。ラベルや梱包を扱うエイブリィ・デニソン社でグローバル・コンプライアンス・ディレクターを務めるダレル・ドーレンも、そのひとりだ。彼から聞いた話を紹介しよう。ダレルは２００３年、自分がやりたいと思っていた憧れの職業を手に入れた。フォード社に入り、中国で生産した部品を輸出用に買い付けることになったのだ。その仕事に就いてから2日目、ダレルは仕入先として検討されていた工場を初めて訪問すると、その労働環境を見てショックを受けた。「ディケンズの小説に出てくるような」と表現するその工場は、壁が煤だらけで汚れていた。「そこで働く人たちがどうか無事に仕事を終え、家に帰れますように、と思いました。彼ら自身も、私と同じくらい強くそう願っていたと思います」

ダレルは驚愕した。「こんな企業活動を奨励する役は、自分にはできない」と、その時に思った。「翌日、上司と話し合いました。中国に着任してすぐの水曜日のことです。『率直に言って、こんなことを許すようなシステムには参加できません』と伝えました。すると上司はこう言ったのです。『君はまさに今、当社のソーシャル・コンプライアンス・プログラムを運営したいと、みずから名乗り出てくれたようだね』。私は思わず、『どういう意味でしょうか?』と聞き返しました。すると上司は『我々が責任をもってやるのであれば、中国でのプログラムには可能な限り手当てをするとCEOが言っている。それがどういう意味なのかはよくわからないので、とにかくチームを立ち上げて、なにができるのかを考え始めようとしたところだ。どうやら君が適任のようだね』」

ダレルはフォードに残ってサプライチェーンにおける持続可能性に関わる業務に5年間従事したあと、2008年にエイブリィ・デニソンへ移った。

私も同じように、タングーを初めて訪問した時は落ち着かない気持ちになったが、この経験は結果として私のキャリアを形づくることになった。ピア・レビューの出張を終えたあと、私はメンバーに指摘された課題を前にしてひるんでしまったが、自分の目で直接タングーを見てきたということ、そして私たちのあいだで遠回しに「非技術的なリスク」や「地上のリスク」と呼んでいた問題を提起するという使命に燃えている同僚の責任感に触れて奮い立った。

ビジネススクールを卒業した時、私は同級生たちと次のような仮説を立てていた。自分たちは民間でしばらくお勤めをしてスキルと蓄えを増やし、最終的にはおそらくNGOか政府機関など、世の中を良くするという目的がはっきりとわかる仕事に戻るだろう――。しかし、BPの社員として赴任したインドネシアで、早くも私は地域コミュニティとその住民を支援するという使命に、思いがけず出合ったのだった。

当然のことながら、それは純然たる利他主義に基づく挑戦だったとは言えない。私はBPの参入によって生活が180度変わってしまった人々と地域コミュニティを支援する役目を果たそうとしていたわけだが、それはすなわち、BPのビジネスを脅かしかねないような不穏な状態に陥ることを未然に防ぐためにやっていたという側面もある。しかし私の信念――同じ思いを上司たちと共有しているという実感があった――は、あくまでも同社と地域コミュニティの利害を調整して歩調を合わせることを目標とすべきであって、改めるべき企業活動の実態から注意を逸らしたり、相手に補償することで片付けたりすることが目的であってはならない、というものだった。

できることなら、私は地域コミュニティと関わる仕事だけに集中したかった。しかし、せっかく身につけたデータ分析のスキルを活用しなければならないという義務感に苛まれていた。それがビジネスで成功するための道であると思っていたし、同時にMBAの取得は時間とお金の無駄遣いではなかったと自分に言い聞かせたかったのだ。ビジネススクールに行かなければ、BPに就職することなど絶対になかっただろう。それでもやはり、数字に強いという真新しい筋肉を使わなくなることについては、それを是としてよいものかどうか、自分の中で葛藤していた。

一緒にタングーへ出張したことで、私は環境問題担当のバイスプレジデントであるキャスリン・

シャンクスに親近感をおぼえていた。自分と似た信念の持ち主だと感じたのだ。彼女はＢＰの中で自分が軸足を置くべき場所を見つけた人だ。そんな彼女に、私は次のようなＥメールを送った。

先日はご一緒できて嬉しかったです。あの出張は、私にとって強烈な経験でした。売上管理のスキルを活かした仕事をすべきかどうかで悩むのをやめて、これからはタングーにおける地域コミュニティの開発という仕事にフルタイムで飛び込んでいきたいと考えています。この先、考えが変わることがあるかもしれませんが、ここで直面している課題や私たちに与えられた機会、そしてこのチームには私が応えられそうなニーズがあるという事情を勘案すると、今はとてもおもしろい時期であるように感じます。もしこの分野で優れた仕事をすることができたら（営業部門よりもこの分野でのほうが、自分を差別化しやすいような気がします）、今後のキャリアにおいて、色々な扉が開かれていくと思います。このような考え方は理にかなっているでしょうか？

2日後、キャスリンから返信があった。

自分自身の利益にもなるようなかたちで社会的なアジェンダを追究していくことは可能だと思うし、さらに言うと、タングーにおける持続可能な経済と地域コミュニティの利益に根ざした環境保護の構築のように、ビジネスの発想をつなぎ合わせて新しいことを作っていくこともできると思う。これはおそらく最先端の分野だから、この先いくつもの扉が、あなたのキャリアパスにおいて開かれていくのではないかしら。もしかしたら、ＢＰの中であなたが新しい行動規範を作ることになるかもしれませんよ！

彼女が言ったとおりの展開になるなんて、この時はまだ、私たちにはまったく見当がついていなかった。その当時、この「新しい行動規範」はようやくかたちになり始めたところだったし、企業の社会的責任（ＣＳＲ）というプログラムを立ち上げた会社もいくつかあったが、企業の人権問題に取り組む仕事でキャリアを築いたという人を、まだ私は誰も知らなかった。タングーのプロジェクトにとっても、私自身のキャリアにとっても、参考になる前例はほとんどなかった。

手探りで進むしかない

「企業内理想主義者」たちは、案内図を持たずに手探りで進まなければならないことが多い。ダグ・カーンは、１９９０年代にリーボック社で初めて工場監査を行なったが、それまでこのような監査は一般的ではなかった。彼がリーボックに入社したのは１９９１年で、人権の擁護に尽力する人たちを称えるプログラムを運営する仕事を担当することになった。同社はアムネスティ・インターナショナル主催のコンサートツアーのスポンサーで、このプログラムはそこから発展したものだった。入社してまだ日が浅い時期に、ダグは上司に次のようなことを進言した。自分たちは世界各地で人権問題に取り組む人たちを表彰する仕事をしているのだから、自社のサプライチェーンにおいても従業員の人権がどれほど尊重されているかを調べてみるべきではないだろうか——。その当時、労働搾取工場はまだ世間で問題にされていなかった。テレビ番組司会者のキャシー・リー・ギフォードが、彼女の着ている服はホンジュラスの労働搾取工場で生産されたものだと聞かされて放送中に泣き出したのは、それから5年後のことだったし[15]、ナイキ創業者のフィル・ナイトが「ナイキというのは、奴隷のような賃金、時間外勤務の強要、恣意的な酷使などと同義語のようになってしまった[16]」と認めたのは、それから7年後のことだ。

ダグの上司たちも、リーボック自体のサプライチェーンを点検すべきだという考えに賛同してくれた。そして彼は、同社の内部監査室のトップと共にボストンからジャカルタまでの長い旅に出発し、そこで香港駐在の製造部長と合流した。3人はジャカルタから車を走らせて、タンゲランという工業地帯に到着した。工場長に笑顔で温かく迎えられ、会議室に案内され、お茶が出されると、彼らだけがその部屋に残されたので、これからやるべきことについて考えをまとめることになった。「会議室で腰掛けていた僕たち3人は顔を見合わせて、『さて、これからどうする?』と相談し始めました」

書類をはさんだクリップボード、労働問題に関する国際会議に参加した時のメモ、インスタントカメラを携えて、3人はそれぞれ工場の四方八方へと散っていった。

「なにか問題がありそうだと感じた場合は、3人が集合して互いの感覚を試す必要がありました。『あなた自身は、あれは問題だと思いましたか?』『あなたの目には問題があるように見えましたか?』というふうに。なにをもって適切とするかについての合意が得られるまで、僕たちはこの作業を何度も繰り返しました。いわゆるベンチマークというものは、まったく存在しなかったのです」

この時の経験から、ダグはリーボックで工場監査プログラムを作り上げた。これは現在でも最高水準のプログラムとして認識されており、ダグ自身もサプライチェーンの労働基準という分野において、世界を代表する専門家になった。

私たちもタングーで、同じような思いを抱いた。ここでなにをすべきかについて、まだ明確なプランができていなかったし、やるべき課題が山積していることは誰の目にも明らかだった。そして私たちピア・レビューのメンバーは、次のような思いを強くした。住民の移住計画は、タングー・プロジェクトの成功とBPの国際的な評判を揺るがしかねないほどの大きな潜在的リスクをはらんでいる――。この課題は、次第に重要性が増してロンドンでも認識されるようになり、ついにはジョン・ブラウン自身が住民を移住させることについて不快感を表明するに至った。そしてタングー・プロジェクトの担当部署は、工場の建設場所を再考するように命じられた。

エンジニアたちは再度製図板に向かい、政府との折衝を担当するチームと営業管理チームは、計画の変更にまつわる事柄について議論を重ねた。それから数週間後、全員が集まって選択肢をひとつずつ精査した。まず浮体式施設が検討されたが、この案には技術的な実現可能性と安全性において不確実な部分があまりにも多すぎた。これ以外には陸上の候補地がひとつあるだけで、そこは地盤自体の固さは工場を支えるのに十分だったかもしれないが、土地は傾斜していて湿っぽく、なにより湾内でLNGタンカーを設置できるような深さが確保できる地点から遠すぎた。ほかに、建設を2年延期して土地の所有権を買い増しする選択肢も検討したが、この案はインドネシア政府をはじめBPの顧客や同プロジェクトの関係各社に受け入れてはもらえないだろうという結論に至った。結局、タナメラという振り出しに戻ることにはなったものの、こうして全員が熱意を持って課題に取り組んだことに、私は感動を覚えた。

ブラウンは移住の必要性については納得したが、住民との協議を進めるように私たちに指示した。さらに、このプロセスをしっかりと正しく執り行なうためには、必要な専門家のアドバイスは惜しむことなく仰ぎ、必ず世界最高の基準に従って実行するようにと言った。

地域住民との交渉

住民の移住については、その正式な基準が世界銀行によって作成されており、特にマイケル・チェルニアがその中心的な執筆者である。白いひげをたくわえたチェルニアは、ルーマニア出身の社会学者だ。初めて電話で話した時、プロジェクトについて説明する私の話に彼はじっくりと耳を傾けていたが、移住してもらわなければならない世帯数を伝えた途端、「127!?」と驚きの声を上げた。チェルニアはその時、出張で訪れていたインドから戻ったばかりだったのだが、そのインドでのプロジェクトでは4万人の住民が移住を余儀なくされていた。

住民を移住させる権利を得ることは、いかにその人数が少なくても、タングー・プロジェクトの成功には欠かせない要素だと、私は言った。BPの隣人となる人々に納得してもらえるようにしたいというのは、ビジネス上の確固たる理由があってのことだ。仮にそのような理由がなかったとしても、あえて地域コミュニティを潰す立場になりたがる企業などあるだろうか？ ブラウンが設定した目標は野心的であり、それはタングー・プロジェクトがパプアの人々にとって有益になるようにしたいということだった。すなわち、「資源の呪い」を本質的に否定する考えである。それまで企業と直接的には協働したことがなかったチェルニアは、このような課題に挑むことに関心を持ち、私たちのアドバイザーになることを引き受けてくれた。

チェルニアはワシントンでタングー・プロジェクトの幹部を対象にワークショップを開き、現地の住民に移住してもらうにあたって、どうすればそれを正当なプロセスで行なえるかについて説明した。そして私たちは、具体的なアクションプランを練った。これはあとになって打ち明けられたことだが、チェルニアは当初、BPは広報戦略の一環で自分を「不都合なものを覆い隠す存在」として利用するのではないかと懸念していたそうだ。だが、私たちが彼の提案——それは時間とお金がかかるもので、たとえばベテランのエンジニアを何人か派遣して常駐させ、住民の移住を現場で監督させることも含まれていた――を採用したので、その疑念は消えていったという。

私はパプアに戻って地域の住民とのミーティングを開き、移住に関する話し合いを再開することを伝えた。この頃には、私は簡単なインドネシア語で会話ができるようになっていたのだが、村の人たちの中でインドネシアの公用語を話せる人は数人しかいなかった。各地域に土着の言語は、それぞれまったく別物なのである。その場で飛び交っていた会話の内容を理解することはできなくても、彼らが不満に思っていることくらいは、プロの通訳の手を借りなくてもわかった。

「村の皆さんは、すぐに引っ越したいと言っている」と、同僚のアーウィンが説明してくれた。「アルコから移住の話を聞かされたのは3年前なので、彼らはそれ以来、家屋や土地の手入れをしていない」。確かに、村は荒涼としているような感じがするが、かといって本来はどういう姿であるべきなのか、私には見当がつかなかった。

「事情はわかりますが、私たちは国際的な基準にのっとって、このプロセスを進めたいのです」。ミーティングに集まった住民たちに対して、私たちは自分たちの思いを熱心に語ろうとした。「あなたがたの権利を守りたいのです」

この時もやはり、国連の通訳を介さなくても住民たちの言いたいことはわかった。彼らの権利を守るという私たちの取り組みは、特に評価されなかったのである。きちんと根拠を提示しながら話し合いを進めていけば、その先何年かのち、あるいはずっとあとの世代になってから必ず起こる争いごとの解決につながるということを、チェルニアから教わっていたし、自分自身で調べた範囲でもそう理解していた。ところがタナメラの人たちは、そこが理想からかけ離れた場所であるにもかかわらず、移住のプロセスを進めたいという。他方、私たちはこれを延期したかった。住民たちはこう思っていたに違いない。「この外国人たちは、いったい何様のつもりなんだ？　どうするのがオレたちにとっていちばんいいか、自分たちはよくわかっているなんて言いやがる」

それから数週間にわたって、私たちはスケジュールについて交渉し、移住のプロセスにおける段取りやその意義についてひとつずつ説明すると同時に、地域コミュニティにとっての優先事項や彼らの懸念を理解することに努めた。そしてチェルニアの助言に従い、地域の住民に設計や建設に携わってもらいながら、村の中にモデルハウスを建てた。村の人たちはこの家をとても気に入っているように見えたのだが、ある住民が私たちの事務所へやって来て「煉瓦造りの家のほうがよかった」と言った。煉瓦には熱がこもってしまうので、パプアのような亜熱帯性の気候には不向きだし、そもそも煉瓦造りはこの土地の様式ではない。この土地では木材で家を建てるので、モデルハウスも木造だ。ところが、自分たちは煉瓦を希望しているのだと、宣言されてしまった。

徹底的に相手の要望を聞き入れるというかたちで進めるのであれば、彼らがやりたいと思うことにじっくりと耳を傾けるべきなのだが、それが明らかに間違っている選択肢だとしたら、どのように対処するのがよいだろうか？　さらに話し合いを重ねたところ、次のことが明らかになった。タナメラの住民の中に、近隣のソロンの街で暮らしたことがある人がいて、その人は「煉瓦は進歩の象徴である」と確信して村に戻ったために、村の人たちにもそう信じ込ませてしまったのだ。幸いにも、さらに3カ月かけて話し合って煉瓦の入手や維持について意見交換を続けた結果、村の人たちが全員集まるミーティングで投票を行なうことになり、多数決により木造にすることが決まった。

警備と人権は両立できるか

住民を移住させることに対して足がすくむような気持ちがあったとすれば、それはインドネシア軍との仕事がどのようなものになるのか、まだ私には理解できていなかったからに過ぎない。軍部の評判は、私たちの地域を担当していた司令官、マヒディン・シンボロン少将という人物に関することに集約されていた。1999年、東ティモールがインドネシアから独立する契機となった住民投票が実施されたが、シンボロン少将はその頃に大規模な人権侵害を行なったとして、インドネシアと東ティモールによる「真実・友好委員会」から告発されていた。[17]

かつてBPがコロンビアで経験したことや、ケン・サロ＝ウィワの事件が残した衝撃が、重くのしかかってくるように感じた。[18] 活動家でもあったサロ＝ウィワはナイジェリア出身の作家で、「オゴニ民族生存運動（MOSOP）」の立ち上げの際、何千もの人を集めて力を尽くした人物だ。MOSOPは、ニジェール・デルタで操業するロイヤル・ダッチ・シェル社によってもたらされた環境汚染に抗議するために設立された活動である。しかし1995年、サロ＝ウィワはMOSOPの仲間8人と共に裁判にかけられ、殺人の罪で有罪を言い渡され、絞首刑に処されてしまった。サロ＝

ウィワの支持者たちは、ナイジェリア政府に顔が利くシェルに対して、その影響力を使って刑の執行を取りやめさせてほしいと、必死で懇願した。当時、同社は次のように反論した。「シェルのような営利組織は、ナイジェリアのような統治国家の法的なプロセスに干渉すべきではない」[19]。しかし同社はのちに、自分たちも嘆願を行なったが無視されたと主張している。

1965年の大統領令により、国の主要な資産を保護することはインドネシア軍の任務であると明確に定められ、タングーもこれに該当した。だが2005年になると、軍はこの任務から外れることになった。とはいえ、軍はタングーに関与しないでほしいとか、司令官を交代させてほしいなどということは、プロジェクトが動き出す5年前の段階では、私たちはまだ強く要求できなかった。他方、現状に甘んじることにも明らかにリスクが存在した。たとえば、治安部隊による人権侵害に対して、BPも手を貸してしまうことになりかねない。彼らに供給した機材が悪用されて、無法行為に使われてしまうかもしれないのだ。実際に、エクソンモービルはアチェでこれを行なったとして、その責任を追及されている。もしくは、安全な操業環境を確立するためであれば私たちはいかなる手段も講じると思われてしまう恐れがある。これでは、人殺しが許されるかのように解釈されかねない。

当時、私たちが拠り所にできるものとしては、新しく作られたばかりの国際的なガイドラインがあった。「安全と人権に関する自主原則」というもので、これはBPのコロンビアにおける問題とシェルのナイジェリアにおける問題を受けて生まれた行動規範であり、2社がヒューマン・ライツ・ウォッチなどの人権団体や英国および米国政府の協力を得て作成したものだ。自主原則にはリスク評価の仕方、あるいは民間や公的機関から警備保障のサービスを受けることに関するガイドラインが設定されているので助かるのだが、私たちはこれ以外にも助けを必要としていた。

そこで私たちは、大きな課題を抱えた資本力のある複合企業であればどこでもやることを試すことにした。すなわち、外部に調査を依頼したのである。ロンドンの本社にいる同僚や人権の専門家と話し合っているうちに、人権に関するインパクト評価を委託してはどうかというアイデアが生まれた。通常、物理的に影響を及ぼす範囲が大きいプロジェクトでは、環境に関するインパクト評価を定期的に実施している。調査によっては、社会的な問題も検討課題に含まれる場合があるが、大抵はもっとダイレクトに受ける影響——たとえば、大気の状態や水質が事業によってどの程度変化するか、その事業のために直接雇用されるのは何人程度か等——を調べることに主眼が置かれている。私たちも、政府から要求されてその種の調査をタングーで行なっていたが、それらの調査は私たちが懸念していたような複雑な問題には触れなかった。「軍が法律で定められた役割を果たすようにするためには、どうしたらよいのか?」「同時に住民の権利も守ることはできるだろうか?」「たとえば自決権を手にする権利や財産を剥奪されない権利など、人権に関する国際基準にどの程度従うことができるだろうか?」　これらの権利はインドネシアの法律では積極的に言及されておらず、地域によってはこうした国際的な基準とは相反することが行なわれているというのが実態だ。しかし調査を実施しようにも、そのお手本となるものは存在しなかった。私たちの知る限り、そのような調査が企業のために行なわれたという前例はない。

人権問題の専門家に相談しながらアイデアを具体的に固め、ゲアー・スミスとベネット・フリーマンにインパクト評価の実施を委託した。ふたりとも多国籍企業と米国務省での勤務経験がある。ゲアーは「インターナショナル・キャンペーン・フォー・チベット」の副理事長でもあり、自身がパートナーを務めるフォーリー・ホアグ法律事務所は、世界で初めてCSRを業務として取り扱った法律事務所だ。ベネットは国務省勤務時代、先頭に立って「安全と人権に関する自主原則」の策定を進めた。この自主原則は採鉱企業の安全規定に関する指針であり、タングー・プロジェクトにとって関連性の高いものである。

ゲアーもベネットも社交的で親しみやすい性格であることを知っていたし、ふたりなら様々な立場からタングーについて物申す人たちとのやりとりや、BPの幹部が耳を傾けるようなかたちでの助言ができるだろうと、私は考えたのである。

ふたりがワシントンとロンドンで専門家や政府の役人との面談を重ねているあいだ、私は2001年の10月に彼らがインドネシアを訪問して行なう予定だった数々のミーティングを計画していた。

9月11日の夜——ニューヨーク時間では朝——、私はジャカルタにいて、ここに移り住んでから1年のあいだに知り合った女性たちと遊びに出かけていた。バーで軽く飲んで、これから夕食へ向かおうという時に、3人の携帯電話が一斉に鳴った。「なんだか奇妙ね」と言いながら、私たちはバッグにしまいこんだ電話を探した。「世界貿易センターに飛行機が衝突したんですって」と誰かが言った。「小型機？」「違う、767型機よ！」別れの挨拶もせず、私たちは電話を耳に押し当てたまま、それぞれの車やタクシーへと散らばっていった。

指示があるまでは自宅で待機するようにとBPから言われ、それから3日間はひとり自宅のアパートで過ごし、故郷の街にあった高層ビルが崩れ落ちていく様子をテレビで何度も観た。マンハッタンにいる友人に電話で連絡しようとしたが、つながらなかった。ゲアーとベネットのインドネシア訪問も延期することになった。パプアで窓口になってくれていた人たちに、ミーティングの日程を変更したいと伝えた。すると、私の家族が無事かどうか、彼らは親切に尋ねてくれた。そして、地球を半周した先に位置する国で起こった出来事がパプアの人々の暮らしにどのような影響を与えるのだろう、と彼らは言った。気の利いた言葉を返すことができなかった私は、代わりに英語の言葉をインドネシア語風にアレンジして口にした。語尾の「-tion」を「-asi」に替えるとそれらしくなるので、こうした「英単語の現地語化」は盛んに行なわれる。「globalisasi?」と言って、私は肩をすくめた。

悪に加担してしまうリスク

それから数カ月のあいだに、パプア人と軍の関係が悪化した。2001年11月10日、パプア最高幹部評議会のリーダーでありパプアの独立を主唱していたひとりである64歳のテイス・エルアイが、自家用車の中で遺体となって発見された。窒息死だった。インドネシア軍の特殊部隊であるコパススの地域本部で行なわれた式典に出席してから、間もなくのことだった。

私たちとやりとりをしている市民組織や人権問題の関係者たちは、パプアやジャカルタだけでなくロンドンやワシントンからも、今後の対応はどうするつもりなのかと尋ねてきた。BPとは無関係の殺人事件について、その国の政府が調査を進めている中、会社としてなにをすべきだと言うのだろう? 「BPはパプアで力を持つ存在のひとつなのだから」と彼らは言う。したがって、このような正義を侮辱する卑劣な行為に対して——しかも、これからBPも関わりを持つようになる組織が起こしたことなのだから——、声を上げる責任があると彼らは主張するのだ。

殺人を非難したいという気持ちにはなっていたものの、私たちを受け入れた政府を敵に回すことについて、よく考えなければならないという意識を持っていた。この少し前にBPは、困難な場所で筋を通そうとしてトラブルに発展してしまったという経験をしたばかりだったのだ。1999年、グローバル・ウィットネスという非政府組織（「血のダイヤモンド」という問題を世界に知らしめたことで有名）は、「クルード・アウェイクニング（原油の目覚め）」というレポートを発表してアンゴラにおける腐敗を非難した。そして、BPを含め当地で操業する石油会社には、政府に対して行なったすべての支払いの内訳を明らかにし、透明性と説明責任をもっと強化するように求めた。

当時BPで政策担当ディレクターを務めていたデヴィッド・ライスによると、グローバル・

ウィットネスの報告書に書かれていたような状態では現地の人々が原油から利益を享受していると感じられなくなる可能性があり、そうなれば現地と国際社会の怒りを買うことにつながるし、ひいては同社の操業がリスクに晒されることになるということを、会社として認識したという。「なにもしないでいると、ナイジェリアと同じ運命を辿ると思いました。シェルはナイジェリアでひどい目に遭っているじゃないですか」。デヴィッドは、私にそう話してくれた。「でも、その時の感覚は、『我々は立派なモラルを持つ企業人じゃないか！』というようなものではなく、『これは我々のビジネスにとって大きなリスクだ。まさに、操業を脅かす現実味のあるリスクだ』というものだったのです。私自身は個人的に、これはモラルの問題だと思いましたが、ビジネスの観点から見ても行動を起こさなければならないという、差し迫った案件だったのです」

ジョン・ブラウンも同じ思いを抱いていた。のちに彼は自叙伝の中で、「支払明細を公表すれば、もっと多くの人々が利益を享受できるようなかたちでお金を使うよう、政府に対してプレッシャーをかけることができるだろうし、その国が政治的かつ経済的により安定することにつながるかもしれない」と述べている。

ＢＰは支払明細について、英国における所定の手続きに従ったうえで公表することを決定した。グローバル・ウィットネスは報道機関に対し、同社のこの決定を「素晴らしい行動」と文書でコメントした。[20]しかしＢＰはこの発表によって、アンゴラの国営石油会社であるソナンゴルのトップから書面で容赦なく非難されてしまった。明細を公表すれば、ＢＰが交わした契約上の守秘義務に関する条項への違反となり、土地を没収する論拠になりうるというのが彼らの主張だった。それでもBPは、実際に英国で支払いに関する記録を公表したが、アンゴラでの操業は今も続いているし、それればかりか、BPは当地最大の外資系投資機関のひとつになった。

インドネシアでは、テイス・エルアイに対するお悔やみの言葉を地元の新聞に掲載するように、何人かのスタッフやアドバイザーから勧められた。企業がこうした行動をとることは一般的であると言って、彼らは私たちを安心させた。2001年11月21日、パプアの主力日刊紙であるチェンドラワシ・ポストに、次のようなメッセージがインドネシア語で掲載された。

BPとプルタミナ（国営の石油・ガス公社）は、テイス・ヒヨ・エルアイ氏が2001年11月10日にパプアのジャヤプラにてご逝去されたという悲報に接し、謹んでお悔やみを申し上げます。

人々から尊敬を集めた同氏の魂が神に召されますように。

ご遺族の皆様におかれましては、どうかこの哀しみを乗り越えるために、強い心と力を持たれますように。

私が知る限り、この弔辞に対する反応はなにもなかった。

ゲアー・スミスとベネット・フリーマンは、2002年の1月にインドネシアへやって来たが、この時期になってもまだ、殺人事件の捜査に関する進捗はなにもなく、ふたりがここで出会った人々のあいだでは、この件を最大の問題として挙げる人が多かった。ふたりの訪問先には、他ならぬ悪名高きシンボロン少将も含まれていた。この面談には、ＢＰのスタッフも同席するのがベストだと判断した。それまでの面談ではほとんどの場合、私たちは席を外していた。そのほうが参加者は自由に発言しやすいだろうと考えたからだ。はたして地元の人たちが、ＢＰの社員と多数存在するコンサルタントとを区別していたかどうかは定かではないのだが……。しかしこれほどデリケートな性質の面談となると、会社としては混ぜこぜのメッセージが飛び交うことを避けなければならなかった。

ＢＰのワシントン支社で政府との交渉を担当するシニア・オフィサーで、アジア地域の専門家であるリッチ・ヘロルドに出張してもらい、シンボロン少将との面談に立ち会ってもらうことになった。インドネシア人の同僚たちは、自分たちは同席しないのが最善の策であると考えていた。エルアイが殺害された事件についての言及は、「外国人がするぶんには不躾な話題を持ち出すのは無知のなせる業として許してもらえるかもしれない」という思いが、彼らにはあったのだ（一方で、戦争犯罪に加担した男との話し合いに私たちがみずから出かけていくなんて信じられない、と言うスタッフも何人かいた）。

州都ジャヤプラにある軍司令部へはジープで向かったが、その道中、太陽が容赦なく照り付けていた。兵士が私たちを会議室へ招き入れると、折り畳み式の椅子がほんの数脚置いてあるだけのがらんとしたその部屋に、サングラスをかけたシンボロン少将と中尉、そして民間人の服装をした男性がいた。握手をすると、シンボロン少将はインドネシア語でいくつか言葉を発したので、民間人の通訳が訳してくれた。「少将は、自分の英語が拙いことを詫びていますが、みなさんを歓迎しています」

私たちは、BPがタングーを開発する計画と、それがパプアの人々に発展と平和をもたらすことを願っているといったような、当たり障りのない儀礼的な挨拶を交わしたが、それらの会話はすべて通訳を介してぎこちなく行なわれた。しばらくして、リッチが深呼吸をした。

「シンボロン少将、今日はお伝えしなければならないことがあります。テイス・エルアイ氏が殺害された事件は、インドネシア国内だけではなく、我々のCEOがいるロンドンでも、私の拠点であるワシントンでも、非常に重大な懸念を生じさせています。当社の出資者、連邦議会議員、そして報道機関から、この事件についての照会が寄せられており、このような犯罪が起きても罰せられることのない環境でBPが操業できるのかと案ずる声が上がっています。BPとしてはパプアでの投資を維持する覚悟を持っていますが、少将にはぜひとも、国際社会はテイス・エルアイ氏を殺害した犯人が法の裁きを受けることを期待しているというメッセージをお届けする必要があったのです」

通訳は驚きのあまり、口をあんぐりと開けたままだった。リッチのことをしばらく凝視したあとで彼は話し始めたが、少将はゆっくりと手を上げて通訳を途中で遮った。長い時間黙り込むと、完壁な英語で言葉を発した。「これは、あなたがたの国で起きたケネディ大統領の暗殺事件と同じような結果になるでしょう。誰がやったのかは、永遠にわからない」

私たちは唖然として言葉を失った。シンボロン少将が立ち上がると、その横でほかのふたりもさっと立った。「今日はお越しくださってありがとう」と少将は言った。「御社とタングーの幸運を祈ります」

私たちの懸念を伝えることができたのは良かったが、少将がすぐに動いて節度のある行動を軍の人たちに求めるようなことはないだろうと感じた。私たちの言うことなんて、彼は聞く意思があるだろうか？ ＢＰは軍に対してなんの影響力もない。もし状況が改善されなければ、ＢＰはこのプロジェクトから、あるいはインドネシアから撤退すると言って脅したら、メガワティ・スカルノプトリ大統領はなんらかの反応を示すかもしれないが、彼女でさえ軍部に対しては、大きな支配力を持っているとは思われていなかった。加えて、インドネシアからの撤退という脅し文句には説得力がない。引き揚げるにしては、投資した金額があまりにも大きすぎるのだ。技術系の企業や製薬会社であれば研究チームを物理的に動かせるし、メーカーは別の工場を拠点にすればいいが、石油や鉱業の企業は資源のある場所から離れることはできないし、また大抵の場合、利益が出るようになるまでに何億ドルもの大金を投資しているのだ。

もし、エルアイがタングーの近くにある村のどこかに住んでいて、ＢＰの進出に対して声高に異議を申し立てていたとしたら、サロ＝ウィワ事件の時と同じ反応がもっと強く表れていたかもしれない。今回は、ＢＰがエルアイの殺害に共謀しているという見方をする人は誰もいなかった。しかしながら、ＢＰはとても大きな影響力を持っているのだから発言する義務があると思っている人は少なからずいた、というのは明らかである。

だからといって、少将に面と向かって事件のことを話題として持ち出したことを明かす内容の声明をマスコミに向けて発表することなどできなかった。公式な声明として非難したら、報復――それはＢＰの社員や資産を直接的に脅かす行為かもしれないし、フリーポート社の鉱山の時と同じように、もっと狡猾な方法でパプア全体の安定を揺るがす行為かもしれない――を招くことは想像に難くなかった。おそらく、沈黙を守ったという批判を受け続けることになるだろう。そして私たちは、それを否定する証拠をなにも示すことができなかった。２００３年、軍の特殊部隊に所属していた７人に対して、エルアイを殺害した罪で24カ月から42カ月の禁固刑が言い渡された。(21) しかし、この結末に関して人権擁護者たちは、刑期が短いうえに有罪を宣告された軍人の階級も低いと言って批判した。

自分の会社が取り組んでいることについて話せないというのは、企業内理想主義者が抱えるジレンマのひとつだ。その内容が、まさに世間が望んでいることである場合は特に、歯がゆさを感じる。２０１３年、極秘に行なわれた米国の諜報活動プログラムにいくつかの企業が関与していたことが明らかになった。政府が広範な監視を実施していたことに対する国民の怒りの矛先は、法律によって協力を強制されている企業にも向けられた。中には政府からの要請に反発し、透明性を求めてロビー活動を展開した企業もあった[22]。しかし、どのような異議申し立てやロビー活動を行なったところで、たとえ監視プログラムの存在がマスコミに漏えいしたあとであっても、現行の愛国者法と外国情報監視法のもとでは、企業は政府から要請があったことを認めてはならないのだ。

シンボロン少将との面会から10年ほど経って、私はリッチ・ヘロルドに当時を振り返ってもらった（彼はもうBPから離れている）。リッチは、私たちが筋を通そうとしたのは愚直なアプローチであり、それは単に自分たち、およびそのことを内密に報告できる周囲を満足させただけの通り一遍の行為に過ぎず、現地の状況を改善させるような効果は「微塵もなかった」と結論づけた。

だが、ゲアーの見解は異なる。「さあ、どうでしょう。それはわかりませんよ」。私がリッチの意見を伝えた時、彼はそう言った。「こちらの懸念を伝えたことが、次なる暗殺の標的になっていた活動家たちの命を救ったかもしれないじゃないですか」

人権擁護者として長年活動を続けるミラ・ローゼンタールも、声を上げたことは正しかったという考えの持ち主だ。彼女は2003年から2007年にかけて、米国のアムネスティ・インターナショナルが企業の活動について行なった調査を指揮している。

ビジネスでは、リスクの高い選択肢を突きつけられることがある。だが、実際に困難な場所で声を上げた企業が存在するし、そのことは記録に残っている。したがって、企業側はもっと努力することができるし、しかもそれは案じていたよりも安全であるということを、この事実は示唆している。人権を擁護する立場である私の考えでは、相手に懸念を伝え、自分たちには越えてはならない一線があると言い、おかしいことはおかしいと指摘しておくことが、つねに得策である。相手に懸念を伝えたという事実を企業が公にすべきかどうかは別の問題だということは理解できる。だが私は依然として、企業はもっと声を上げるべきだと考えている。

人権侵害に企業が加担してしまうということの定義が変化し続ける中で、国連グローバル・コンパクトに加盟した7000超の企業が、「企業は人権侵害に加担しないようにすることを徹底しなければならない」などの原則を順守することを誓った。この協定が「加担する行為」として挙げているものの中には、企業がなんらかのかたちで相手の人権侵害を「助長する」(素地を作る、正当化する、支援する、奨励する等)ような行動をとること、または看過したことによって助長してしまうこと」が含まれる。人権侵害を非難しないことは、それを奨励することにつながりかねず、当然ながらBPとしては、そのようなことは避けたかった。

人権に関するインパクト評価

2002年4月、ゲアーとベネットは、タングーの人権に関するインパクト評価を提出した。そこには軍との付き合い方について、次のような有益な助言も書かれていた。「軍への機材提供について、明確なルールを作る」「『安全と人権に関する自主原則』などの国際基準を順守する」「赤十字国際委員会のような機関と協働して、軍がその力を適切に行使できるようになるための訓練プログラムを開発する」「軍の指揮所の設営には協力し、その場所は緊急時に即座に対応できる距離にあって、かつ工場近辺の地域で緊張を生じさせない程度に離れたところを選ぶ」

ＢＰがインドネシア政府から義務づけられていることと、人権の保護として期待されていることのあいだには、どれほどの差異があるのかについても、インパクト評価は有益な説明を加えていた。国際協定に明記されている人権というものが、必ずしもその国や地方の法律にも織り込まれているとは限らない。しかしそれは、人権擁護団体や投資家、その他の利害関係者に対する多国籍企業の説明責任について、一連の基準を形成している。インパクト評価は、ただ単に私たちが住民の安全を確保して、彼らが自分たちの考えを口にすることができるように気を配ることに留まるのではなく、彼らの持つ生活の権利、および発言と表現の自由を尊重するようなかたちで課題設定の枠組みを示してくれた。表面的には、これはまるで言葉の意味を考える実習のように感じられるかもしれないが、こうした語義の追究を行なうと、物の見方に変化が生じる。私たちはもはや、会社を中心とする視点でタングーをとらえてはいなかった。私たちの隣人である住民は権利を有していて、それは世界人権宣言に書かれているとおり「平等で譲ることのできない」ものである。そして、ビジネス・人権資料センターの創始者であるクリス・アヴェリーは、次のように書いている。

CSRのアプローチは概してトップダウンだ。課題としてなにを掲げたいかは、企業側が決める。たとえば、地域コミュニティの教育や健康福祉、あるいは芸術振興に貢献する。あるいは、海外の被災地に救援物資を提供する。もしくは、人材の多様化を奨励したり、環境汚染を軽減したりすることなどにおいて、より踏み込んだ対策を実施する。このような自発的なイニシアチブは歓迎されるべきだ。しかし、人権のアプローチはこれとは異なる。トップダウンではなく、ボトムアップであり、その中心的存在は企業ではなく、個人なのだ。[23]

インパクト評価を受けて、私たちは地域コミュニティをベースとした安全プログラムを開発することにした。米国の複数の都市でその有効性が認められた「地域コミュニティ警備」と呼ばれるプログラムと同様に、住民たちに地区の安全に関して主体的に取り組んでもらう。私たちのプログラムでは、現地の人々を警備員として雇用し、彼らには拳銃ではなくこん棒を持たせ、人権問題の講師を招いて研修をしてもらった。他方、その本拠地は軍と共同で、バボという町の近くに作った。ここは数マイル離れたところにあり、商店もあるしインフラも整っていた。

ゲアーとベネットが会って話をした人たち——現地の住民、インドネシア人の研究者、国際開発と警備の専門家——のできるだけ多くと、さらに世界各地の人々と、私はインパクト評価の内容をぜひとも共有したいと思った。そこで私は、BP本社のウェブサイトへの掲載やインドネシア語への翻訳について、広報担当の部署に相談した。彼らも非常に前向きだったが、会社として発表する時はいつも顧問弁護士に相談するので、この件もそのように対応しなければならないと言われた。

自分の席に戻ると、法務部から電話がかかってきた。

「あなたはこの人権に関する報告書を公表したいのですか？」

「ええ、もちろんそうしたいと思っています。結果の公表は、調査をすることの大きな理由のひとつでしたから」

「しかしこの報告書には、インドネシア軍のことが悪く書かれています」

「でも、軍についての記述はすべて、すでに一般の人たちに知られています！」

シンボロン少将が人権侵害で非難されていることは、目新しいニュースではない。シンボロン少将がこの報告書を読むとは思えなかったが、私は彼が過去にどんなことをしたかを知っていたし、本人とも直接会ったことがあるので、多くの人々が少将のことを、そして彼が掌握している組織のことを恐れているという事実について、疑う余地はなかった。

ＢＰの弁護士たちは、インパクト評価の報告書が軍および現地企業を含む多数の組織が不適切な行為を行なったと断定していることについて、懸念を持っていた。この報告書を作成したのはＢＰではないのだが、それでもやはり弁護士は、名誉毀損で訴えられないようにするには、この主張を裏付ける十分な証拠が必要であると言った。また、報告書で言及されている人々や組織の反感を買うであろうことを、私たちに理解しておいてほしいと言った。

弁護士たちが示したもうひとつの懸念は、その後何年にもわたり、ＢＰに限らず私がビジネスと人権の問題に取り組むあいだ、繰り返しテーマとして浮上した。それは、BPがタングーに関する重大なリスクを認識していながらもプロジェクトをそのまま進めたことを裏付けるような証拠が報告書によって示されているのではないか、という点だ。もしそのような最悪のシナリオが現実になってしまったら、報告書を公表することによって、企業が潜在的に担うべき責任の度合いを高めることになるだろう、と彼らは盛んに心配していた。

私には、ばかばかしい議論としか思えなかった。そもそも、自分たちがあえてリスクを調査してみようと決めたのであれば、その結果を業務の中で前向きに反映できるのではないだろうか？ 調べてわかったことに対してなにも対応しなければ、怠慢を示すことになる。結果に基づいて行動することこそが調査の目的であり、もしそうしなかったら、それこそまさに怠慢な組織と見なされてしまうのではないだろうか？ ゲアーは現在でも、自身の法律業務において時折この議論と同様のケースに遭遇するそうだ。こうした「ダチョウが砂の中に頭を埋めるような〔危険を直視することを避けるという意味の比喩的な成句〕アプローチ」を採用してしまう企業があることは信じられない、とゲアーは話す。

「そんなことをしたところで、ビジネスにとって一体なんの得になるのでしょう？ 自分たちが抱えているリスクの評価を行なわずに、株主に対して責任を負うことができるのでしょうか？」

調査を外部に委託するというかたちで、私たちはすでに自分たちが抱えるリスクを評価した。しかし、その調査結果をすべて公表するというのは、弁護士を説得すれば許可が下りるような話ではなかった。最終的に、ゲアーとベネットが勧告したことの要点を箇条書きした2ページ半の要約と、1ページにまとめた結論、加えてそれらに対するBP側の反応を記した文書だけが公開された。(24) 全部で60ページに及ぶ人権インパクト評価の原本が、私のデスクの棚から私を嘲笑い、挑発しているように思えた。ジャーナリストの友人に調査結果の全容をリークすることを考えたが、それは企業人として誠実さを欠いた行動であるし、もしそんなことをしたら、自分の将来のキャリアの幅をみずから狭めてしまうだろうと思い至った。タングーの事情や今後の課題について話し合われたことのすべてを、BP社内の壁を乗り越えて広く世間にも公表することができなかったことは、とても残念だった。だが、顧問弁護士とやり合った初めての案件をなんとか切り抜け、実現可能な妥協案をひねり出すことができたのだからいいじゃないかと言って、自分自身を慰めた。しかし私だけではなく複数のNGOが、評価内容のすべてを完全に公開しなかったことに落胆し、ゲアーとベネットが公式に概要を発表する場への参加を拒否した。

このような妥協を経験することは、企業内理想主義者にとってはよくあることだ。「私たちはそうやって、妥協を得るためにバランスをとって歩み寄ることをするのです」と話すのは、ニューバランス社でコンプライアンス部門を率いるモニカ・ゴーマンだ。「最後は自分自身に『最善を尽くしたか?』と問いかけることにしています。自分はベストを尽くしたと言い切れれば、現状を受け入れることができます。そもそも、いつも自分が思い描いたとおりにいくとは限りません」。話を聞かせてもらった企業内理想主義者たちの多くが、仕事を進めていくうえでは、長い目で見た時に意味のある変革をもたらすことができるかどうかという点を考慮して、成果を引き出せる戦略を選択しなければならないと語った。

あれから10年以上が過ぎたところでインパクト評価を振り返り、ベネットは今でも調査結果のすべてを公表しなかったのは正しい判断だったと考えている。そして、自分とゲアーが当時託されたことに対する思いを、次にように語った。「私たちは分析と改善策の提示を容赦なく行ないました。あのレポートの意義は、『もしこの路線から逸れてしまったら、大問題を引き起こしかねない』という類の提起をすることに集約されていたのです。ですから、透明性と情報公開という観点で言えば、インパクト評価を外部に委託したこと、そしてその事実を公にしたこと、勧告内容を要約して発表したこと、さらに勧告内容に即して関係者を巻き込んでいったこと自体がイノベーションだったのです。これらのことによって、すでにハードルはかつてない高さにまで引き上げられました。ですから、さらに多くのことを求めるのは、むしろ無責任であっただろうと思います」

さらに重要な点は、ベネットがあのレポートをBPだけではなく採鉱業界全体にとって画期的なものであったと位置づけていることだ。これから先、人権インパクト評価がタングー・プロジェクトにとって有益であったことが示されるのは明らかだが、それだけではなく、これは世界中のビジネスにとってひとつのモデルになった。[25]というのも、ほかの企業（とりわけ複雑な状況に直面している場合）も人権にまつわるリスクを評価する必要性を認識し始め、その利害関係者たちも同様に、この種の調査は義務づけられるべきだと気づいたのだ。その一例がヤフーである。ヤフーはヨルダンで設立されたインターネットのポータル会社「マクトゥーブ」を2009年に買収する際、人権インパクト評価を実施した。[26] その結果、ユーザーに関するデータを現地で集積しないというマクトゥーブの方針を踏襲することと、利用規約はユーザーのデータと表現の自由を厳重に保護することが可能な管轄地域において作成することを勧告された。ヤフーで「ビジネスと人権プログラム」のトップを務めるエベリー・オコビは、これについて次のように語った。「もし人権インパクト評価を行なっていなかったら、このような決断をすることは会社としては思いつかなかったでしょう」

別の時間軸が必要

タングー・プロジェクトの事業性や技術的な側面——つまり、プラントを建設して天然ガスを売ること——に力を注いでいたBPの幹部たちは、現地の地域コミュニティと良好な関係を築くことがいかに大切かを理解するようになった。しかしそれでもなお、私たちが大まかに設定した協議プロセスにかかる時間について、彼らは時折懸念を伝えてきた。それは特に、私たちが明確なスケジュールを提示できなかったり、プロセスが完了するまでに必要なミーティングの回数をはっきりと伝えられなかったりしたことが原因だ。私たちがやろうとしていることを地域コミュニティの人たちが理解し、支持してくれると思えた時にはじめて、私たちの仕事は完了する。しかし、そのような曖昧で制約を伴わないプロセスというのは、ガントチャートや予算──同僚の表現を借りれば「プロジェクトの工程表を支配するもの」──で動いている企業にとって、通常行なうオペレーションのやり方とは対照的だったのである。

しかし、建設が開始するという物理的な兆候がひとつでも表れる前に現地の支持を得ておくことは、絶対に必要だった。そうしないと、協議の場で話したこととは関係なく私たちがプロジェクトを進めたと、村の人たちは思ってしまうだろう。フリーポート社のグラスベルグ鉱山や、アチェ州にあるエクソンモービル社のアルン基地で起きたことからもわかるように、地域コミュニティを敵に回すことは軽率であるばかりか、高い代償を払う結果を招く。エクソンモービルは2001年、周辺の社会的不安が高まったために4カ月間アチェ・プラントの操業を停止したが、それによる損失は1億ドルから3億5000万ドルにのぼるのではないかと報じられた。[27] フォーブス誌の記事によると、フリーポートはグラスベルグの安全対策として、2010年に2800万ドルを投じたという。2009年における同費用は2200万ドルだったので、同社は当地での安全により多くの予算を使ったことになる。[28]

2002年の8月、中国の広東省に建設が決まっていたターミナルに天然ガスを供給する事業の入札で、タングーは競り負けてしまった。オーストラリアで長年操業しているLNGの基地（そしてここは、BPが部分的に所有している）が、契約を勝ち取った。落札した内容とその評価は秘密なので明らかにされないが、色々と飛び交っていた噂のひとつによると、中国政府は価格よりも、タングーを避けることを優先したのだという。パプアにおける社会的かつ環境的なリスクがあまりにも大きいので、契約をしてもタングーの操業が軌道に乗っていくとは思えない、と中国政府は判断したのだという。

このことによって、タングーの地域コミュニティとの協議にかける時間が増えただけではなく、私たちのやっていることの意義が高まった。

複雑に絡み合う問題に挑む

ＢＰはコロンビアでその教訓を得ていたが、人里離れたところで大型のプロジェクトが始まると、お金だけではなく、そこへ住もうとする人々も集まってくる。陸路で楽に移動して来られるような場所であれば、特にそうなりやすい。そこに行けば仕事があるかもしれないと考えて、プロジェクトの現場へとすぐに移り住むのだ。仕事が見つかっても見つからなくても、彼らはとにかくそこに留まる。人々が送電線から勝手に電気を引いて使うようになると、急ごしらえの小屋がひしめく町が次々と生まれ、まともな筋から収入を得る道を見つけられなかった者は犯罪や売春に手を染めていく。

社会的にも環境的にも、タングーの周辺にある地域は大幅な人口の増加に耐えられるような場所ではなかった。私たちは政府に掛け合い、プロジェクトの現場につながる道路は作らないでおき、建設資材は船か飛行機によって運び入れるという取り決めを行なった。この方法ではむしろコストが高くついてしまうのだが、道路の建設に伴う人口の流入やその他のあらゆる問題を回避できるのであれば、こちらを選ぶ価値があると考えることができた。緑で覆われた緩衝地帯を維持するために、私たちはプラントの建設区域から約11マイル（約18キロメートル）離れたところまでの土地の所有権を取得した(29)。

採用は州内の三つの街でしか行なわず、タングーの現場では人材を募集しないことを周知徹底するために、地域のあらゆる場所に案内を貼り、コミュニティとの連絡窓口を務める役人や、私たちが交流を持っている複数のパプア人を通じて、その情報を広めてもらった。

ただし例外がひとつあって、それは近隣の村に住む人々の家に施す工事の仕事だった。私たちはこの仕事に関しても取り決めをし、工事の作業員は勤務にあたっている3週間は専用の宿泊地に滞在するが、シフトを終えたら前述の三つの街へ戻ってから賃金を受け取るという仕組みにした。「資源の呪い」が実際に発生したところから、私たちは教訓として次のことを学んでいたからだ。家族から遠く離れ、辺りにはなにもない土地で働く人々に賃金を手渡すと、彼らの目の前にはある時から突然、お金を使う機会が現れるようになる。それは売春宿や酒場、賭場といった場所だ。誰かがこうした商売を始めると、人からお金をゆすり取れる可能性を嗅ぎつけた怪しげな輩が寄りつくようになる。すると今度は警察が、表向きは秩序を保つためなのだが、実際のところは自分たちも分け前にあずかりたくてやって来る。軍はそれを見て、警察が自分たちの縄張りを荒らしていると考えるので、やがてもっと大きな部隊を派遣するようになる。

安全、移住、人口流入、漁業権など、私たちが無数の問題に対処しなければならないことは明らかだった。どれもそれ自体が複雑であるだけではなく、相互に関連しており、ひとつとして単体で扱える問題はなかった。幸いなことに、ブラウンは引き続き、私たちがやるべきだと結論づけたことに対して許可を与え、専門家の手を借りたい時には予算をつけてくれた。各国のメディアが絶えずタングーについて報じていたことも、部分的に影響していたのだろう。人里離れて暮らしていた先住民の地域コミュニティ、珍しい動植物、そして世界を代表する大企業という組み合わせは、メディアにとっては無視するわけにはいかない格好のネタである。多くの場合、報道は慎重で好意的な内容だった。2001年には、ウォールストリート・ジャーナル紙の記者が私たちの取り組みについて、「この国では前例のないことであり、社会変革のユニークな試みである」と書いた[30]。同様にエコノミスト誌も2002年、次のように報じた。

タングーは企業が利益を出すためだけのプロジェクトではない。BPにとって、同社が企業の社会的責任を大切にすると声高に主張してきたことが役員会の場だけではなく、現地での取り組みとして行なわれていることを示すチャンスである。だからこそ、同社は多数の社会学者、文化人類学者、そしてバインダーを抱えて歩くコンサルタントを、海沿いの地域や村へ派遣し、現地の「利害関係者たち」から話を聞き、彼らから学んだのだ。BPの事務所は仮設の木造小屋だが、そこにいるのは商売の話をする初老の石油マンだけではない。GAP（ギャップ）の服に身を包み、「地域コミュニティの開発」という言語で教育を受けたコンサルタントたちが、そこにはたくさんいる。

だが、西パプアで最善を尽くしたいという意志があっても、BPがそれを実行できる余地は限られている。インドネシア軍は国家の資産を守るのが自分たちの務めだと考えており、タングーもそのひとつだ。BPは、現場に兵士が駐在する必要はないと主張しており、地域コミュニティを中心とする警備団で監視を行なえるようにするために、彼らの研修を進めている。しかし、もし現地の状況が悪化したら天然ガスの生産のほうが大事なので、同社の社会的責任は弱体化してしまうのではないか、と人権擁護団体は懸念している。[31]

この記事はおそらく、やんわりと冷やかすために書いたつもりなのだろうが、私はGAPの服を着てバインダーを抱えて歩く人間のひとりとして、自分たちがエネルギー開発における新しいパラダイムの構築に向かって奮闘していることを誇りに思っていた。

特異な存在になる

私は職場で特異な存在だった。エンジニアだらけの会社で社会問題に取り組むMBAホルダーというだけでも珍しいが、まだ若い独身女性だったからだ。同僚の大半は結婚していて子どもがいるので、就業時間中は喜んでお喋りに付き合ってくれても、仕事を終えたらすぐに支度を始めて、自宅までの長い道のりを帰っていく。私と同じようにBPの本社から派遣された駐在員のほとんどはバリバリの石油マンで、本国から家族を伴って来ていた。彼らは基本的に駐在員の家族どうしで付き合うので、ホテルのレストランやそれぞれの自宅が社交の場になっていた。

友人のそのまた友人を通じて、私はジャカルタで活動するフライングディスクのチームを見つけた。ここには駐在員、インドネシア人、ジャーナリスト、大使館員、国際的な支援機関の職員、インドネシアの企業または外資系企業のエグゼクティブなど、ちょっと変わった顔ぶれが集まる。ここで新しく友人を得たことで、職場以外の世界が広がっただけではなく、むしろ仕事の面でも助けられた。私よりも長くインドネシアに住んでいる人が多かったし、彼らは私とは異なる視点を持っていたからだ。

ロマンティックな出会いはまったくと言っていいほどなさそうだったが、当時の私は仕事に夢中で、会社のことだけで精いっぱいだった。考えるべきことは山ほどあり、たとえば言葉の問題もそのひとつだった。どうにかして折り合いをつけなければならないのだが、まだその方法を編み出せずにいた。インドネシア語は動詞の時制が少ないので、英語の会話も次のようなやりとりになってしまう。

「ブディさん、例のメモは仕上がりましたか?」

「はい、クリスティーンさん。メモを仕上げます」とブディは笑顔で言う。私も笑顔を返すのだが、しばらくして思わず顔をしかめる。

「メモは仕上がっているのですか、それともメモをこれから仕上げるのですか？」

ブディはまたニコニコしながら言う。「はい。メモを仕上げます」

こうなると埒が明かない。「ブディさん、メモを見せてもらえますか？」

ブディはただ頷く。私は彼の首を絞めつけたい衝動を抑えた。

「今日、見せてもらえますか？」

「おっと！」と言ってブディは頷いたあと、首を横に振った。

「じゃあ、明日は？」

私が抱えていた仕事はまったなしのものばかりだったが、だからといって異国の地で働きながら暮らす中で日々突きつけられる課題から解放されるわけではなく、これらの問題とも向き合わなければならなかった。

ビジネススクールでは学ばなかったこと

2002年、私のインドネシア駐在が2周年を迎える頃、新しい住宅とプラントを建てる工事が間もなく始まろうとしていた。タイミングとしては、新しいチームを呼び寄せるべきであり、それはすなわち私にとっては、ほかの場所での仕事を探し始める時が来たことを意味していた。タナメラの人々は、互いに数マイル離れたふたつの土地に分かれて移住するという方法を選択した。101軒の世帯が選んだのは移住先として最初に選ばれた土地で、彼らは水辺へのアクセスや肥沃な土壌よりも、祖先の土地に近いことを優先して決めた。だが少なくとも彼らは、きちんと説明を受けたうえで選択したのである。

その人たちとは異なる一族が大部分を占める26世帯は、もっと海に近いところにある、そこから数マイル離れた別の場所を選んだ。

2005年に再びタングーを訪れた時、私はアーウィンと一緒にヘリコプターに乗って、上空からふたつの新しい村を見た。すると、波形のブリキ板のように見えるものが新しい住宅のうしろに積み上げられていたので、それはなにかとアーウィンに尋ねた。彼の説明によると、インドネシア各地から商売にやってくる人たちに自宅を貸して、自分たちは小屋を建ててそこに住むようになった住人がいるのだという。私は思わず目を丸くして、彼のほうを見た。だが、どの人もそれでハッピーなのだと、アーウィンは言う。住民たちは新しい家を気に入っていたのだが、人に貸したほうがはるかに儲かることに気づいたのだという。

これは予期せぬ展開だったが、プロジェクト全体を眺めて考えると、現地の地域コミュニティとのあいだで築いた関係や、その他の機関や団体と構築した協力関係に、私は確実な手ごたえを感じていた。私たちは、地域コミュニティから要望があれば、可能な時はいつでもそれを叶えるという姿勢を示した。たとえば桟橋を作ろうとして、それが神聖な石の連なりを跨いでしまう格好になると言われれば、桟橋の設置場所を変更した。またある時は、プラントの外にシェルターをあつらえて、そこに神聖な岩を移動させた（その岩はミニバン1台ほどの大きさで、元の位置はLNGの貯蔵タンクから近すぎるところだったので、人々が詣でるには危険だった。村の長老たちは、祖先から岩を動かすことの許しを得るために、暗い穴蔵に向かって一晩中、呪文を唱えた。この儀式にアーウィンは招待された）。

だが、まだ問題は残っていた。入り江の対岸に住む人々は別の土地へ移住する必要がなかったのだが、ガス田はむしろ彼らの岸のほうに近かったので、彼らは自分たちも利益を得るのが当然だと思い、移住した住民たちに対して嫉妬心を抱いていた。また、1997年にはしかが流行し、約40人の子どもたちが亡くなったのだが、それはアルコの操業に伴う誘発地震が原因であるとして、それ以来幾度となく、住民から不満が寄せられていた[32]。調査の結果、このふたつには関連性が認められなかったにもかかわらず、である。そのうえ、BPが契約した外部の人材斡旋業者のあいだで汚職が存在し、本当は古くから近隣の村に住んでいた人々が採用されるはずだった仕事が、新たにこの土地に移り住んだ人たちに与えられるという事態を招いた[33]。

しかしながら、世界各地の採掘プロジェクトで当たり前のように起きていた、暴力を伴う社会的な衝突は、タングーでは発生しなかった。このことは、BP社内の評価のみならず、外部の専門家から見ても、それなりの成功だったと言える。

2013年、住民の移住に関する専門家のマイケル・チェルニアにタングーのことを振り返ってもらうと、彼は概ねBPの移住計画とその実行に感服したと言っていた。だがBPもやはり、支援につきものの「依存」という罠を回避することはできなかったとも指摘した。

私は当初疑念を抱いていましたが、結果としてBPは、私がこれまでに見てきた中でもっとも優れた移住実施計画を立案し、その根本的な目的を達成しました。実際に移住が行なわれてから1年後と2年後を見ると、新しい土地へ移住したタングーの人々の所得と暮らしぶりは、移住する前と比較して明らかに良くなっていました。

BPがやらなかったことは、水道や電力のネットワークなど、移住に伴って発生した新しい資産と公的なサービスを人々が使いこなせるように整理してあげることでした。

BPの考えは責任を明確にすることであり、すべての住民に対して「最初の1年は無料で電力を提供しますが、それから先は誰もが消費したぶんに対してお金を払うことになります。とても低い料金ですが、支払いが発生します」という説明をすることだったのでしょう。

地域コミュニティは物事を引き受け、自分たちの力でやっていかなければなりません。なぜならば、確実に電力を未来永劫供給し続けられるプロジェクトなど存在しないからです。BPは技術的なインフラを新たに構築することには長けていましたが、社会的なインフラ作りを推進する面においては、やはり力が不足していました。

2002年、ジョン・ブラウンは第三者で構成するタングー諮問団を設置し、「どうすればタングーは、開発における世界最高水準のモデルとしての潜在能力を発揮できるか」という課題について、彼自身に直接報告させるようにした。団長には、1998年に北アイルランドの和平合意で仲介役を務めた元米国連邦上院議員のジョージ・ミッチェルが就任した。諮問団が2009年に提出した最終報告には、次のように書かれている。

パプア人のあいだでも、地元の指導者たちのあいだでも、プロジェクトへの支持は強い。多少の不満は出ているものの、BPがしっかりと関わって進めた協議や、タングーがすでに目に見えるかたちでこの地域にもたらした具体的な利益に対して、パプア人のほぼ全員のあいだで感謝の念が共有されている。

RAV*またはDAV**と呼ばれる、LNGの現場にもっとも隣接する村々で実施されたプログラムによって、住民のための医療が充実し、水質が改善し、経済が発展した(34)。

＊ RAV（Resettlement Affected Villages/ 移住による影響を受けた村）
＊＊ DAV（Directly Affected Villages/ 直接的に影響を受けた村）

確かにこれまでこうした成果があがっているのだが、それでもなお、ビントゥニ湾沿いに住んでいた人々の暮らしがどう変わっていくかというのは、BPだけではなく現地の人々にもコントロールできないことである。タングーは「資源の呪い」を払拭したのか、あるいはその存在を認めたのか、その答えは様々に絡んでいる要因から導かれることになる。中には比較的わかりやすい要因もあるが、この問題はこの先何世代にもわたって問われることになるだろう。その結果、私たちの努力は無駄だった、あるいは価値がなかったということになるかもしれないが、最終的にはそのいずれでもなかったと証明される可能性のほうが高いだろう。

事業者の利益と地域コミュニティの利益がいかに共存できるかについて、私は楽観的な考えを持ちながらインドネシアを離れた。BPきっての冷ややかなビジネスパーソンたちでさえ、住民が活発に、そして建設的に関わっている地域コミュニティの存在がタングーの成功の鍵であったことを理解してくれたのだ。

多国籍ビジネスは複雑で驚きの連続だったが、ここで学んだことに対して、私は深い感謝の気持ちでいっぱいだった。タングーでの経験は、ビジネススクールで勉強したような線と線をつないで整理された事例研究とは似ても似つかないものだった。同僚の献身的な取り組みに鼓舞されて、私はインドネシアに赴任した当初よりもBPのことが好きになっていた。彼らは、良い社会を作るための原動力になる――BPの声明やパンフレット類にこの言葉がちりばめられている――という理念をBPが体現することを目指していた(35)。

ここから私は、どの方向に向かって進んでいけばいいのだろう？　問題が複雑に絡んでいたことや、会社が積極的に資源を投入してくれたことを勘案すると、タングーが特異なケースだったことは間違いない。

するとほどなくして、中国から私に声がかかった。

第2章

中国――正しさの説明

China: Making the Case

企業倫理をどのように語るか

「では、始めましょう」。会議室へ集められたスタッフに向かって、マネージャーは呼びかけた。ボタンダウンのシャツの上に黒いニットのセーターという装い、細いメタルフレームの眼鏡、短く整えられた髪――。こうした外見と同じく、彼の振る舞いもきりっとしていた。彼が言ったことを、通訳のひとりが北京語に置き換えて、英語に不慣れなスタッフのために繰り返した。

マネージャーは、巨大な石油化学プラントを建設するコストと工程表について、最新の見積りを示したスプレッドシートを使いながら駆け足で説明し始めた。ＢＰは、中国の国営エネルギー企業のひとつであるシノペック（中国石油化工集団）と組み、出資比率が同等の合弁事業を立ち上げたのだが、住民が3万人ほどの町へ1万人から1万５０００人の労働者がこのプロジェクトによって移住してくることが見込まれた。世界最大都市のひとつに数えられ、中国経済の中心である上海（当時の人口は約１４００万）から南へわずか30マイル（約48キロメートル）ほどしか離れていない地の利のわりには、この地域は驚くほど田舎だった。スタッフに説明していた男性はシノペックの社員だが、建設工事担当のマネージャーは彼のほかにもいた。主だったポジションにはBPからも人材があてがわれていたので、シノペックはBPが国際的な事業を通じて蓄積したノウハウを学ぶことができた。

「これはなんですか?」 BP側の建設担当マネージャーであるスティーブが、スプレッドシートの英訳されていない箇所を指先でトントンと突きながら尋ねた。その質問を、通訳が北京語で繰り返した。

「それは事故による死者数の見込みです」とシノペック側のマネージャーが答えた。すると、スティーブの眉毛は驚きで大きく吊り上がった。「8人だって!?」

「はい。2年の建設工事期間における人工数と、同様のプロジェクトでよく用いられる統計を基に算出しました」

「8人を目標にしてはいけません」とスティーブは言った。「目標はゼロ人です」

「しかし、それは現実的な数字ではありません」

「それは違います。予想を低く見積もれば、その数字を達成できます。しかし、事故による死者数を8と想定すれば、少なくとも8人の犠牲者が出てしまうでしょう。目標数はゼロとすべきです」

「それは現実的ではありません」

このようなやりとりが、しばらくのあいだ続いた。はじめのうち、私たちが担当するプロジェクトにおいて複数の死亡事故が発生するかもしれないということを、シノペックのスタッフが平然と口にしているように見えて、私はぞっとした。ところが、彼らがスティーブの問いかけに対して、最近のプロジェクトに関する統計を引き合いに出して答えている様子を見ているうちに、彼らはこの業界における自分たちの知識と経験に基づいて判断しているのだということに気づいた。そうなると、彼らのほうが正しいのだろうか？　自分たちのスタンスを疑うべきなのは、むしろスティーブと私なのだろうか？　このプロジェクトで誰かが命を落とすのは、ほんとうにやむをえないことなのだろうか？

中国で仕事をした1年間、私は様々な溝——証拠として存在するものと目標として掲げたいもののあいだ、現実的に感じられることと正しいことのあいだ、中国と欧米、シノペックとＢＰ——を埋めることに明け暮れた。同時に、より高い基準を設定することを推進していくうえで最大の課題になるのは、敵対的な活動家や懐疑的なメディアを味方につけることではなく、なぜそれが必要なのかを同僚や事業のパートナーに理解してもらうことだということを、教訓として学んだ。これは、企業内理想主義者《コーポレート・アイデアリスト》の多くが早い段階で直面することである。

この合弁事業はＳＥＣＣＯ（上海賽科石油化工）という名称で、英語ではShanghai Ethylene Cracker Companyと表記される。エチレンは、ポリエチレンやポリスチレンなどを作るために石油から取り出されたものであり、これらのプラスチックは食品のパッケージやおもちゃなど、数え切れないほど多くの日用品の素材として使われる。総計27億ドルを投じ、年間３５０万トンという生産規模のSECCOは、中国最大のエチレン生産者になると共に世界最大級の生産者のひとつに数えられる見込みだった。

世界各国の工場にエチレンを供給するうえで、SECCOはきわめて重要な役割を担うことになっていた。同時にこれは、BPが30年にわたって展開してきた中国事業における最大の投資案件のひとつだったので、成長がめざましい中国のエネルギー業界でBPがこの先何十年にもわたって拠点を確保できるようにするためにも、きわめて重要だった。BPとしては、時間的にも資金的にも滞ることなくSECCOを立ち上げて軌道に乗せ、同社はシノペックが組む相手として良い企業であったことを証明したかった。

BPの中国事業を率いる人物は、作業員や地域住民とのあいだで問題が発生する可能性があるのではないかと懸念して、私をSECCOに呼んだのである。作業員に関しては、現場の中と外の両方にリスクが存在していた。2003年に中国が発表した統計によると、深刻な労働災害は70万件あまり発生しており、事故で命を落とした犠牲者は13万人にのぼる。[1] SECCOが必要とする作業員の数を考えると、そのような事故が発生するリスクは高いのだ。シノペック側の同僚が平然とそれを認めて仕方がないと思っているのも頷ける。

事故の原因としてよく挙げられていたことのひとつは、過度な長時間労働から生じる作業員の疲労だった。中国でも、国の法律によって建設現場の作業員の労働時間には上限が設定されており、それは国際標準（1日8時間、週に40時間、残業は毎月36時間まで）と合致していたが、こうした法令を順守させるために政府が監督者を派遣するようなことは、ほとんどなかった。家族を残して長期の出稼ぎに来た作業員は、郷里では稼ぐことのできない賃金を手に入れるために、過酷なスケジュールでも引き受けて、最大限の収入を得ようとするのだ。彼らの多くは休暇を取ろうとしない。遠すぎて帰省できないし、カード遊びくらいしかすることがないからだ。雇い主のほうも喜んで彼らの労働意欲につけこむのだが、1日12時間から14時間におよぶ勤務シフトで重い機材を持ち続ければ、必然的に惨事を招くことになる。

ＢＰには、スティーブのような経験豊富な建設工事担当マネージャーがいて、彼らは工事現場の安全に特化して検討するので、その中には労働時間に関する問題も含まれる。しかし安全を脅かす要因は、作業員が勤務シフトを終えたあとの時間にも存在している。だからこそ、私がこのプロジェクトに呼ばれたのだ。ＳＥＣＣＯの建設にあたる作業員たちは寮で生活することになるのだが、こうした宿泊所は得てして学生寮と刑務所を足して2で割ったようなものである。非政府組織の「中国労工通信」によると、上海で寮生活を送る出稼ぎ労働者に与えられる居住空間は、ひとり当たり平均で50平方フィート（約4・6平方メートル）であり、これはおおよそキャンプで使うテントほどのサイズだ。一般的な寮の実態を自分の目で確かめるために、私はその地域にある作業員専用の寮を見学したのだが、そこでは擦り切れた鍋コンロのワイヤーを代用して洗濯物を干していたり、寝台ベッドの下に古くなった食べ物が積まれていたりしていた。ウォルト・ディズニー・カンパニーで国際労働基準プログラムを担当するシニアリーダーのローラ・ルッボから聞いた話では、彼女がかつて中国である寮を見学した時、女子トイレには便器がなく、ただ溝があるだけで、床には水溜りができていたという。そのすぐ横には電気の差込口がいくつかあり、それらは作業員が携帯電話の充電などに使うことができる、建物内で唯一の差込口だったという。

SECCOが潜在的に抱えていた問題は、従業員の安全に関することだけに留まらなかった。遠隔地で事業を展開する場合、企業は道路を建設したり、水道やその他のインフラを整備したりすることが多い。SECCOを受け入れた上海近郊の漕涇《カオジン》地区には、すでに学校や病院があり下水道も整っているため、この方面におけるSECCOの負担は多少軽減されたものの、大量に押し寄せる新しい住民を受け入れる心づもりが、はたしてこの町にあるかどうかは不明だった。SECCOの作業員が漕涇の水道水を使い果たしてしまうかもしれないし、病院を占拠してしまうかもしれない。売春宿を誕生させてしまうかもしれないし（大勢の出稼ぎ労働者が集まる宿泊所の近くにこうした商売が出現するのは、よくあることだ）、食品の価格や地価の高騰を引き起こしてしまうかもしれない。こうしたことが起これば、地域の住民たちや共産党の役人たちが強い反感を持つようになるだろう。中国北東の工業地帯では市民による抗議デモの動きが高まっていたので、BPもシノペックも、これを回避したかった。

こうした問題はSECCOの事業を危うくするだけではなく、中国のほかの地域で開発するプロジェクトでもパートナーになりたいとアピールする自分たちの働きかけにも水を差しかねないことに、BPは気づいた。事業の現場から離れた場所で起こる問題に関してまで企業が責任を負う必要はないのかもしれないが、ＢＰはこの場合、そうせざるをえなかったのである。

プロジェクトの外で起こる問題

プロジェクトの敷地外で起こるこのような問題が、いかに企業や従業員にとって重要であるか、ほかの企業内理想主義者たちも同様に目の当たりにしたという。

ジョナサン・ドリマーは、カナダの産金大手バリック・ゴールド社のバイスプレジデントであり、法務部門のトップの補佐も務めている。２０１１年に入社して間もなく、彼はパプア・ニューギニアにおける同社の操業現場を見学するために現地へ飛んだ。その地では、全家庭の3分の2がドメスティック・バイオレンスの問題を抱えていると言われていた。その時の出張で気づいたことを、ドリマーは次のように語った。

地域コミュニティの問題は、企業の正門をくぐり抜けて入り込んできます。建物への入り口も超えてくる。地域コミュニティの問題は、企業の問題でもあるのです。コミュニティの中で暴力が蔓延しているのなら、企業の操業においても暴力が発生するリスクがある。企業は地域コミュニティから切り離されているのではなく、そこに属しているのだということ、そして地域の人々の問題は自分たちの問題でもあることをよく認識するという発想を、私は現地を訪れ

るまでほとんど持ち合わせていなかったのですが、そこを離れる頃まではしっかりと身についていました。(2)

ポジティブな事例も紹介しよう。現在は子ども服メーカーの「ザ・チルドレンズ・プレイス」でCSR部門のトップを務めるマーカス・チャンは、かつて勤めていたギャップ社の海外生産拠点を初めて視察するためにグアテマラを訪れた時のことを話してくれた。それは2000年代の初めのことで、彼は工場主たちが従業員のために銀行や食品店、そして各種サービスを、敷地内に設置しようとしていたことに驚いたという。それから10年後、グーグル社をはじめとするシリコンバレーのベンチャー企業が同じことをやっても、皮肉なことにそれは従業員たちが職場から離れなくていいようにするための方法だと思われてしまった。しかし、マーカスがグアテマラで見た施設では、そうやって用意してもらわなければ触れる機会がなかったサービスを、従業員たちが利用できるようになっていた。

工場主たちには、従業員の福祉に対して責任を負っているという自覚がありました。従業員たちは銀行で口座を作りましたが、彼らはこの工場で働き始めたことによって、初めてその体験をしたのです。そして銀行口座を持ったことで、お金を貯めることができるようになったのです。工場にとっても、従業員の口座に直接入金できるので、給料を手渡しするための人件費を削減することができ、効率が上がりました。同時にそれは、従業員がより多くの金融サービスを利用できるようになるための第一歩でもありました。周知のとおり、貯蓄ができるということは、貧困から抜け出すための第一歩なのです。

現在はフェイスブック社で広報と公共政策関連を担当するバイスプレジデントのエリオット・シュレージも、ギャップ社のコンサルタントを務めていた1990年代後半に初めて工場を視察した時のことを、次のように語った。

「貧困の中に、希望と変化に向かっていく力を感じました。前向きな工場の労働条件と、ほかの人々の驚くほどみすぼらしい生活環境を比べると、その差は際立っているし、ギャップの工場で働く従業員やその家族が暮らす家と、それ以外の場所で働く人々や仕事のない人々が暮らす家のあいだには、非常に大きな違いがあるので、とても感銘を受けました。ギャップの工場が示していたのは、地域コミュニティを搾取することではなく、彼らに機会を与えることだったのです」

だからSECCOの作業員も、危なっかしい生活を送るのではなく、機会を活かせるようになることが望ましい。私は、BPの事業を主体としたリスク軽減策に異存はなかったのだが、インドネシアの時と同様に、倫理的な側面を掘り下げたいと思っていた。BPは社会的な衝突やダメージの誘発を回避すべきであり、同時にみずからが希望と変革の推進役になるべきであることは火を見るよりも明らかであると、私には思えた。

きっと、人々に危害を与えずにこのビジネスを成立させることは可能だ。そしてもちろん、この合弁事業のパートナーも、強気なビジネスマインドの裏に心配する気持ちを秘めていたとしても、やはり私たちと同様に被害を出すことを回避したい――。そう願っていたのではないだろうか。

インドネシアの時と同じように、BPの経営上層部が私を支援してくれた。しかし、精神的なサポートをしてくれるだけでは、取り組むべきことにはまるで手が届かない。研修の実施やスタッフの採用、機材の購入など、必要なこととして申請したものにはお金がかかるのだ。だが、SECCOにかかるお金については、BPだけの判断でその使い道を決めることはできなかった。すべての経費はBPとシノペックが平等に負担することになっていて、合弁事業の契約書に調印した時点で記載されていないものについては、すべて交渉しなければならなかった。

国や地域にかかわらず、SECCOのようなプロジェクトではよくあることだが、一般競争入札を経て、ひとつの建設会社がその建設工事の仕事を落札する。まず管理会社が、建設会社に対して要件を示す。それを受けて建設会社は、「仕様書で要求されている内容の工事をこの価格でやります」と言って応札する。ひとつの建設会社がその仕事を競り落とすと、工事に必要な金額として合意された契約金が支払われる。一方で、中国では、作業員の権利を守ってくれるような組織や人はほとんど存在しない。労働環境を検査する役人の数は極めて少ないし、こうした問題に目を光らせる民間の団体はまったくといっていいほどなく、本格的な労働組合も存在しない。(3) その結果として、事業主が作業員の健康・安全・環境を守るための対策を怠り、そのぶん自分たちの私腹を肥やすということが、よく起こるのである。

ＳＥＣＣＯを落札したのは、10番目に応札した建設会社だった。追加の支払いがないかぎり、彼らは新規の仕事を引き受けてくれないので、いかなる安全対策も彼らとシノペックと協議して決めなければならないのだが、追加コストが発生することに対しては、どちらも消極的な態度だった。

インドネシアの案件では、労働問題は主要な取り組み課題ではなかったし、私には中国での経験もなかったのだが、ＢＰの中国支社のトップは、ＳＥＣＣＯの事業で必要とされる文化的な感受性と鋭いビジネス感覚を私が兼ね備えていると思ってくれたようだった。評価してもらえて嬉しかったが、両方の強みを持つ人材は私以外には思いつかなかったと彼が言うのを聞いて驚いた。もしかしたら、この一見実現不可能な任務を引き受けるような世間知らずは、私しかいなかったのではないだろうか、とも思った。しかし、中国へ行くチャンスを、しかも人々を守ることにつながる仕事をしに行くとなれば尚更、断ることはできなかった。

２００２年９月、私は状況を評価するために３週間ＳＥＣＣＯに滞在した。昼間は合弁事業に関わる人々を理解することに努め、夜は友人が紹介してくれた友人や、知人のそのまた知人と会って交流し、中国ではＳＥＣＣＯのようなプロジェクトは通常どのように展開するのか、その感覚を肌で感じとろうとした。こうして知り合った人々の中で中国の事情に詳しい専門家は、ＢＰがシノペックとの共通した見解を見出せるかについては悲観的だったものの、どの人も一様に、ＢＰが世界の優れたやり方を導入しようとしていることに対しては非常に高い関心を示した。

最終的に、私は三つに分けたプランを提案した。第一に、作業員の寮の管理を建設会社に任せるという一般的なやり方をせず、SECCOがその衛生と安全に関して独自の基準と監査の仕組みを作ることとする。第二に、周辺地域の住民とのあいだで潜在的に問題に発展しそうなことがないかどうか、SECCOが社会的インパクト評価を行なう。この調査が持つ意義は、結果をまとめて報告することだけにあるのではなく、それを作り上げていくプロセス自体にもある。現地の共産党員や澇涇の住民たちと会って話を聞くことには二重の目的があり、一つは外部の利害関係者と建設的な関係を築くこと、そしてもう一つはシノペックの人たちを巻き込んで一緒に調査をやってもらうことだ。第三の提案は、社会的インパクト専任の中国人マネージャーを常勤で採用することだ。私の見積りでは、これらの費用として合計で84万ドルが必要だが、27億ドルというSECCOの予算規模からすれば、この程度の金額は集計上のわずかな誤差のようなものだ。BPの幹部は私が提案したこのプランを支持してくれた。そして次なる課題は、シノペックからも支持を取りつけられるように、彼らを説得することだと私に言った。

必要性を理解してもらう

かつて中国の企業は、従業員に終身雇用、教育、医療を提供しており、この現象は「鉄の茶碗」〔国が面倒を見てくれるので安定していることを指す〕と呼ばれていた。しかし1980年代になって中国政府が経済の自由化に着手し、輸出の強化や海外資本の誘致に力を入れるようになると、多くの企業が欧米企業のやり方に倣うようになり、こうした従業員へのサービスを打ち切った。そんな中、私はシノペックに対して、今一度従業員や地域コミュニティの暮らしを保障すべきであると説得しなければならなかった。

提案を支持してもらえるようにするためには、的確に説明できる言葉を探す必要があった。最初の数週間は、「従業員と地域住民の人権を保護することが私たちの目標である」という言い方をしていた。欧米人は、いかなる意味合いにおいても中国で人権を話題にするのはタブーまたは危険だと思っているが、その一般的な先入観とは対照的に、私の話を聞いた中国の人たちはきょとんとしていた。「人権がSECCOとどう関係しているのですか?」と、シノペック側の同僚は口ぐちに尋ねた。(2013年、中国企業家協会と物流大手のコスコ、および清華大学がスポンサーとなり、「人権に関するグローバル・ビジネス・イニシアチブ/GBI」の会議が中国で開催された。この会議に出席した、GE社の労働雇用問題担当シニアカウンセルを務めるマーク・ノードストロームは、自身のブログで次のように書いている。「我々が個別に、あるいは全体として思い描いていた様子とは異なり、中国企業は人権についてさほど違和感なく語っていたというのが、会議を終えた後のGBI会員企業の一致した見解だった」(4)。だがこれは、私がSECCOの仕事をしていた頃からおよそ10年後のことである)

その後数週間は、「これらの基準はBPが世界各地で展開している同規模のプロジェクトで採用されている」という説明を試みたが、これもうまくいかなかった。シノペックはBPの専門知識を欲しがっていたが、あくまでも自分たちのやり方でその知識を採用したいと思っていたのだ。

共感を得られそうな言葉を見つけ出すために、私は聞き役に徹することにした。その結果わかったことは、彼らの自尊心や面目といったものに訴えることが効果的であるという、きわめて当たり前で、これまでもさんざん言われていることだった。そもそも、私は最初からこのアプローチで出発すべきだったのだ。「顔が立つ」というのは、確かに中国では強力な動機づけなのだが、SECCOでは役員のひとりが上海市長の座を狙っているという噂があったので、このアプローチはなおのこと彼らの心に響いた。私はプレゼンテーションで使うスライドの見出しを「風評被害」「世界が認める優れた事例」などのパンチの利いたフレーズで味付けし、私が提案した基準を採用すればSECCOは模範的な世界一流のプロジェクトになれると訴えた。

「そのとおりだ」と言って、彼らは頷いた。「どうして君は、もっと早くそう説明しなかったんだ?」

説得しようとしてはいけない

なぜそれが必要なのかを相手に理解してもらうために適切な言語を探すことは、企業内理想主義者にとって、もっとも大切なスキルのひとつだ。利益、人材、地球環境という、企業が決して疎かにしてはいけない三つの要素を指す「トリプル・ボトムライン」という言葉を生み出したジョン・エルキントンは、自身が仕事で企業と関わり始めた頃のことについて、ニューヨークタイムズ紙のオピニオン面に次のような文章を寄稿している。「私はジェームズ・ボンドを羨ましく思うことが何度もあった。敵の司令部に侵入した007は、そこでどのボタンを押せばいいのか、なぜか必ず知っている。企業の役員室に呼ばれる機会が増えるにつれて、私はそこで目に入ったボタンをすべて押してみて、どれがなにとつながっているのかを見極めなければならなかった(5)」

現在はキャンベル・スープ社に移り、持続可能性について検討する部門のトップを務めるデーブ・スタンギスは、インテル社に勤務していた時、同社で正式にCSRを専門職として担当する第一号社員になった。そのような経歴を持つ彼は、CSRを伝道して歩く時代は終わったと話す。「私のようにしばらくCSRに取り組んできた人間は、キャリアにおける最初の10年間を、社内の人たちを『私と同じような発想を持とう。持続可能性について考えよう』と説得することに使いました。企業の市民活動、そして社会からの評価について、企業は向き合う必要があったのです。CSRを説いて回るのは良いことですが、それだけではなにも変わりません。人を説得しようとしてはダメです。相手が行動に移せるように助けてあげるべきなのです」

デンマークの製薬会社ノボノルディスクでCSRのバイスプレジデントを務めるスザンヌ・ストーマーは、このことについて次のような言葉で語った。

「世界中の人たちの考えを変えなくてはならないなどと思ってしまったら、それは非常に危険なことです。物事はそんなふうには進まないのですから」

リーゼル・フィルゲイラスは、ブラジルの鉄鉱資源開発企業であるヴァーレで人権問題や開発地域に古くから住む人々との調整を担当している。彼女の話では、鉱山に出入りする貨物列車を妨害して止めることは、ほんの数人の力でできてしまうそうだ。それゆえに、操業を担当する同僚たちは彼女の仕事をよく理解し、有難く思っているという。

ひねった見方になりますが、私たちは採鉱業界の中では運がいいほうなのです。効果がはっきりと目に見えるかたちで現れますからね。社会的営業免許〔SLO／操業を維持するためには、企業は地域社会に貢献し、その存在意義が認められるべきであるという考え方〕という概念は、多くの企業にとっては漠然としていて、かたちが見えにくいと思いますが、私たちの場合はきわめて認識しやすい。その影響が、操業が止まるというかたちで現れますからね。

人権擁護は実践可能であることをわかってもらうのは簡単です。実際のところ、まったく難しくありません。投資に対するリターンを期待されることはないですし、自分で証明する必要もないのです。同僚たちはわかっていますから。私はただ、こう問いかければいいのです。「貨物列車がブロックされて1日動かなかったら、その損失はいくらになりますか？」すると、相手は試算してくれます。つまり、きわめて明白なのです。私は操業部門のために仕事をしているのです。はっきりと言えるのは、私が良い仕事をすれば、操業を担う同僚の仕事もうまくいくということです。

これは短期的なビジョンではありません。長期的なビジョンです。なぜならば、資源開発には長期的なビジョンが求められるからです。

こうした事柄について同僚たちに話をすると、彼らは理解してくれます。私は自分の立場に基づいた考えを相手に理解させせようとするのではありません。彼らの立場を考えて話すのです。そして、私は彼らのやることに反対する人間ではないことを、きちんと伝えます。私は彼らの味方なのですから。

私は大学で心理学を勉強し、ビジネススクールでは経営管理を学んでMBAを取得しました。心理学を使う機会は皆無だろうと思っていましたが、実際には仕事の7割において心理学が役立っています。抵抗の姿勢をとる場合、相手が私を敵と見なさないようにすることが大事ですから。そのやりとりは、こんな感じでしょうか。「わかってください。私はこういう対応をしていますが、あなたの味方です。あなたは今、ご自身が最大の敵になってしまっている。あなたが決断しようとしていることは、長い目で見ると、あなた自身に不利なかたちで跳ね返ってきますよ」

操業担当者との共通項を見出そうとするリーゼルとは対照的に、別の企業内理想主義者は、ある失敗談について話してくれた。CSR部門で彼と一緒に働く同僚が、ほかの部署の人たちを説得しようとしたのだが、相手の反応はけんもほろろだったという経験談だ。

同僚の提案は、「ひとりの力でも、物事を良い方向へ変えることができるのです。これからガンディー〔インド独立の父〕の映像を見てみましょう」というアプローチでした。私はビジネスの会議には不自然な選択だと感じたのですが、「なるほど、そうか。多かれ少なかれ、僕自身もガンディーと同じ立場だ。だから僕には理解できるぞ」と思ってしまいました。

すると今度は彼女がマザー・テレサの映像を見せたので、「確かに、この会社にはれっきとしたクリスチャンが大勢いる。マザー・テレサは歴史に照らし合わせても適切だ」と私は思ったのですが、誰も彼女の話を聞こうとしませんでした。

人と会って話をする時、相手の立場を考えなければなりません。私の同僚は善意に満ちた人で、優秀であることに疑いの余地はありません。しかし彼女は、「こうやって自分たちに跳ね返ってくるのです」「我々はこんなふうに影響を受けることになります」というメッセージを、相手に伝えなかったのです。

シェブロン社でグローバルな問題と政策を扱う部署のマネージャーを4年間務めたシルヴィア・ガリーゴが在任中に担当した仕事の中には、ミャンマーとナイジェリアにおける同社の操業について株主と難しいやりとりをすることや、エクアドルで環境をめぐって現在も係争中の問題を扱うことも含まれていた。

「エンジニアが中心の会社では、物事を決めるのは定性評価や熱意ではなく、定量分析やデータに基づいて行なわれるものなのです。私は、思わず興奮して話してしまった時はいつも、物事がちっとも前に進んでいないことに気づかされました」

２００９年10月、とあるイベントでプレゼンテーションを行なったあと、シルヴィアは聴衆から敵意に満ちた質問を浴びせられた。そして会場を出ようとしていた時、彼女の電話が鳴った。それは、シルヴィアが草案を作成した人権問題についての方針を検討していた政策担当部署のトップ（彼女の上司）と法務担当責任者からの電話だった。イベントで味わったショックを引きずる中、彼女はその会話の途中で熱い気持ちを抑えられなくなったという。

ふたりとも質問をたくさんぶつけてきて、否定的な意見を口にしたのです。正直に言うと、彼らの質問は妥当だったと思います。私はシェブロンに長年勤務しましたが、弁護士の仕事は本来、コンセンサスを築くことではなくて助言を行なうことです。しかし、自分がビジネス側に身を置くとなると、なにもかも違ってきます。単に情熱や思いつきだけではコンセンサスを得たり物事を前へ推し進めたりすることはできないということを、私は辛酸をなめるような経験をすることによって学びました。

ふたりから質問されて、私が最初に示した反応はこうでした。「あなたがたと私は、同じ世界にいるのでしょうか⁉　私はたった今、人権問題への取り組みについて疑問をぶつけられて、議論を蒸し返されたばかりなんですよ。なぜこの方針をできるだけ早期に採用する必要があるのか、おふたりが理解できないのなら、私たちは同じ世界にはいないということです」。ふたりがなにか聞くたびに私は噛みついたので、それはまるで相手がやさしく投げてきたピンポン球に対して、「この強打を受けてみろ」と言ってラケットで叩き潰すみたいな感じでした。電話の向こうで相手が沈黙しているのが伝わり、私は自分が熱くなりすぎたことを悟りました。

電話を切ってから、「ああ、いけない。とんでもないことをしてしまった」と思う一方で、「いいわ。もう、どうにでもなれだわ。これが実態だもの。私が前線でどんなことを言われているか、彼らにもわかってもらったほうがいい」。あとでまた電話してきた上司に、「君はちょっとカッカし過ぎたね」と言われました。「ええ、そうなんです」と言ってから、私は彼に謝りました。

私にとって救いだったのは、上司と法務担当責任者からとても信頼されていたことです。このふたりとは以前、前向きで思慮深くて知的な会話を数多く交わしており、そうした場では私自身、もっと力を発揮できていました。情熱に突き動かされて強引に前へ進もうとするのは得策ではないので、冷静になって言葉を選び、伝え方には細心の注意を払うべきであることを学びました。

ところがシルヴィアの場合、この時の言動が完全に裏目に出たわけではなかった。彼女が草案を作成した人権問題に関する方針を、シェブロンはそれから2カ月後に採用したのだ。ただし、この方針を現場に落とし込んで浸透させること自体はもちろん、今なお現在進行形のプロセスである。

企業の責任を「翻訳」する

私が上海に駐在して提案を実行に移すために必要なお金の手当は、ＳＥＣＣＯの取締役会が保証してくれたのだが、まだ骨の折れる仕事が残っていた。寮に関する基準案を作成するにあたって、私はＢＰの基準に加えてＳＡ８０００という、労働環境を整備する基準として広く使われている国際基準に基づいて行なった。その草案をＳＥＣＣＯの翻訳部門へ送ったところ、シノペックの建設部門へ転送され、そこで編集されたものが翻訳者を通じて私のところへ戻ってきた。このことはつまり、草案を作成するのに数日ではなく数週間かかることを意味していたが、私は辛抱強く待たなければならなかった。シノペック側のスタッフも、自分たちのものとしてこの基準を採用し、運用していかなければならない。そういう気持ちになれなければ、彼らは絶対にこれを実行に移さないだろう。

何度も改訂を繰り返す中で、シノペック側のスタッフは「煙探知機」を「火災報知器」に変更し続けた。私は両方に対して別々の条項を加えたのだが、戻ってきた改訂版では、毎回まったく同じ文言が2行並んでいた。その都度、私は両者の違いを書き込んだのだが、ある時ふと、これはまさに「違う結果を期待して同じことを何度も繰り返すのは愚の骨頂」という名言〔アインシュタインの言葉に由来し、広く使われるようになった言い回し〕を私はみずから実践しているだけであることに気づいた。

ようやく私はシノペックの建設担当スタッフと対面し、草案の中身をひとつずつ検討していった。その場で私は「火災報知器」は「煙探知機」とすべきであると指摘した。翻訳者がそれを中国語に訳して伝えると、スタッフがなにやらごちゃごちゃと言い始めた。

「違う。それは翻訳上のミスです。これらは『火災報知器』でないといけない」と彼らは言った。

「いいえ、このふたつは別物ですから、両方とも置かなければなりません」と私は返答した。するとまた、ごちゃごちゃと言い始めた。

「これは中国の基準を超えています」というのが彼らの言い分だ。確かに、その通りである。

「しかし、煙探知機があれば火災が発生した時に多くの人命を救うことができます」と私は説明した。

「それは我々の責任ではない。建設会社の責任です」

「でも、寮で火災が起こったら、何百人という死者が出ます。それはＳＥＣＣＯにとって大問題になります」

「それは建設会社の責任です」

「私たちは、そんな大きな犠牲を出すようなリスクを負うわけにはいきません」

「この件がＢＰにとってそれほど重要なら、ＢＰが費用を負担すればいいじゃないですか」

シノペックのスタッフは工事の作業員を嫌っているわけではない。彼らはただ自分たちの責任をはっきりさせようとしただけであり、そのことについて彼らを責める余地はないに等しい。彼らの主たる職務は経費を抑えることなので、煙探知機を設置する費用すら予算に盛り込んでいなかったのだ。煙探知機の設置は多く見積もっても数百ドル程度しかかからないし、煙探知機を置くだけで多くの命を救うことができるというのに……。この合弁事業にかかる費用はすべて両者が等しく負担するという原則があるにもかかわらず、合意に至らなかったのでBPが独自に支払うことにした項目はいくつもあり、煙探知機も明らかに、その項目リストに加わることになりそうだった。この交渉で負けると思うと頭にきたが、とにかくこうして彼らを巻き込んで基準を満たすようにしていくことは一歩前進なのだと、私は思うことにした。

適切な責任の配分をめぐって議論になるのは、なにもSECCOに限ったことではない。どの企業もリスクや責任は最小限に抑えようとするし、そのこと自体はいたって理にかなっている。しかし企業は、たとえ法的な責任を子会社や取引先に負わせたところで、自分たちの事業が社会に与える影響を完全に取り除くことはできない。

ナイキ社が1990年代に経験した事例からわかるように、時に企業はメディアや一般の人々から判断を迫られることがある。ナイキに対して人々が強い反発を示したため、アジア地域にあった同社の契約工場は、独立した第三者による検査を受けることになったのである。当時のCEO、フィル・ナイトはこの決定を発表した時、次のように言った。「米国の消費者は、労働者を虐待するような環境で作られた製品など買いたくないのだと思います」(6)。また、2012年の初めにニューヨークタイムズ紙がある暴露記事を掲載したが、それによると、アップル社の多くの製品を含め世界で生産される電子機器の約40パーセントを組み立てていたフォックスコン・テクノロジー・グループは、その工場の環境が劣悪であったという。[7] この記事は不買運動を引き起こし、アップルはその後公正労働協会に加盟した。そして、同社の製品を作っているフォックスコンの工場は、独立した第三者による検査を受けることになった。さらに、両者は賃金の引き上げと労働環境の改善に共同で取り組むことを誓った。はからずも、３人の異なる企業内理想主義者が私に、ニューヨークタイムズ紙の記事のおかげで自分たちの仕事が注目されるようになり、何年も前から働きかけていたことに対して、やっと経営幹部から支持を得られるようになったと話してくれた。どの企業も、今度は自分たちが新聞の一面で暴露記事を書かれたら大変だと思ったわけだ。

ナイキとアップルの場合、どちらも報道機関が大々的に報じたため、本国で厳しい世論に晒された。しかし中国では、メディアがここまで自由に報道することは許されておらず、そのことはＳＥＣＣＯで課題に取り組んでいた私たちにもはっきりとわかった。このプロジェクトにおいて従業員の健康と安全を担当するＢＰのマネージャーは、自分と同じ立場にあるシノペック側のマネージャーを英国へ連れて行き、ＢＰの研修を受けさせる段取りをしていた。ところがその前週に研修項目を検討していたところ、シノペックのマネージャーが「メディア・トレーニング」というセッションを指して尋ねた。

「なぜ研修にこの議題が必要なんですか？」

「大きな事故が起きた場合、その内容を報道機関に説明する役目を担うのは、従業員の健康と安全を担当するマネージャーであることが多いからです」とBPのマネージャーが答えた。すると、シノペックのマネージャーは困惑した表情を浮かべてこう言った。「でも我々は、なにが起きたかを報道機関に教えたりしません」

操業上の大惨事を引き起こしておきながら、それを報道されないように隠し通すことができる社会にBPは属していないのだが、シノペックは違う。少なくともこの時点までは、それが可能な社会でビジネスをやってきたのである。しかし、BPの世界的な知名度に加え、SECCOが上海という活気に満ちた国際都市に近い場所にあることを考えれば、そんなふうに身を隠すことは間違いなく不可能だと、私たちは思っていた。BPはコロンビアでの経験――人権を侵害した共犯者として責任を追及された――から、透明性を維持することと、利害関係者が積極的に企業の社会的責任を果たすことは、不可避であるばかりか、むしろそうするのが望ましいということを教訓として学んでいたので、BPの同僚たちはこの発想をよく理解してくれた。しかしSECCOでは、あまりにも大きく異なる考え方に、私たちは直面した。

相手の懐に入る

BP側の同僚は、ほぼ全員が男性で、その多くが40代または50代のイギリス人、もしくはアメリカ人だった。そのうちの2名は中国人女性と結婚し、北京語が少し話せたが、彼らを除いた大部分は、中国の言語と文化に対する知識レベルはゼロに近かった。

私自身も、そのレベルを引き上げることにはほとんど貢献しなかったが、中国人の同僚は、北京語を覚えようとしても効果があがらない私の頼りない試みをおもしろがった。努力していることに好感を持ってくれたようで、私はパートタイムで彼らに英語を教えることになった。この仕事は私の職務には含まれていなかったが、これをやることによって、英語の練習や西洋文化を学ぶことに前向きで、現代中国のライフスタイルについて話してくれる若手を中心とした中国人スタッフと触れ合うことができた。私にとって、これはとても楽しい経験だった。急いで帰っても待っている家族がいるわけでもないし、この国について駐在しているあいだになるべく多く吸収したいと思っていた。人々と一対一で話して理解が深まっていくにつれて、ＳＥＣＣＯにおける社会的な力学を向かうべき方向へと導いていくことに対して、あまり戸惑いを感じなくなった。こうして築いた人とのつながりと、相手の文化を学ぼうとする努力を評価してもらえれば、私は西洋人の価値観を押し付けようとしているのではなく、互いの利益につながることを見出すためにここにいるのだということを、もっとよくわかってもらえるのではないかと期待した。

新しい人間関係を築いていく中で、ＢＰの同僚は言葉を覚える能力が足りないだけではなく、感情を察する力も不足しているのではないかという見方を、私は強めていった。ＳＥＣＣＯの通訳スタッフは、その技量にかなり大きなバラツキがあり、中には悪い知らせを訳して伝えることに対してビクビクしてしまう通訳もいた。中国語で話されている内容を理解できなくても、通訳が言葉に詰まった時、その原因が語彙力の不足以外のところにあると感じたことも、しばしばあった。BPとシノペックのスタッフが、互いに相手を無視して話を進めようとしている時、私にはそれがはっきりとわかった。誰しも早くミーティングを終わらせて自分の席に戻りたかったのだろう。

企業内理想主義者たちの多くが私に語る時に強調するのは、人間関係を築くためには、一人ひとりと個人的に交流を深めていくことがいかに大切かという点だ。とあるサプライチェーンの専門家は、何度もインドネシアを訪問する中で、作業員の多くが農家の出身であることに気づき、自分が育ったカナダの農家の写真を持参したところ、ようやく彼らの信頼を得ることができたという話をしてくれた。

「そうしたら、私との世間話が止まらなくなってしまって！」と、彼女は興奮気味に言った。かつてアメリカン・イーグル・アウトフィッターズ社でCSRと国際貿易上のコンプライアンスを担当するシニア・ディレクターを務めていたモニカ・ゴーマンは、実際に製造チームの人たちのそばに座って時間を過ごしたことが、彼女の仕事にとってプラスに働いたそうだ。「製造現場の人たちと一緒にいて、彼らと個人的に知り合うことができました。これをやったことで、厳しい内容の話し合いをしなければならない時でも、やりやすくなったのです。もしなにか工場に問題があったら、チームの全員を知っているし、日々その場にいたので、彼らは私にこんな質問をするようになりました。『この工場を監査する必要があるんでしょうか』『それにはどれくらい時間がかかるんでしょうか』。彼らは監査やコンプライアンスなどのコンセプトに慣れてきて、戸惑わなくなりました。そもそも、これは敵対するような話ではないのです」

ＢＰは海外へ駐在させる人材に求める技能として、個人の内面に関わるスキルを一覧表にして明示するようなことはしておらず、ただ経験と技術的な専門知識のみを要求していた。しかし私は次第に、いわゆる「ソフトスキル（高度なコミュニケーション力や適応力など）」というものが、少なくとも経験や専門知識と同じくらい重要なものであり、実際にはこれらのほうが習得しにくいものであると確信するようになった。

ＳＥＣＣＯにおける文化的な分断はあまりにも大きく、私の同僚たちが最善を尽くしても、なかなかうまくいかなかった。私が中国に駐在するようになってから数カ月後、ＳＥＣＣＯはＢＰから新しいディレクターを迎えた。エネルギッシュなスコットランド人で、彼の英語には理解できないような強い訛りがあった。ある時、私がシノペックの同僚二人と社員食堂にいると、そのディレクターが加わってきて、彼がロンドンで訪問したばかりのＢＰ本社の新社屋について詳しく話し始め、私たちを楽しませようとした（少なくとも、私にはそう見えた）。彼は冗談を言って自分で笑い、昼ご飯を食べ終わり、私たちと握手を交わすと、自分のオフィスへと戻っていった。

「彼はなんて言っていたの？」と中国人の同僚に聞かれた。「私にもさっぱりわからない」と私は答えた。そして私たちは、そのまま食事を続けた。新しい上司はアバディーン（スコットランド東部）ではそのやり方で成功したかもしれないが、上海ではまだ、まったく人気がなかった。

ほどなくして私は、コミュニケーション上の課題というのは、個人的なレベルに留まるわけではないことを発見した。中国に来たばかりの頃、社名が正式に「ブリティッシュ・ペトロリアム」からＢＰに変更されて４年も経っているというのに、中国人スタッフは相変わらず古い社名を会話や文書で使っており、名刺がなくなると新しいものを会社から支給してもらうのではなく、地元のコピー店で注文して作っていた。なぜそんなことをするのか何人かの人に聞いてみたが、どの人も笑ったり肩をすくめたりするだけで、それ以上は教えてくれなかったので、私は面倒になって、そこであきらめてしまった。

するとついに社外の友人が真相を明かしてくれた。なんとＢＰは、シボレーがラテンアメリカで「ノヴァ」という車を売り出そうとした時に経験したという、出所の怪しい逸話よりも手ごわい罠に陥ってしまったようなのだ。スペイン語で「ノヴァ」は「進まない」という意味なので、車のネーミングとしてはふさわしくなかった。ＢＰの場合、その言葉の意味合いと音のトーンが中国語にすると悪い組み合わせになってしまい、北京語で「Ｂ」はヴァギナの俗語に響きがとても似ており、Ｐは「おなら」に聞こえるのだという。広東省の方言だと、ＢＰは「大きな豚」という意味の言葉になるのだそうだ。なるほど、新しい社名が浸透していないはずである。

企業が鈍感さを露呈してしまう状況や程度は様々だが、この場合は悪い評判が立つというよりも、滑稽である。しかし、誰かが社名を口にするたびに笑いが起こるというのでは、モラルの面でよいはずがない。ＢＰとそのブランディング・コンサルタントは、同社の新しいブランド戦略を構築するために何度もフォーカスグループを集めて人々の反応を確かめる調査を行なっていた。中国人スタッフは、そこで発言したのだろうか? それとも、彼らの意見は無視されてしまったのだろうか? グローバルな企業イメージとして好ましいと結論づけた名前をあきらめる必要はなかったとしても、中国語ではどのような同音異義語が存在するのか、せめて確認しておくべきだった。

これほど大きな市場において、企業名のようにあまりにも基本的なことでやり方を間違えてしまうようでは、人権問題など複雑すぎて手に負えないのではないかと、私は心配になってきた。

社会的インパクト評価

私が初めに作成した3項目からなるプランの2点目は、社会的インパクト評価を行なうことであり、これを実施するにあたっては世界的なコンサルティング会社であるERMの上海オフィスに委託した。BPのインドネシアにおけるプロジェクトで人権インパクト評価を監督した経験から、現地の専門家の力を借りることがきわめて重要であると学んでいたので、ERMの国際部門のスタッフには上海にある大学の専門家と組んでもらった。社会的インパクト評価チームは、BPとシノペックのスタッフに向けたリスク評価ワークショップを実施し、地域の共産党役員に会い、その地区の住民を対象に調査を行なった。

すると、地域コミュニティがもっとも心配していたのは、大気の汚染であることがわかった。SECCOの操業が空気の質に影響を及ぼすことは恐らくないのだが、近隣の人々にその可能性があると思われてしまっているからには、SECCOとしては上海化学工業区と話し合いを始めて、大気汚染状況を監視するプログラムの発足に動こうということになった（上海化学工業区というのは、当時施設の開発を同時期に進めていた他社と共にBPが名を連ねていた工業開発の基地である）。最終的に、このプログラムは設立されることになった。

社会的インパクト評価は包括的で、その内容は非常によくまとめられ、良い仕事ができたのだが、その真の価値はシノペックのスタッフを巻き込んでこれらの問題を話し合えたことにあったと、私は感じている。この評価の実施で得られたもう一つの利点は、まさに多くの企業内理想主義者たちが指摘していたとおりで、外部の意見を採用することによって自分がやろうとしていることの意義を理解してもらったことだ。ストレスを感じる局面もあるかもしれないが、社内の誰かがずっと言い続けてきたことを外部の人に主張してもらうと、より高い効果が期待できる場合がある。このように外部の力を借りる場合、それは調査というかたちであったり、外部の人々によって構成される顧問団であったりするが、ひとりの個人がその役割を果たすこともある。ある企業内理想主義者が、こんな話をしてくれた。「私は社会的責任投資（SRI）の分野やNGOで働く人々と良好な関係を築くようにしましたし、しかるべき人物にある特定の問題について手紙かEメールを送ると役に立つということを、内々の話としてやんわりと伝えるようにしました。社内で物事を進めるために外の仲間と協働するというのは、戦術あるいは戦略として、私が身につけたスタイルです」

SECCOに提案したプランの三つ目かつ最後の項目は、中国人の社会的インパクト担当マネージャーの採用だった。北京語が話せず、語学力の向上がすぐには見込めない人件費の高い駐在員である私は、そのポジションにふさわしい人材ではなかったからだ。私は職務記述書を書き、このポジションに就く人は地域コミュニティと深く関わり、良好な労働環境を整備することが仕事の一部であると説明した。人事部が通常使用する人材募集のウェブサイトに掲載すると、数日内に12通を超える応募があった。しかしながら、応募書類を見るや否や、私の興奮はすっかり冷めてしまった。その中には、単に社会的インパクト担当マネージャーの職務内容を繰り返し書き連ねているだけの応募書類がいくつもあって、それはまるで「ミス・アメリカになりたい」と訴えるのと同じような調子で書かれていて（「私はSECCOの社会的インパクトをマネージャーするために（原文のママ）SECCOの社会的インパクト担当マネージャーになりたい」など）、エンジニアからの応募がその多数を占めていた。想像するに、彼らはBPやシノペックに限らず、化学工業系の企業の求人であれば自動的に応募していたのではないだろうか。職務記述書には「高い英語力を持つことが必須」と明記してあったにもかかわらず、送られてきた応募書類の多くは、その基準をほとんど満たしていなかった。どの応募者を見ても、多少なりとも寮の基準や作業員の人権や地域との問題に関連する仕事をした経験を持つ者は皆無だった。

日増しに失望感が募っていく状態が何週間か続いたあと、シノペック側のスタッフがジェニー・リューという北京出身の女性を紹介してきた。彼女は政府と多国籍企業の両方で勤務した経験を持ち、社会的インパクト担当マネージャーという仕事を理解して応募してきた数少ない候補者のひとりだった。小柄でほっそりとしている彼女の身長は、かろうじて153センチを超える程度で、髪は肩にかかるくらいまであり、鋭い目をしている。畳みかけるように素早く質問をぶつけてくるが、逆に自分が話すのをやめて相手の話を聞いたほうがいいかどうかを見極めるのも、同じくらい素早い。ついに私は、自分の後継者を見つけた。

2003年の夏までに、三つの柱を掲げたプラン――私はこれを実行するために中国へ派遣された――をやり終えた。建設は順調に進み、寮は安全な環境が保たれ、社会的インパクト評価は完了し、地元の役人や地域コミュニティとも良好な関係を築くことができた。地域の住民たちからは大気汚染を不安視する声がたびたび上がったが、ジェニーは相手に対する敬意をもって、見事にその実力を発揮して対応にあたった。彼女は住民たちをSECCOへ招いて施設内の様々な場所を案内し、それぞれの現場でどんな作業を行なうのかについて説明し、住民たちはどのようなことを見たり聞いたりすることができるのか、きちんと知らせた。のちにジェニー自身から聞いた話では、シノペック側のスタッフは彼女が着任した当初、彼女のことを警戒していたという。だが、政府から大臣が施設の視察に訪れたり、要人が訪ねてきたりすると、彼らはいつもジェニーに案内させたという。彼女に対する敬意が本物であることの証だろう。

新たにロンドンで経営企画チームに加わることになった私は、その年の8月に上海を後にした。

相手の力を借りる

2005年、SECCOは豪華な式典を開いて操業開始を祝った。施設の建設中、工事現場における死亡事故は起きなかったのだが、施設外ではSECCOの車両が絡んだ交通事故が発生した。事故に関する公式な報告書を見たことはないが、聞いた話によると犠牲者は農業従事者で、事故に遭った時は荷台を押しながら、新しくできたばかりの2レーンの高速道路を横断していたという。その人としては、高速道路が建設されるずっと前から長く親しんでいた同じ道のりを歩いていたのである。

そのような悲劇が起きてしまったものの、SECCOのような大規模なプロジェクトで大きな建設事故がゼロだったことは、偉業と見なされる。建設作業員たちは次の現場へと散っていったが、彼らが現場で働いていた期間、地域の住民とのあいだでトラブルになるようなことはなかった。

そして実際、ジェニーはこの仕事であまりにも高い能力を発揮したため、SECCOの近くで同様の施設を建設中だった欧州の企業が彼女をヘッドハンティングしてしまった。私が上海を去ってから間もなくのことで、SECCOは彼女の後任を雇わなかった。このニュースを聞いて私は不満に思ったが、リスクの多い建設期間を、私たちはなんとかほぼ無傷で終えることができた。

上海での勤務を終えてから数年後、BP中国のウェブサイトを閲覧していた私は、太字で表示されている「SECCOが成し遂げたトリプル・ボトムライン」という見出しをクリックした。そこには、中国国家統計局が化学原料製造者の中でもっとも効率の良い優れた企業を選んだランキングが引用されていて、SECCOが第1位を獲得したことを伝えており、「ランキングでは経済的な利益だけではなく、持続可能性とイノベーションを生み出す力も重視された」と書かれていた。同じページに、SECCOの副総経理がこうして表彰されたことを「非常に喜んで」いて、SECCOの最初の取締役会で採択されたモットーが「事故を起こさない、誰も傷つけない、環境を破壊しない」だったと振り返っていた。

加えて、社会的インパクト評価のことも大きく取り上げており、「施設の建設に対して地域コミュニティから理解を得ることができて、かつ彼らにも利益をもたらすことができるようにするために行なったものである」と紹介されていた。2013年になって、私は再びジェニーに連絡をとると、彼女はSECCOを辞めたあとも中国で事業を展開する欧米企業を渡り歩いて、引き続きCSRを担当していた。ジェニーの話では、中国で労働者の権利に注目が集まるようになっている中で、私たちが当時周辺のコミュニティに配慮したという事実によって、SECCOは中国におけるパイオニア的存在になったそうだ。彼女は「今でもBPのことを誇りに思っている」と言った。

誇りというのはまさしく、中国の人々にとって、とても大きな動機づけになっている。ジェニーから聞いた話によると、SECCOはシノペック社内でも企業の責任を示すモデルとして位置づけられており、あの当時は私たちの仕事に対して懐疑的だったスタッフも模範的な存在となり、誇りを持つようになったそうだ。

シェルをはじめとする多国籍の採鉱企業各社が、中国での事業においてCSRを積極的に奨励するようになったため、シノペックも後に続くことになった。実際に、シノペックはCSRに特化した部署を設立し、2011年には傅成玉会長がCSRの先導役として世界最大の「国連グローバルインパクト」の理事会に参画することになった。現在では、事業の持続可能性に関する取り組みを調査した多数の報告書が毎年中国企業によって発表され、深圳と上海の株式市場では、社会に影響を与える問題について報告することを、それぞれの上場企業に義務づけている。(8)

一方で、企業側の取り組みによって中国における労働問題が解決されると、誰もが考えているわけではない。これについては、中国労工通信に勤務するウィリアム・ニーが語ってくれたことを紹介しよう。中国労工通信は20年ほど前に設立されたNGOで、その拠点を香港に置いている。彼の話によると、2000年代の初頭から中頃にかけて同組織の幹部が中国で製造する多数のブランド企業にコンタクトを取り、集団で交渉にあたる労働者の委員会を試験的に作ることを提案したが、これに反応を示した企業は皆無だった。それ以来、企業側とではなく労働者側との協働を中心的に行なうことに切り替え、彼らが自分たちの権利を理解し、それを行使できるようにすることに取り組み、それなりの成果をあげているという。ウィリアムは、中国では労働人口が縮小していること(現在の労働者たちは「一人っ子政策」の時代に生まれた人たちである)、そして国が高品質のものづくりを目指すようになってきたことから、労働者の処遇は必然的に改善されるだろうと確信している。

10年前は、地方からいくらでも労働力を確保できるというイメージがありました。２０００年代の中頃は、中国の駅では信じられないほどたくさんの人々が押し寄せる風景を目にしたものです。解雇するのも簡単で、辞めさせたい人をクビにして門戸を開放すれば、その翌日には新しい人が来ている、という感じでした。しかし今はもう、そんな時代ではないことは明らかです。ほとんどの工場は田舎の奥まで出向いていって、必要な人数を確保するために斡旋業者を雇わなければならず、さらにこうして集めた労働者たちは、自分たちの権利について以前の労働者たちよりもよく理解しています。

中国の工場が評価を上げようとすることに伴い、労働者たちはより高い技術を身につけているので、簡単には代わりは見つかりません。採用の方針を見直して労働者との関係を改善することは、間違いなく企業側の大きな利益につながるでしょう。

労働者の権利をサポートすることは、企業側の大きな利益につながるかもしれないが、社員が企業に依存できるようにするというのは、ウィリアムの目には父親的温情主義のように映るという。

ＣＳＲのメッセージには、やる気をそぐような要素がわずかに含まれています。なぜならば、「ああ、この人たちはあまりにもひどい搾取工場で働かされている」という内容だからです。つまり、環境の劣悪さや労働者の悲惨さを強調したうえで、「でも欧米社会の消費者であるあなたには、そうしたブランドに圧力をかけながら、購買力で状況を改善する力があるのです。アップルやそのほかの企業に対して、状況を改善する必要があると伝えましょう。搾取工場からは買わないようにしましょう。労働者を、貧しい人々を、救うのです」と言っているわけです。

私も消費者のひとりとして、劣悪な環境や奴隷労働のような状況で作られた製品を買いたくないので、そうしたメッセージは理解できます。しかし、私たちの長期的な目標は、中国が民主国家になることを見届けることなのです。それは、血なまぐさい革命を起こして、干し草用のフォークで共産党を転覆させるようなことではありません。今よりも良いかたちの社会へと、平和的に移行していくことを指すのです。

もし中国の労働力の3分の1、ないしは20パーセント、あるいは10パーセントでもいいから集団的な交渉に関わることができたら——別の言葉で言えば、それは職場で民主的に投票が行なわれ、悪条件の契約については労働者の代表が責任を持って交渉にあたり、企業側と筋の通った話し合いを持ち、互いに歩み寄るという原則に従って交渉を進めるということで、もしこれが行なわれるようになったら、中国は民主主義国家になるでしょう。

ウィリアムは楽観しているという。なぜならば、中国政府は以前よりも労働者のニーズに応えるようになってきており、このことは製造業以外の分野における成長とも呼応している。中国が国内外で展開している大型プロジェクトにまつわる不安定な状況に対応するために（たとえば2006年に、中国が運営する鉱山で労働条件の改善を訴えたザンビアの労働者が銃で撃たれるという事件が起きている）[9]、中国政府は英国とスウェーデンの両政府と提携し、企業の社会的責任に関する研修を実施することにした。[10]２０１２年には、中国で事業を行なうすべての大型工業プロジェクトに対して、国務院は「社会的リスク評価を実施し、プロジェクトがもたらしたインパクトを軽減していくための計画を明記する」ことを義務づけた。[11]悲しいことに中国では、そして海外に拠点を置く中国企業では、今もなお労働者の虐待や大気汚染の問題が後を絶たないが、企業の社会的責任という考え方がゆっくりとではあっても受け入れられていることを示す証拠も増えている。

中国版の社会的責任のあり方は、欧米社会のそれと同一ではない。ジェニーも当初はＳＥＣＣＯの寮に国際基準を採用しようと頑張っていたが、やはり地域の実情に合わせて譲歩しなければならないと感じるようになった。たとえば、寮で温水が出るようにすることをＢＰの基準は義務づけているが、ＳＥＣＣＯの寮がある地域ではお湯の出る水道が備わっている世帯がほとんどないことをジェニーは指摘した。ＳＥＣＣＯは最終的に、シャワーでは温水が使えるようにしたが、普通の水道の蛇口からも温水が出るようにはしなかった。「究極的には、良い基準というのは地域の環境に合わせたベストな基準のことです」。ジェニーはＳＥＣＣＯで共に働いた頃から何年も経ったあとで、私にそう言った。「真に有効な基準をひとつだけ作って、それを世界中に当てはめようとしても無理なのです」

繰り返しになるが、このような解釈を説明してあげるべき主な相手は社内の同僚であるというケースが多い。カナダの資源開発大手テック・リソーシズ社でCSRを担当するディレクターのジリアン・デヴィッドソンは、いかに外部の関係者よりも自身の同僚に対して気を配らなければならないかを実感し、驚いたという。「この組織に入った時に学んだ大きなことのひとつは、実際に発想を180度転換して内側に目を向ける必要があるという点です。初めの頃は、社内の事情を見極めることに自分の時間の8割を使いました。自分の会社のことを、まるで利害関係のある重要なコミュニティのように扱うわけです。つまり、外部のコミュニティに対して使うテクニックとまったく同じものが使える。そんなことは、まったく予想していませんでした」

アンナ・マレーは、「ヤング・ウィメン・イン・エナジー」というグループの創設者で、以前は鉱山開発のグレンコア・エクストラータ社に勤務していた。彼女は私に、次のように語った。「完全に打ちのめされたように感じた時が、間違いなく何度もありました。自分としては、大きなインパクトを与えるような活動を目指して物事を構築しようとしているのに、結局は自分のチームのメンバーから反対されてしまうのですから……。メディアで報じられた見当違いの発言を正すために闘うとか、不満を抱いたNGOを敵に回してしまうとか、そういうのとは違うのです。これはもう、この仕事につきものの矛盾です。最大の試練や抵抗は、内部の関係者から向けられる場合があるということなのです」

なぜそれが必要なのかを相手に理解してもらおうとする時、必ずしも経済的な観点から論じるわけではない。お金の話から入って功を奏することもあるが、「ビジネスの問題にする」という点ばかりに着目すると、人や環境に敬意を払うことの意義を弱めてしまうという意見もある。

男爵の称号を持つジェフリー・チャンドラーは、ロイヤル・ダッチ・シェル社の元シニア・エグゼクティブで、アムネスティ・インターナショナルの英国企業グループを立ち上げた人物だ(12)。彼はまさに「ビジネスの問題にする」ということについて、もっとも積極的に発言している。2001年のスピーチで、チャンドラーは次のように語っている。

ビジネスの問題にすることは、合理化であって正当化ではありません。正しい、正しくない、ということとは無関係なのです。まさに、正否を問うという概念が完全に抜け落ちているのです。つまり、倫理的な行動は金銭的な対価を得ることによって正当化されるべきだという考えなのです。確かに、私たちは誰でもこの考え方を用いて自分の主張を維持しようとします。しかし、この考え方は根本的に道徳的観念を欠いていることに気づくべきです。その考え方は、「企業は『正しいから』という理由で、その正しいことをしてはいけない。財務的なメリットがあるという理由でやるべきだと」いうものなのです。実際に会社が得をする場合があるかもしれませんが、対価はつねに発生するという主張は詭弁です。歴史を振り返っても、ビジネスの世界では「正しいこと」をすると——たとえば奴隷貿易を終わらせる、あるいは環境を保護する、最近では最低賃金を導入するなど——、金銭的に報われないと言われてきました。さらに言えば、「ビジネスの問題」は理念とは異なり、マネージャーが現実に直面する数々の意思決定の場においては非現実的な指針なのです。

理念と利益は、当然のことながら相反するものではありません。しかし、理念が利益に先行しないかぎりは――別の言葉で表現しますと、たとえば不慮の事故により従業員の命を奪ってしまったり、健康被害に遭わせてしまったりするのは、それがビジネスとして合理的でないからそうなったのではありません。「正しくない」ことをしたから起きるのです――、世間の人々がビジネス界に対して抱く疑念は深まっていくでしょう。もっと言えば、人が命を奪われたり健康被害に遭ったりすることは、これからも続くでしょう。実際のところ、賄賂や嘘、環境汚染などにまつわる疑わしいビジネスの問題は存在します。うまくごまかせるのであれば、それをすることは可能であり、これまでも多くの企業が行なってきたし、現在でも行なわれているし、今後も行なわれていくのでしょう。

人々に危害を与えないためにすることが財務上の観点から正当化されなくてはならないというのは、ばかげた話に聞こえる。しかし私自身は、自分の仮説に対して異論を唱えられるという経験を折にふれてすることと謙虚でオープンな姿勢を持って仕事に臨むことがいかに大切か、経験から学び理解している。デンマークの製薬会社ノボノルディスクでCSRを担当する部署のバイスプレジデントを務めるスザンヌ・ストーマーは、「私は調和を求めません。なぜなら、調和はまるで静物のようなものだから」と私に語った。「反対の声が上がるということは、有難いことなのです。自分の考えを研ぎ澄ますことにつながるからです。自分は何者で、どんな道を歩んできたのかを見つめ直す機会が得られるし、思考を促されます。そうすると、相手の言い分にもっと耳を傾けて、どうすれば互いに歩み寄れるのかを理解するように努めなければならないと思うようになります」

続いて、「ヤング・ウィメン・イン・エナジー」のアンナ・マレーの言葉を紹介しよう。

「会議の場で、操業担当者たちから彼らの目標や先入観を持ち出されると、私は憤りを感じることがあったのですが、実は私自身も彼らとまったく同じことをしていたのですから、偽善もいいところです。私がなによりも大切にしているのは『人類のためにもっと良いことをする』ということなので、このことはより大きな影響力を持つべきであると考えていました。だから、『あなたたちも、私と同じくらい啓蒙的な発想を持たなければダメだ』と考えていたのです。これはあまりにも傲慢で、間違いなく相手に対する思慮を欠く考え方です」

企業内理想主義者は、自分たちの同僚やビジネスの相手と互いに歩み寄ることができる地点を探さなければならない。このことは、自分が究極的に目指している目標を見失わないようにしながらも、当初予定していたのとは違う言語や物差しを使って物事を進めることを意味するのかもしれない。

ビジネスのやり方や、ビジネスに関する議論の仕方というのは大部分において、企業の経営陣によってその方向性が決められる。中国駐在を終え、ＢＰ本社で新たな仕事に就いた私は、そのことを自分の目で直接見ることになる。

第3章

ロンドン――組織の力学

London: Tone at the Top

どうすれば巨大企業を変えられるか

私が新たに通うことになった職場は、メイフェアの高級ショッピング街を通り抜けた先にあった。ロンドンの中心部にあたるこの地区は、「モノポリー」というゲームの英国版でしばらくのあいだ、もっとも地価の高い場所になっていた。この地区にはロンドン市内の富が集中するだけではなく、世界中から次々とお金が集まるようになった。以前は地元の資産家が中心だったが、今ではこの地区の富の多くは、ここを拠点とするヘッジファンドや不動産業者によって生み出されている。

私がロンドンに転勤することになる前年の2002年、BPは本社を移転した。以前はロンドンの金融街の近くにあり、そのバロック様式の石造りの建物は人目を引いたが、移転先はセントジェームズ・スクエアにある後期ジョージアン様式の優美な建物だ。近くには国際問題専門のシンクタンクとして権威のあるチャタム・ハウス（王立国際問題研究所）やロンドン図書館、さらには「イースト・インディア・クラブ」という、元々はイギリス軍の士官たちの憩いの場として作られた紳士倶楽部がある。

このような通勤路を歩いているうちに、これから自分が入っていく新しい職場環境について、それにふさわしい認識を持つようになった。私は今、1908年までそのルーツを遡ることができて、ウィンストン・チャーチルと並んで英国の歴史を代表する存在である企業の本部にいる。1914年、のちに海軍大臣となるチャーチルはブリティッシュ・ペトロリアム（後にBPと改名）の前身であるアングロペルシア石油会社が保有する株式の相当数を買い取るように、国会に働きかけたのだ。

自分の会社、そして世界にとって、ここは歴史と権力の中心地のひとつだ。だが私は、そんなところにいられるにもかかわらず、ロンドンへ転勤になったことについては複雑な心境だった。もちろん、おもしろくなさそうな場所はほかにもあったのだが、3年間のアジア駐在と比較すると、このロンドンという場所と、ここで私に与えられた仕事は、異文化に満ちた冒険や目が覚めるような経験ができる可能性が低いように思えた。

しかし私は、会社の幹部ともっと面識を持ち、財務や営業に関して流暢に語れるようにならなければいけない。これらは私にとって、上海時代に習得できなかった北京語よりも未知の分野だった。社内における自分の信用を高めるためにも、そして社会的な課題について説得力のある主張を展開できるようになるためにも、私はこうした分野に明るくなる必要があった。社会的な課題に関しては、会社が私に専任として仕事をさせるかどうかにかかわらず、自分としては引き続き、正義を守るための取り組みを続けていくだろうと考えていた。地域コミュニティの人々との話し合いを怠ると、それは会社にとってどれほどの損失につながるだろう？　たとえば、激怒した暴力集団から会社の人材と資産を守るために、警備にかかる経費を上積みすることになってしまう。あるいは、道路を封鎖されてしまったり、機材を破損して妨害する抗議活動が起こったりすれば、プロジェクトの操業開始日に遅延が生じてしまう。中国での経験と、企業が負うべき責任について学んできたすべてのことが、私に「ビジネスの事情」について健全な疑念を抱かせるようになったのだが、会社ではつねにビジネスという文脈で語られるので、私自身もその言語を使いこなせるようになる必要があった。

企業が技術的な問題とは無関係のリスクを管理することに失敗した例はいくつもあり、たとえばエクソンモービル社が2001年に現地の社会情勢が不安定になったために、アチェの操業を4カ月間停止した時には、同社の損失は1億ドルから3億5000万ドルに達したと言われている。(1)たとえその代償を正確に把握することができなかったとしても、ほかにもあらゆるところに多くのしわ寄せが発生していた。スタッフの勤務体制の変更を余儀なくされたり、企業の評判に傷がついてしまったりしたことも、その一例だ。

このようなリスクを軽減するという議論は説得力を持っているものの、社内の人々のやる気をかき立てるような性質のものではない。これをビジネスとして前向きな言い方に置き換えると、「人権問題に取り組むことによって企業はいくら儲かり、どれほどの価値を創出することができるか？」ということになる。持続可能性に関する優れた取り組みと良好な業績とを関連づける新しい研究結果が定期的に発表されてはいるが、その因果関係を明確に示すものには出合っていない。企業の社会的責任への投資と業績が直接的にリンクすることは滅多にないのだ。市況や競争など、関連する要因がほかにもたくさんありすぎるからだ。国際金融公社〔IFC／世界銀行グループ〕は2008年、持続可能性への投資の正味現在価値の見込み範囲を算出するためのツールを開発し始めたが、これは科学的に確立された技法というよりは、まだ方法論に留まっていると言ったほうが近い(2)。

要するに、私は魔法の法則や極意の習得を目指そうとしたわけではない。だが、今よりも分析的な精密さが加われば有利になるだろうと感じたのだ。これから会社の中枢で経験を積むことに対して、期待が膨らんでいた。

組織内の競争

外観は控えめだが、BP本社の内側には近代的で開放的な空間が広がっていた。マウリッツ・エッシャー〔複雑な構造物を描くオランダ人版画家〕の作品の世界観とマッチするような階段は、中央の大広間で交差する仕組みになっていた。建物にはあらゆる快適な設備が施されており、たとえば食堂の行列を映し出すカメラが完備されていたので、忙しい幹部はそれを見て待ち時間を最小限に留めることができた（これは社内のイントラネットの中で米国の社員がもっとも頻繁に閲覧していたサイトだったという噂がある。おそらく、米国のスタッフはこのサイトを見て、英国にいる上司たちの様子をチェックしていたのではないだろうか)。また、毎週月曜日の午後5時30分から始まるヨガ教室もあった。

建物が立派であることは、そこに内在する緊張を覆い隠していた。社内には主要な事業――「探索・生産(資源を見つけることと、それを地中から掘削すること)」「精製・マーケティング(資源を製品に転換することと、市場で売り出すこと)」、そして「ガス・電力・再生可能エネルギー(石油以外の資源の開発)」のあいだで絶えず競争が繰り広げられていた。つまりそれは、リソースをめぐる競争という側面を持っていた。BPでは毎年投資に使える金額が固定されており、それはもっとも高いリターンを生むことができるものか、会社にとって戦略的なメリットが期待できるものに配分される。「探索・生産」部門への設備投資は突出しており、そのぶん他部門への投資額が小さくなっていた。2005年に「探索・生産」に投資された金額は101億ドルだが、「精製・マーケティング」への投資は26億ドルで、「ガス・電力・再生可能エネルギー」に至ってはわずか2億3500万ドルに留まった。(3) しかし、どのプロジェクトもその正当性が認められなければならない。

同時にこれは、個人的な競争の様相も呈していた。各部門のトップ、特に顕著だったのは「探索・生産」を率いるトニー・ヘイワードと「精製・マーケティング」を率いるジョン・マンゾーニが、当時数年以内に引退すると予想されていたジョン・ブラウンの後釜として、CEOの座を狙って立ち回っていたのである。どの企業でも同じだと思うが、社員は勝ち目があると思う候補者の支持に回った。コカ・コーラ・カンパニーでグローバルな職場の権利に関する業務を担当する部署のディレクターを務めるエド・ポッターは、ムーター・ケントが2009年に同社のCEOに就任するずっと前から、自分の仕事である労働者の権利について彼に説明する機会をうかがっていたと、私に話してくれた。ＢＰのほかにボーダフォン、セントリカ、リーマン・ブラザーズで勤務した経験を持つシャーロット・グレゾは、「誰に影響力があって、誰が出世株で、将来のためには誰につくべきなのか、社内の政治をよく見極めること」を学んだと話す。

ほかに本社を構成する要員としては、現場でより高い地位を得るために本社での仕事にしぶしぶ従事する操業畑の人材や、勤続年数は長いがほとんど変化を経験していない年配の秘書や事務畑のスタッフが含まれる。ある人は、かつて本社には「紅茶レディ」がいて、毎日午後になると各セクションに応じたティーセットを整え、ワゴンを押して現れたという時代を述懐した（上位のエグゼクティブにはソーサー付きのティーカップとその人専用のティーポットが用意されてビスケットがふるまわれるが、下位のスタッフには大きな紅茶沸かし器からカップに注がれたものが手渡されたという。いかに本人が上位でありたいと望んでも、紅茶のサービスは正直だったのである）。

主要なプレーヤーはバイスプレジデント以上で、その大部分が40代ないしは50代のイギリス人男性であり、彼らのもとには様々な国籍の若い野心家たちがつき、1年ないしは2年のあいだアシスタントとしてその任務にあたっていた。こうした若い人材は、米国の漫画「ティーンエイジ・ミュータント・ニンジャ・タートルズ」にちなんで、タートルズ（亀）として知られていた。彼らは遅くまで働いていたある晩に「自分たちは想像力に満ちた、ほかに代わりのいない存在だ」と、ふと思い至るのである。私は当初、これは鞄持ちの仕事について自分を卑下するような可愛げのある形容だと思っていた。しかし退屈な下働きをさせられる代わりに、彼らは大きな決断が下される場に居合わせることができ、幹部はどのような動きをするのかをつぶさに見ることができるのだ。ヘイワードやマンゾーニだけではなく、ロシアとの合弁事業TNK-BPを率いた後にヘイワードの後任としてBP本体の経営を担うことになるボブ・ダッドリーも皆、ブラウンの「タートルズ」として奉公に励んだのだ。そして彼らのタートルズもまた、社内の主要な事業部隊を指揮するようになった。

経営企画チームの一員としての私の仕事は、トップが会社全体の業績を分析して将来の予算配分を決める際の助けになるように、様々な事業から集めたデータをまとめることだった。だが私は、インドネシアで学んだことを思い出した。財務分析は私の天職ではないのである。幸運なことに1年もしないうちに、戦略・政策開発グループでバイスプレジデントを務めていたニック・バトラーが、また一緒に仕事をしないかと私に声をかけてくれた。やるべきことが山ほどあるのに人手が足りないのだと言う。1999年の夏に学生としてインターンシップに参加した時、私は彼のもとで働いていたのだ。

その役目は引き受けず、「本流」の仕事に留まって財務資料と格闘したほうがよいと複数の同僚から助言された。だが私は、自分の強みと情熱がどこに向かっているのかはっきりと自覚するようになっていたし、この会社には私よりも優秀なアナリストは何百人もいるかもしれないが、政策的な案件に携わる仕事にふさわしい人材となると片手で足りる数しかいないことに気づいたのだ。社内を見渡すと、私が余暇に読む本や関心を持つニュースと関連しているのは、ニックが担当している業務だけだった。私は社内でビジネスがどう動くのかについてはあまり興味を持てなかった。それよりも会社の外に存在する物事、つまり直接雇用や税収の先にある、BPのプロジェクトを迎え入れたコミュニティに与える影響について興味を持っていたのだ。私と同じように社会変革にコミットする気持ちを持つ社外の友人たちでさえ、自分が大切だと思う問題に関して将来経営陣に働きかけていくためには、しばらくのあいだはこの分野の仕事を脇へ置いておき、社内で本流のポストに就いてより高みを目指したほうがいいと私に助言した。しかし、私は社会正義のために働く筋肉を退化させたくなかったし、BPには現在抱えている外的な事情に特化する人材がもっと必要であり、BPのプロジェクトの近隣に暮らすコミュニティも、そうした人材を必要としていると感じていた。

人権擁護は報われるか

そんなわけで2004年の夏、私は晴れて表計算ソフトの「エクセル」から解放され、「ワード」で文書を作成する仕事にどっぷりと浸かることになった。地政学的な課題についてニック・バトラーに説明する資料を用意したり、彼自身やジョン・ブラウンが行なうスピーチとしてニックが書いた原稿にデータを補足したりした。

2005年の1月、世界で影響力を持つ人たちを集めて世界経済フォーラムが毎年開催する会議に出席するために二人はダボスへ行き、ブラウンは「人権の尊重は報われるだろうか？」という題名の討論会に参加した。ダボス会議のメイン会場では参加者が厳密に制限されるのだが、一般の人々も参加できるオープン・フォーラムのイベントには毎年のように活動家たちが現れ、グローバル化が招いた負の影響やエリートたちに権力が偏って集中していることについて抗議する。ブラウンが参加した討論会は前者ではなく、後者のオープン・フォーラムの一部として実施されたものだった。ブラウンは、操業施設周辺のコミュニティに対する投資というBPの積極的な取り組みについて熱心に語った。彼に続いて話したのはナイジェリアの聖職者で、この人物は長年ニジェール・デルタにおけるシェル社の操業に抗議する活動に携わったため、企業の善意などというものはほとんど信用していないと語った。次にスピーチを行なったのは、アイリーン・カーンだ。彼女は当時アムネスティ・インターナショナルの事務局長を務めており、かねてから企業に対して、国際法にのっとって人権を保護しなければならないと、強く促していた。拍手と喝采が起こっていたので、聴衆はBPのような任意の取り組みでは不十分であるという考えに共感しているようだった。

ブラウンがあたふたするなどということは滅多にないのだが、この論争の勢いに飲まれて面食らっているように見えた。BPは立派な信念に基づいて行動し、地域コミュニティの人々が満足のいく暮らしを送れるようにするために貢献していると彼は信じていたし、特に現地の政府がそれをきちんと行なえないような地域ではなおのこと、同社はそうした努力を続けてきたと考えていた。しかしほかの立場の人々は、国際的なビジネスにおける人権問題のインパクトというのは、それを取り締まる機関や政治家からもっと注目される必要があると思っていたのだ。ブラウンは、BPでは行動規範がとても厳密に運用されているために、前年には190名の従業員がその違反で解雇されたと説明した。しかしこれは、人権侵害に対して企業が負う法的責任について話を聞きたがっていた聴衆にとって、関連性の薄い事柄だった。人権問題を語るうえで大切なのは、その尊厳と尊重であるというブラウンの主張は、怒りを露わにした聴衆にとって、あまりにも陳腐な言葉に響いた。そのうえ、敵意をむき出しにした聴衆のひとりがブラウンに年俸を尋ね、それが先ほどから彼が語っているコミュニティとのあいだに大きな乖離があることを示していると指摘すると、ブラウンはさらに追い込まれた。この問いに対してブラウンは正直に、彼の年俸は約140万ポンド（当時の為替ではおよそ250万ドルに相当するが、おそらくダボス会議の出席者の中ではもっとも少ないグループに分類されるはずだ）であると答え、ブーイングの大合唱を浴びた。

討論会が終わって論壇から降りると、ブラウンはニックにこう言った。「我々は今年、自分たちの立ち位置を明確にしなければならない」

ロンドンに戻ってくると、ニックはダボス会議で起きたことを私に詳しく話してくれた。あの場で交わされた言葉は、BPに企業としての理念を定義するように促す世間からの圧力の高まりを示す一例にすぎず、それはまさしくBP一社だけではなく、求められるものが絶えず変化し続ける世界から取り残されずに前進しようとするすべての企業が感じるべき圧力であると、彼は受けとめていた。人権擁護に対して企業が負うべき責任に関する議論の場ではどのような主張が展開されているのかを調べ、我々がこれからすべきことを見極めるようにと、ニックは私に指示した。2005年度に取り組む課題をもらい、しかもそれはCEOから直接与えられた意義のあるプロジェクトなので、私は身震いした。

企業と人権問題との関連についてどのようなことが話されているのか、私はBPの内側と社外の声を探り始めた。すると、石油およびガス関連の主要な業界団体のひとつとして知られるある団体では、人権問題を扱うタスクフォースを立ち上げたばかりであることがわかった。私たちの同業者も同様に、深刻な問題に直面していたからである。たとえばエクソンモービル社は、アチェで人権侵害を共謀して行なったとして裁判で名指しされたが、この問題は米国の司法現場では10年以上解決の道が見つからないまま係争中である。2001年にテキサコ社と合併したシェブロン社は、エクアドルで長期にわたって続いていた環境破壊をめぐる争いを引き受けることになり、さらに間もなくユノカル社がミャンマーで抱えていた問題も引き継ぐことになった。申し立てによると、ミャンマーではパイプラインの建設中、軍が村人たちに対して拷問を行なったとされる。さらに国連からは、企業が人権に対して負うべき責任を定める一連の基準が提案され、活発な議論を招いていた。やがて私自身もここにどっぷりと浸かることになる。

BPではアンゴラ、アゼルバイジャン、インドネシアで大型のプロジェクトが進行中であり、いずれも人権擁護者たちの注目を集めていた。擁護者たちの懸念は、暴力的な保安部隊をBPが雇ったり奨励したりするのではないかといったことから、出稼ぎ労働者が地域住民から職を奪い、食物や土地の価格をつり上げてしまうのではないかということや、腐敗した現地の体制が権力を強化し、自分たちの政治に異を唱える勢力を弾圧するためにＢＰの存在やその収益を利用するのではないかといったことまで、多岐にわたっていた。これらの懸念はどれも妥当であると思われたし、いずれも答えを要求していたが、私が把握している限りでは、そのような答えはすぐに用意できるものではなかった。

どこにでも同じ問題がある

コロンビア、中国、インドネシア、アンゴラ、ロシアなど世界各地にいるＢＰの同僚たち――彼らがいる場所は人権問題に関する懸念が存在する――に連絡して意見を求めたところ、彼らの多くが似たような難問にぶつかっていることがわかった。たとえばＢＰは多くの地域において、人権を侵害したとされる軍との協議を法律によって義務づけられていた。ＢＰが展開するプロジェクトの多くは、現地の政府が住民に社会的なサービスを提供していない地域に存在するため、ＢＰがこの問題に踏み込むことを求められていた。同僚たちは、どこまでが企業としての役目なのかを見極めるのに苦労していた。企業の社会的責任はどこから始まって、どこまで続くのだろうか？　軍がやることに対して、企業はどのように影響を与えることができるのだろうか？　ある村で学校を作る費用をＢＰが負担することにしたら、近隣の村がそのことを妬むようになり、もしかしたら以前は存在していなかった緊張関係が生まれてしまうかもしれない。ＢＰはその状況をただ静観していられるだろうか？　もし第二の村でも学校を建てることにしたら、第三の村はどうするのか？　そもそも、そんなふうに次から次へと学校を建てて、ＢＰはどうするつもりなのだろう？

　コンタクトをとった同僚たちの反応は、とても意欲的だった。「大きな政府」に反対するロナルド・レーガンの考え方を真似して表現するならば、ビジネスの世界でもっとも嫌がられるのは「私は本社の人間で、皆さんを支援するために来ました」という言葉だ。ある企業内理想主義者《コーポレート・アイデアリスト》も、本社スタッフのことを「キラキラしたオフィスの人たち」と呼び、スパイ小説で知られる作家ジョン・ル・カレの「そこから世界を眺めようとするならば、机は危険な場所である」という言葉を引用していた。しかし私の同僚たちは、私からの連絡を受けて気を悪くするどころか、こうした問題をひとりで解決しようとせず、ほかの人たちと一緒に考えていくことに対してとても前向きだった。

　ＢＰはその当時、史上最悪の惨事のひとつに数えられる大事故を経験していた。２００５年３月23日、ガルベストン市の近くにある同社のテキサスシティー製油所で爆発が起こり、15人が死亡し１７０人以上が負傷した。言うまでもなく、ＢＰ本社に勤務する同僚の多くが事故後の対応に追われた。しかし当時を振り返ると、私自身はそのうちのひとりではなかったという事実が、戸惑いと恥ずかしさを伴って蘇る。テキサスシティーの爆発事故は産業事故――当然のことながら悲惨な事故だった――として位置付けられ、人権侵害という枠組みでとらえられることはなかったため、私の担当業務に含まれなかったのだ。

今になってみれば、テキサスシティーの爆発事故と、そこに自分が関与しなかったという事実を受けて、私自身がＢＰに対して抱いていた「社会に対する責任を果たす企業」という印象を疑うべきだったことはあまりにも明らかだ。まして自分はこの会社で重要な役割を担っていたというのに……。当時のことを思い返すと、あの頃の私はすでに多くの時間を投資してこの会社のことが大好きになっていたので、自分が信じたいと思ったことを信じていたのだろう。事故について調べた独立調査委員会が指摘したもっとも重要な点のひとつは、「ＢＰは米国内に持つ５つの製油所において、安全プロセスを同社の中心的な価値観として、適切に確立していなかった」ということだった。[4]おそらく私は無意識のうちに、テキサスシティーの事故はＢＰが悪いというよりも、その元々の持ち主であるアモコ社に起因する問題だと考えてしまったのだと思うが、最終的な責任の所在は買収によって親会社となったＢＰにあるのだ。私はさらに、「人権」を誤った枠組みでとらえるという、よくある罠にみずから陥ってしまっていた。人権は開発途上国で問題にされることであって、そこには弱小または腐敗した政府と先住民のコミュニティが絡むので、労働組合が組織されている豊かな国の従業員とは無関係なものだと思い込んでいたのだ。当時の自分がなにを考えていたかはさておき、結果として私はテキサスシティーの惨事を区別して考え、特異なケースと見なしてしまった。しかも、その時私は世界各地のＢＰで働く数多くの同僚と仕事をしていたが、誰もが私と同じような見方をしていたようだった。

テキサスシティーの事故を受けて、人権問題に取り組む私の仕事と米国におけるＢＰの操業が関連づけられるようなことがあったとしても、はたしてそれによってなにかが変わっていただろうか？　米国の同僚にも人権問題への取り組みに加わってもらっていたら、この5年後にメキシコ湾岸で発生した原油流出事故を未然に防ぐことができただろうか？　人権を第一に考えたうえで、インパクト評価とそれに関連したプロジェクトやプログラムを委託する――私がインドネシアで関わった事例がまさにそうだが――ということをしていたら、メキシコ湾岸の地域は違った状況になっていただろうか？

メキシコ湾岸での原油流出事故のあと、私は長いあいだ考えてみたが、こうした問いかけに対して「防げた」「変わっていた」と肯定的に主張するのはこじつけのような気がする。しかし２００５年に遡ると、ＢＰではほかの人たちが米国の資産や問題について取り組んでいた一方で、私は遠く離れた地域にいる同僚たちと共に、引き続き仕事を進めていた。

２００５年の10月、私はインドネシアを再び訪れ、かつての同僚たちに会った。あれから彼らがどうしていたかを知りたかったし、2年前にインドネシアを離れたあとで自分が人権問題について学んだことを共有しながら、それらについてほかの人たちがどのように考えているのか、意見を聞いて議論したいと思ったのだ。タングーの事務所がある、あのプレハブ造りのトレーラーに戻ってきて、地域コミュニティ関連の課題に取り組むチームとディスカッションを始めた。ここで私は、企業が人権侵害に加担してしまう問題について話をした。これは、企業自体が直接人権侵害をおかさなくても、他者による人権侵害に力を貸してしまうかもしれないということで、たとえば企業の施設を守るという名目でそこにいるはずの保安部隊が、地域の人々を傷つけてしまうというようなことが、これに該当する。

企業が人権侵害に加担してしまうという問題は、私が欧州で参加したセミナーやディスカッションで話題としてよく取り上げられていたのだが、インドネシアにいる仲間たちは私がこの言葉を使うたびに、キョトンとした表情で私の顔をじっと見つめていることに気づいた。私は話をいったん打ち切ることにした。

「『加担』に当たるインドネシア語はなんですか？」

かつて共に仕事をしていたアーウィンに、私は尋ねた。彼はこのチームのリーダーだ。

「『バンチュアン』かな？」と、彼は咄嗟に答えた。

「それを英語にすると、どういう意味になるのでしょう？」

私はマルシに聞いてみた。この人は、地域コミュニティとの調整役だ。(5)

「『手助け』です」とマルシは答えた。

「ああ、確かにそうとも言えるのですが、この言葉にはもっと受け身の状態が意味として含まれているんです」と私は言った。

「じゃあ、『ケリバタン』はどうでしょうか？」とブディが提案した。この人は入江の北岸地域にある村との調整を担当する人物だ。

「これを英語で言うと、どうなりますか？」とアーウィンに聞くと、「関与すること」という答えが戻ってきた。

「そのどちらの意味もあります」と言ったあと、あることに気づいた。欧米では流行りの専門用語として定着したこの言葉に相当する適切な訳語が、ここには存在しないのだ。私はブディとマルシに立ち上がってもらい、それぞれ「加担」につながる異なるケースを演じてもらった。まず「直接的な加担」を理解してもらうために、ブディに棒を渡し、それでマルシを叩いてもらった。次に「得をする加担」を理解してもらうために、ブディにマルシを部屋の出入り口の向こう側へ押しやり、私がそこを通れるようにしてもらった。そして「暗黙の加担」を理解してもらうために、私はブディがマルシを叩くのを見ているのになにも言わないという状況を演じた。

「ああ、なるほど」とアガスが言った。この人は新しくBPに入ったばかりの社員で、この近隣で育った。「これはつまり、ある日警察がここへやって来て、私たちの船を使わせてほしいと言い出す、というようなことでしょうか?」

「それはとても的確な例です」と答えながら、アチェのエクソンモービルに対する訴えの中には、同社が軍に資材を提供していたとする主張が含まれていたことを思い出し、身震いした。

「では、実際にそういうことが起きてしまったらどうするべきか、話し合いましょう」ということで、私たちはこの種の要求に対していかに迅速に記録し、真剣に対処するべきかについて意見交換した。

インドネシアから戻ってリサーチを続けていると、どれをとっても同じように困難な状況が世界各地において潜在的に存在していることに気づいた。そこで私は、同僚を集めて彼らが抱えている共通の課題や葛藤について話し合い、グローバルな指針を策定すべき時期が来たと感じた。

それから数カ月、私はその準備のための仕事を進めた。まず、数人のシニア・エグゼクティブを味方につけてワークショップを支援してもらった。そうすることで、ワークショップの重要性が全員に伝わるからだ。同僚たちから話を聞き、彼らが必要としていることを探った。そして、なにを主な質問項目とするかについて検討し、議題を固め、参加者としてふさわしい顔ぶれや外部から呼ぶ講師について方針を決め、事前に読んでおくべき本や背景知識を得るための資料を整えた。そしてついに、ワークショップの日を迎えた。

このような集まりを開催する時、通常はホテルの会議場を借りるものだが、私はそれを避け、ウェストミンスター・ボートクラブを使うことにした。このクラブは非営利団体で、天井まで一面ガラス張りのクラブハウスがテームズ河に面して建っている。このような環境で話し合えば、その会話には文字通り希望の光が当たるだろうという期待をこめたのだ。晩秋としては珍しく太陽が顔をのぞかせて、ワークショップに出るために世界中から集まった同僚たちの顔を照らしていた。

それぞれの紹介が行なわれたあと、私は参加者に向かってこんなお願いをした。会場を斜めに横切る線を想像して、もし自分たちの拠点でBPが人権問題にうまく対処していると思えば、その線の片端へ移動し、うまく対処できていないと思えばもう一方の端へ行く――。

ＢＰコロンビアの経営企画部門でマネージャーを務めるモーリシオ・ヒメネスが、「うまく対処している」と思う人の列を通り過ぎて、部屋のいちばん隅に陣取った。会場にいた全員が、この動きに驚いた。当時もまだコロンビアのＢＰといえば、多くの人が１９９０年代に発生した警備保障上の問題を連想したからだ。しかしモーリシオの説明によると、ＢＰコロンビアは問題の発生後、地域コミュニティとの信頼構築に努め、赤十字国際委員会と協働して軍に対する人権問題の研修を実施したのだという。会社がおかした失敗から学び、地元の関係者と人間関係を築き、現地の状況を改善するための革新的なプログラムを考案したのである。

「10年前にコロンビアで起きたことが、あまりにも悪いイメージとして定着してしまい、今では我々が地域コミュニティや軍といかに良好な関係を維持しているか、誰も知らない」とモーリシオは言った。「赤十字と一緒に導入した人権問題の研修プログラムを受けることが、今のコロンビアではひとつの地域に留まらず、軍の全部隊で義務づけられているのです」

ロシアを拠点としてＢＰの政策アドバイザーを務めるアントン・ミフスッド＝ボニッチと中国から参加した私たちの同僚が部屋の反対側の隅へ移動したのを見ても、誰も驚かなかった。しかしなぜ彼らがそこに立っているのか、その説明を聞いて全員が驚いた。この場にいた私たちは皆、受け入れ国の政府の機嫌を損ねないようにするために、ＢＰは難しい問題には用心深く対応しなければならないと思っていた。だが、元国連職員でマルタ出身のアントンも、中国にいる私たちの同僚も、ＢＰは保守的になりすぎていたと言うのだ。

「ＢＰには、我々が想像している以上に人権問題について話し合う余地があるのです。沈黙を続けるほうが、むしろ会社の評判を傷つけることになる。時には、明らかに間違っていることに対して、相手の立場を尊重しながら誠実に異を唱え、正しいことをしている人たちをサポートすることのほうが、黙っているよりも弊害が少ない」

このアクティビティをやってみて、様々なことに気づかされた。それぞれの国でＢＰが置かれている状況について憶測でとらえていたイメージが覆されたと同時に、人権問題への取り組みにおいて共通している課題や、地域による差が浮き彫りになったのだ。

私たちは世界人権宣言が定める基本的な人権と自由について、その全30条を一つひとつ検討し、ＢＰはそれぞれにおいてどのようなインパクトを与えることができるのか、話し合った。これらの条項のなかには、企業が比較的インパクトを与えやすいものがあり、なおかつそれは業界の種類や操業している場所によって異なる。しかし、だからといって世界人権宣言をまるでレストランの単品メニューのように扱うことは、明らかに間違っている。ビジネス・人権資料センターの創設者であるクリス・アヴェリーは、このことについて以下のように述べている。

「人権問題に取り組もうとする時、企業は自分たちにとって扱いやすい問題だけをスモーガスボード〔ビュッフェ形式の北欧料理〕の中から選んで取り出すことなどできない。国際社会は、これらの基本的人権はすべて『共通していて、切り分けることができず、互いの存在によって成り立っていて、相互に関連している』と宣言したのだから(6)」

ＢＰはアゼルバイジャンで、基本的人権の中でもわかりやすいとは言えない難問に取り組まなければならなかった。それは表現の自由にまつわることだ。バクーに作られたBPのバクー・トビリシ・ジェイハン（BTC）パイプラインが操業を開始する4日前、自由で平等な選挙の実施を求めて野党が集会を開いた。(7) 海外から重要な人物やマスコミが街に集まっているこの時期を狙えば、自分たちの訴えも聞いてもらえるだろうと、彼らは期待したのだ。抗議デモは、アゼルバイジャンの警察によって暴力的に抑圧された。メディアはBPアゼルバイジャンの責任者であるデヴィッド・ウッドワードに、政府の対応についてどう思うかコメントを求めた。ウッドワードは暴力を「残念なこと」と表現し、人々が異議を唱えるために平和的に集う権利を支持する言葉を口にしたところ、アゼルバイジャンの大統領の参謀から次のような叱責を受けてしまった。「外国企業はビジネスだけをやっていればよいのであって、政治に干渉すべきではない」。ところが、次に開催された野党の抗議デモは平和的に進んだので、これはウッドワードの影響によるものではないかと指摘する声があり、エコノミスト誌はウッドワードを「大統領に次いでアゼルバイジャンで二番目に影響力を持つ人物」と評した。(8)

表現の自由は、当時国連が企業の行動規範として検討していた基準の中で言及すらされていなかった。しかしこれは明らかに、BPにとっては無視することのできない問題だった。さらに言うと、表現の自由は企業の責任に関する議論においてやがて表面化する問題であり、実際にヤフーやマイクロソフト、そしてグーグルが、相手国の政府から突きつけられた様々な要求――ブログの中身や検索結果を監視する、ユーザー情報を引き渡すように言われるなど――に従ったことで、非難の集中砲火を浴びることになった。つまり、注意を払うべき人権をいくつか選んで取り組むというのは、実現の可能性が薄いやり方なのである。

2日間のワークショップが終わりにさしかかった時、私はひどく疲れてはいたものの、気持ちは高揚していた。今後、世界のどこかのプロジェクトで誰かが人権に関連した問題で苦労することになっても、互いに助け合える――。そんなコミュニティが、社内に構築され始めたように感じたからだ。さらに、私としてはとても驚いたのだが、人権問題に対するBPのスタンスをひとつの文書に簡潔にまとめるべきだと、参加者全員が考えていたのである。新たに文書を1枚作成するなんて、普通はビジネスパーソンがもっとも嫌がることなのだが、そういう文書があればスタッフの研修で使えるし、NGOや政府をはじめ、事業の提携先とも共有できるので便利だと、この時は全員が口をそろえた。

それから数カ月間、私は同僚や外部から招いた人権問題の専門家と共に、人権がBPにとってどのような意味を持つかを明確に表現すること、具体的な例や事例研究を集めること、そしてスタッフがとるべき行動に優先順位をつけることに取り組んだ。その結果として最終的にできあがったものは、資源開発大手のリオ・ティント社が作成した同様の文書を手本にして私がワークショップの直後に思い描いていたものと、さほど大きくは変わらなかった。(9) しかし、中国で作業員の安全基準の作成に携わり、インドネシアで協議を中心に物事を進める経験を積んだことで、私は中身と同じくらいプロセスが重要であることを認識していたし、全員が文書の作成に関わらなければ最終的にその成果物を認める気持ちにはならないこともわかっていた。

完成した文書は、次の前置きが添えられて、2006年の3月にBPのウェブサイトに掲載された。

この文書は、「人権」がBPにとってどのような意味を持つのかについて説明し、当社の事業と人権とが絡んだ難しい課題に対する当社のスタンスをはっきりさせ、経営幹部および社員が指針とすべきものを提示します。（中略）

社内外から寄せられた多くの要望、そしてビジネスと人権をめぐる議論の高まりを受けて、この文書は作成されました。人権問題をとらえる「レンズ」としてこの文書を活用すれば、世界中に広がる当グループの活動が客観的に見えてくるでしょう。

人権を守るためにビジネスが果たすべき役割について、地域コミュニティや地方および国の政府が期待すること、そして国際社会や消費者、株主が考えていることは、近年変化しています。とりわけ、当社のビジネスは開発途上国で成長しているのですから、私たちは変化し続けるそうした期待をよく認識し、新しい基準やツール、フォーラムをはじめとする様々なリソースを活用し、ビジネスのやり方を絶えず改善していかなければなりません。

この文書は世界各地で私たちが経験してきたことを基に作成されており、今後私たちが人権に関する課題をより厳密に、そして首尾一貫した姿勢で語ることができるように、その力を強化することを目的としています。BPの社員に向けて書かれたものですが、外部とのコミュニケーションにおいても活用することができます。

BPでリーダーの役割を担っているすべての人は、当グループの理念と行動規範を守りながら、自身の行動が人権の分野でどのようなインパクトを潜在的に与えうるかを理解しなければなりません。さらにリーダーたちは社員に対して、彼らが必要な認識とツールを持って人権に関する潜在的な負のインパクトを最小限に留める行動をとれるようにする責任を負っています。そして、相互に利益を享受し、互いに尊重し合い、人間の尊厳を認め合うことを確実に実践していくために、リーダーたちが先頭に立ってこれらを推進していかなければなりません。[10]

この文章に続いて、「人権問題に関する分析とマネジメントを補強するために、『従業員』『コミュニティ』『警備保障』という三つの大きなくくりを作った」と説明し、それぞれのカテゴリーについて具体的な例を挙げた。「人権」というとビジネスにはそぐわない言葉のように感じるかもしれないが、このように説明することによって、経営陣もスタッフも人権問題を特定の誰かにあてはめて考えることができる。たとえば、もし「労働問題」に直面したら、人事部のマネージャーを思い浮かべればいいのだ。この文書には、プロジェクトのリーダーのためのチェックリストも用意した。そのリストには、リスク評価やインパクト評価を外部に委託することや、人権侵害の訴えを調査して報告するための手順を整えることなどが含まれていた。

文化に合わせて表現を変える

わかりやすい言葉で説明するというのは、企業内理想主義者であれば誰もが担う役割だが、特に人権問題になると、企業人のあいだでは滅多に使われない言語で話すことになるので、それが顕著になる。ニューバランス社でコンプライアンス部門のトップを務めるモニカ・ゴーマンは、人権についての話を持ち出す時に彼女が心がけていることについて、次のように話してくれた。「これまでに議論してきた内容とほぼ同じことを、単に違う表現で語っているだけなのだということを、人々に理解してもらえるようにするのです」。同僚たちが人権問題特有の言語に慣れてくると、彼らと一緒に新しいイニシアチブを進めていくことができるのだという。

リーボック社で15年にわたって人権プログラムを率いた経験を持つダグ・カーンは、アジアで工場監査を担当するスタッフに対して行なう研修の開発について、次のように語った。「国際労働機関（ＩＬＯ）の条約に基づいて作成された文書を、文化に合わせて別の言葉に言い換える方法を学ぶというのは、難しいと感じるかもしれません。私たちは四半期ごとのマネジメント会議で発表する際、クイズやおもしろい話の紹介から始めるなど、聞き手が楽しめるかたちのプレゼンテーションを行なうように工夫しました。労働関連の法令順守や人権などという深刻な問題についての議論を、生産現場や監査チームが楽しみに待てるようなものにしたかったのです」

マイクロソフト社で企業市民活動部門のディレクターを務めるダン・ブロスは、彼自身が翻訳者の役割を演じることが少なくないと言う。たとえば、名誉毀損同盟のヘイトスピーチ作業部会の一員として、ブロスは言論の自由などの市民的権利やヘイトスピーチに関するディスカッションに参加して、そこで得たものをマイクロソフトへ持ち帰り、同社の方針や製品の特長に反映させるのだという。エックスボックス・ライブ〔マイクロソフトが提供するゲームのオンラインコミュニティ〕の利用者の中に人を罵倒するような言動を行なうユーザーがいれば、自動的にその人の利用を一時停止するというのは、その一例だ。

BPの指針を示す文書を発表したことによって、人権という概念を噛み砕いて同社の機能に組み入れるという目標を達成することができた。しかし、これはあくまでも「指針を示す文書」であり、「方針」という位置づけではないため、ここに書かれている内容に従わなければならない、というわけではない。それどころか、これを読むことすら誰も義務づけられていないということになる。2005年にテキサスシティー製油所の爆発事故が起きる前から、BPではすべての方針の見直しが行なわれていて、その結果として2008年には新たな操業マネジメントシステムが始まった。[11] これは、健康、安全、環境、社会的責任およびその他の課題に関する基準を統合してマネジメントシステムに組み入れたものだ。[12] しかし、新しい方針が打ち出されることはなかったので、私の同僚たちはできるだけ早く人権に関するなんらかの対応をしてほしいと思っていた。指針を示したからといって、人権問題についての研修やその認定が私たちの行動規範として義務づけられるようにはならなかった。当時、私は指針を示した文書が作られたことを誇らしく思っていたし、それを望んでいた同僚たちへの支援につながるだろうと楽観していた。しかし振り返ってみると、あの時の私は単に自分と同じ志や問題意識を持つ人たちに働きかけていたに過ぎず、もしあの文書が社員に対して順守を義務づける効力を持っていたならば、もっと大きなインパクトを与えることができたのかもしれない。ワークショップの参加者は、タングーやBTCパイプラインなど、ひときわ高い関心を集めたプロジェクトに従事しているスタッフばかりだったが、規模の小さいプロジェクトにもリスクは存在する。アフリカやアジアでの合弁事業は小規模であるため注目されないかもしれないが、これらのプロジェクトが操業する地域では、凶悪な保安部隊が暗躍していたり、妊娠やC型肝炎などの陽性反応を理由に社員が解雇されるなど、明らかな差別行為が雇用の実態として広くはびこっていたりする。また、ワークショップには米国からの参加者はいなかった。

とはいえ、1回のワークショップにスタッフを集めたからといって、あるいは人権に関して強制力を持つ方針を策定することができたとしても、それだけで惨事を防げたとは限らない。元リーボック社員のダグ・カーンは、本社から指示を出すことは重要な第一歩ではあるが、「私が知る限り、どんなCEOが宣言したとしても、それによって一連の労働基準が守られるようになることはない」と言う。方針の明文化を特にきちんとやろうとするならば――方針を実施しなければならない立場の人々に関与してもらい、外部の専門家を呼んで方針に含めるべきことを精査してもらうなど――、それには長い時間がかかり、多くの人を巻き込む必要に迫られるプロセスになる。しかし、言葉を正しく選んで文章に落とし込み、その完成した文書を会社のウェブサイトに掲載すること自体は、方針を根付かせることに比べたら簡単なことだ。

そうはいっても、企業内理想主義者の中には、方針をもっとも重要なツールとしてとらえる人もいる。マイクロソフト社のダン・ブロスは、同社が人権について声明を発表したことによって、同僚と次のような姿勢で対話を持てるようになったと話す。

「我々が確実に人権を尊重していくにはどうすればよいかについて、なぜそうしなければいけないかの議論に時間をかけすぎずに話し合いを進められるようになった」

ＢＰでも、指針を示した文書が発表されたことによって、人権擁護について「なぜそうしなければいけないのか」の段階を通過して、その実施に向けて前へ進んでほしいと私は願っていた。しかしそれから間もなく、世界の多くの企業が私たちと同じ地点で足踏みしており、会社の総意として簡潔にまとめた文書を作成していないために前へ進めずにいるという事実を、私は知ることになった。

世界規模の仕事

人権に対する企業の責任について調べていく中で、世界的な議論がハーバード大学教授のジョン・ラギーを中心に展開されていることを知った。ラギーは２００５年、国連事務総長のコフィ・アナンから指名されて、多国籍企業をはじめとする事業主が人権に関して持つべき基準を特定し明確にする任務を請け負っていた(13)。

ラギーはその任務を、企業や政府および市民団体への聞き取りを行なうことから始めていた。彼はBPにもやって来て、当時世界各地のスタッフと共に仕事をしていた私と同僚のデヴィッド・ライスを相手に2時間にわたってインタビューを行ない、私たちにそれぞれの経験——デヴィッドはコロンビア、私はインドネシアと中国——について次々と質問を投げかけた。ラギーの親しみをこめた優しい語り口と知的な佇まい、そして純粋な好奇心は、いかにも大学の先生という風格を漂わせ、面会を終えたデヴィッドと私は、彼の実用的なアプローチと自身の責務に対する情熱に感銘を受けた。

それから数カ月後、デヴィッドと私はジュネーブの国連本部へ赴き、ラギーが採鉱業界を対象に開催したコンサルテーションのイベントに参加した。私たちはパレ・デ・ナシオンの中を進み、迷路のように入り組んだエスカレーターと廊下を通り抜けて、会議室に辿り着いた。

ラギーは演壇に上がっていて、国連の職員が開会のスピーチをした。私に気づくと、ラギーは頷いて笑顔を送ってくれた。この日、私はこんなに立派な会場で大人数の聴衆を前にしてパネリストとして話さなければならないことに怖気づき、そんな役目を引き受けてしまったことを後悔した。しかも、前回までの過去のイベントでは、かなり激しい議論に発展したと聞いている。私はBPのタングー・プロジェクトで人権問題に取り組んだ時の経験について用意したスピーチを行なうと、BPがそのような微妙な空気に満ちた環境で操業することに対する批判が飛んでくるだろうと思い、それを受けとめるために身構えた。だが、そのような心配は無用だった。誰も私の話など、興味を持って聞いていなかったのである。参加者の関心は、この2年前に国連が提案したことの中身に集中していたのだ。その提案とは、人権の保護に関して政府が負っているような義務を企業も遂行するように明確に記したものだったが、民間企業に対して不当な負担を強いると思われていたので、人権委員会が審議を保留したことは企業側のロビイストたちを安心させた。一方で、いくつかの人権擁護団体がラギーと共にその提案を精力的に推進しており、彼らはラギーがその議論を活性化してくれると期待していたのだが、企業の代表者たちやロビイストたちも、彼らと同じくらい精力的に反対の論陣を張っていた。

ラギーはそれぞれの言い分を聞いて、彼らの発言の主旨を確認するための質問をいくつか行なった。そして最後に、このイベントのために時間を割いて情報を共有してくれたことに対して、参加者全員に謝辞を贈った。怒りを露わにした聴衆を落ち着かせたラギーの手法に私は感銘を受けると同時に、このバラエティに富んだ聴衆の顔ぶれはとても面白いと思った。近くから、あるいは遠方から、このイベントに集まった参加者の中には、フィリピンの先住民族を代表して民族衣装に身を包んだ人々もいれば、ピンストライプの三つ揃いのスーツを着た英国企業の幹部もいたし、ボロボロのバックパックを背負った欧州の活動家たちの姿もあった。

このイベントから数カ月が経過した2006年初頭、ラギーは中間報告書の第一弾を発表した。ちょうどその時、私はBPの指針を示した文書の作成を終えたところだった。ラギーの報告書は、私が参考にしようとしていた国連のどの文書よりもはるかに明解だった。ラギーはあのドロドロとした議論をとりあげて、反論を許さないほどの根拠と論理性を示しながらその論点をはっきりとさせた。これを実行しながらも、同時に彼自身の信用度を高め、実に多様性に満ちた関係者の集団の中で信頼関係を築いていった。まさに彼のような人と、いつか仕事をしてみたいと、私は思った。ちょうどその頃から、ニックは私にＢＰの中で次に取り組むべき課題を探したほうがいいと言い始めた。

「とにかく、君は営業に絡んだ役割を探したほうがいい」というニックの言葉には、ほかの人たちからの助言と重なる部分があった。「この会社では、ビジネスを動かすという経験を持たずに出世した人はいない」

「ご自身の場合はどうだったのですか？」と私が尋ねると、ニックは笑みを浮かべ、話題を変えた。ニックは、ジョン・ブラウンがＢＰの上流部門のトップに就いた１９８９年から彼と一緒に仕事をしており、ブラウンが出世の階段を上っていくのに合わせてニック自身も彼と一緒に移動することができた。自分のキャリアパスを、ほかの人のそれに合わせて方向づけたのは、もちろんニックが初めてのケースではない。彼が長年の経験に基づいて、その知見を活かしたアドバイスを私に与えようとしてくれたこと自体は有難いと思った。

ニックとこのような会話をしてから間もなく、私は社内の友人であるキャリー・ウェバーとランチをした。彼女は世界銀行への３年間の出向をちょうど終えたところだった。天然ガスのフレアリング〔掘削時に生じる随伴ガスの焼却〕を削減する方法を探るプロジェクトに関わるためにキャリーが世銀に出向しているあいだ、ＢＰは彼女の給与全額と社会保険料を負担し、彼女が出向から戻って来た時の仕事を用意しておくことを約束した。約15人のＢＰ社員が、このようなかたちで政府機関や大使館、非営利団体、業界団体に出向している。こうした人事交流のメリットは、社員にとっては視野を広げることであり、ＢＰにとっては社員を出向させる甲斐がある組織に対して人材を提供しながら有益な専門知識を得ることである。

私はふと、ラギーにはスタッフが与えられておらず、予算も国連からの援助も最低限であること（この種の任務ではそれが普通であり、その結果として、任命された人の研究はデスクワークが中心になってしまう）を思い出した。そのような状況でも、ラギーは大きくてポジティブなインパクトを世界に与えるという強い覚悟を持っており、私は彼の仕事を手伝いたいと思っていた。

私はラギーにEメールを送り、中間報告が発表されたことを祝福すると同時に、ＢＰが人権に関する指針を示した文書を出したことを知らせた。その中で、私は国連がラギーの任務に対して付与した資源がとても少ないことを知っているし、彼のほうでは私の経験や関心事についてそれなりに認識しているので、よかったら無償のお手伝いをさせてもらえないだろうか——と書いた。すると5時間後、ラギーが携帯端末のブラックベリーで打った返信が届いた。

「イエス、イエス、イエス、イエス、イエス、イエス、イエス、イエス、イエス」

私はニックに提案するための草案を作り、その中でジョン・ラギーの中間報告は前に進むための理にかなった方法を示すものとして多くの人々によって評価されていること、非常に幅広い相手に意見を求め、協議を行ないながら責務を果たそうとしているので、彼の報告書は将来への期待や予想を反映し、それらを方向づけるだろうし、さらに言えば法案にも活かされ、法案の方向性を左右するかもしれないので、ＢＰもこれから先、影響を受けるだろう、ということを指摘した。そのようなプロジェクトを私たちが支援するというのは、素晴らしいことではないだろうか？　現場と本部の両方で企業人としての経験を積んだ私は、その役にふさわしいのではないだろうか？

このメモをニックに渡すと、次の日にふたりで話し合うことになった。ニックは驚いているように見えた。私は当時、彼は私のイニシアチブに感心したのだと思っていたのだが、これが私のＢＰ勤務の終わりに向けたカウントダウンの始まりであることを、彼はその時わかっていたのだろうか……。

「まず、非常勤のプロジェクトとしてやってみよう」とニックは言った。「どのような展開になるのかよくわからないし、君にここでやってもらいたい仕事がまだあるんだ」

ラギーとニックの両方が認める合意文書を書きあげると、私は２００６年の４月からラギーのもとで非常勤スタッフとして働くことになった。しかしＮＧＯの代表者たちのあいだでは、私の出向によってラギーの持つ情報への過大なアクセスを石油大手に与えてしまうのではないかと懸念する声が上がった。それに対してラギーは公開文書で反論した。「実際に企業で仕事をした経験を持つ人をチームに加えることは重要である。同様に、この任務を支援する目的で人権擁護団体からも専門家を送ってくれるのであれば、大変有難い」[14]（このあと、ＮＧＯのグローバル・ウィットネスはラギーの提案を受けて、紛争地域で操業する企業に対する勧告を作成するために、スタッフのひとりを出向させることになった[15]。

これ以上良い状況を想像するのは難しいほどに順調だった。私生活では、2年間付き合っていた素敵な英国紳士と同棲し始めたばかりだった。仕事では、本部の人たちから色々と言われながらも世界各地の同僚と共に重要な問題に取り組む一方で、地球規模でインパクトを与えようとする国連の取り組みに協力していた。

この理想的な状況を、一体この先どれくらい長く続けられるのだろうか？　結果として、その期間は10カ月だった。

一歩を踏み出す

2006年の秋、ニックはケンブリッジ大学で新たに国際エネルギー政策センターを立ち上げるためにBPを辞めた。彼にとって素晴らしいチャンスだと思ったが、友人であるジョン・ブラウンをはじめ彼の同志がまだ同社のトップにいるあいだに退職したことには驚いた。しかし、これ以上に驚くべきことが待っていることを、その時の私には知る由もなかった。

それからしばらくして、私の恋人がロンドンからニューヨークへの転勤を打診された。ニックが去ったことで、私はより多くの時間を国連の仕事にあてるようになっていたので、私も故郷のニューヨークへ戻り、ハーバードにいるジョン・ラギーと時差のない状態でやりとりできるようにして、人生のパートナーになると予感していた彼と一緒にいるのがよいのではないかと思った。

新たに上司となった人物はＢＰの幹部で、彼のことを私は以前から知っていたが、人権問題に取り組む私の仕事を支持しているかどうかについては、確信が持てずにいた。そういうわけで、国連での私の仕事を評価してくれるかどうか、心配になってきた。

この上司との初めての正式なミーティングの前日、私の役割を説明すると同時にパートナーが転勤になるので自分もニューヨークへ移動して同じ仕事を続けたいという説明をするために、メモを用意した。その翌日、２ページのメモを両面印刷で１枚にしたもの――私は紙とインクを節約するためにいつもそうしていた――を手に、彼のオフィスへ入っていった。

メモに書かれた小さな文字を見て、彼はこう言った。「おっと、君はこの持続可能性の問題を大真面目に考えている。そういうことだね？」　それが冗談なのかどうかわかりかねて、私は彼の顔をじっと見ていた。彼もまた、私の顔をじっと見ていた。こんな調子では良いスタートを切ったとは言い難い。

続いて、彼は「ニューヨークの話はうまくいかないよ」と言った。ニューヨークのオフィスはロンドンから離れているし規模が小さくて、投資家とのやりとりを担う数人のスタッフと、取締役会の準備や、たまに訪ねてくる幹部に対応するチームがいるだけだと持論を展開した。そのような場所にいては会社の役に立てるはずがないと、彼は思ったのである。

本気でそう言っていたのか、あるいは職場の関係を築く最初のミーティングで私が彼に立ち向かう勇気があるかどうかを単に試そうとしただけなのか、私にはわからなかった。どちらにせよ、私生活のパートナーに尽くそうという思いのほうが、ＢＰに尽くそうと思う気持ちよりもずっと強かったので、そうなると失うものは残っていなかった。

「もう一度整理して考えましょう」と私は言った。「私がニューヨークへ移るのは、パートナーが転勤するからですし、あちらへ行けば私はもはや経費のかかる外国人スタッフではなくなります。もし私を国連のプロジェクトから外してしまったら、世間から今よりももっと否定的な視線を向けられるようになってしまいます。ですから、この点から検討を始めませんか？」

彼は眉をつり上げたが、その表情の中に微かな笑みが浮かんだように、私には思えた。国連での仕事について、彼がいくつかの質問――どこの人権擁護団体や政府が関与しているのか、彼らはＢＰのことをどう思っているのか、ジョン・ラギーの研究は我々の業界にとってどのような示唆を与えると思うか――をすると、それから30分も経たないうちに、私の移動日をいつにするかについての話し合いに進んだ。私の仕事の価値について、彼が納得したかどうかはわからないが、少なくとも続けさせてくれることにはなった。

それから数週間後、私は1年後に結婚することになる男性と共にニューヨークへ向かった。ＢＰのニューヨーク・オフィスで席をもらって同社の仕事を続けたが、国連の任務に取り組むジョン・ラギーのために費やす時間が、どんどん増えていった。

ひとつの時代が終わる時

私がニューヨークでの新生活に適応している頃、ロンドンでは大きな変化が起こっていた。ジョン・ブラウンは独身を貫き、2000年に母親が亡くなるまで彼女と一緒に暮らしていたのだが、のちに出版した自叙伝の中で、彼は全寮制の学校に通っていた少年時代に自分がゲイであることに気づいたものの、同性愛を忌み嫌う社会規範が蔓延していることを恐れ――20世紀半ばの英国、およびその後に足を踏み入れたビジネスの世界において――、その事実を彼自身の中に封印し、母親にすらも彼女が亡くなるまで隠し通したのだと書いている。[16] ブラウンの性的指向については、BPの首脳陣や彼と共に仕事をしたスタッフの間ではよく知られた秘密になっていた。私が知る限り、このことを問題視する人はいなかった。しかし、英国のタブロイド紙は違った。

メール・オン・サンデー紙は、ブラウンが付き合っていたカナダ人男性から暴露話を買収した。ブラウンはその記事の出版差し止めを求め、その後数カ月にわたって法的な攻防が世間の知らないうちに、そして大半の社員の知らないところで、繰り広げられた。裁判での証言で、元恋人と出会ったいきさつを聞かれたブラウンは、バターシー公園でのジョギング中に知り合ったと答えたのだが、あとになってその証言を訂正し、本当はエスコートサービス（同伴者を斡旋する業者）を通じて知り合ったことを明らかにした。ブラウンが嘘の証言をしていたので、裁判所は記事の掲載を認めた。とても論理的な議論とは思えなかったが、とにかくこのことによってダメージを被ることになった。２００７年５月１日、裁判官がこの決定を下してから数時間も経たないうちに、ＢＰ本社があるセントジェームズ・スクエアには報道陣が押し寄せ、ブラウンは辞表を提出した。

自叙伝の中で述懐しているが、ブラウンは辞任したあと、彼を支持する内容のＥメールや手紙を大量に受け取り、非常に驚くと同時に感無量になったという。ロンドンを代表する偉大な好人物の多くがフィナンシャル・タイムズ紙に寄稿し、次のようなメッセージを送った。「友人であるジョン・ブラウンを、私たちは今だけではなく今後も支持するということを、公の記録として残しておいてほしい。ビジネスの世界、経済、そして芸術と文化、さらには環境において彼が果たした偉大かつ独自の貢献に対して、私たちは感謝している。私たちは彼の健勝を願い、彼の味方であり続け、将来彼と仕事を共にする日が訪れるのを待ち望んでいる」

辞任の直後、多数の人々から温かい支援の声が寄せられたにもかかわらず、ビジネス界が生んだもっとも偉大なリーダーのひとりとしてのブラウンの評判は、それ以前からすでに傷ついていた。彼がＣＥＯを務めていた最後の数年間、ＢＰでは重大な出来事がいくつも発生した。２００５年には、テキサスシティー製油所で起きた爆発事故で15人の犠牲者を出し、ハリケーン「デニス」によって、同社最大のリグ（石油や天然ガスの掘削・生産のために海上に設置する大型装置）が崩壊寸前の状態になった。２００６年には、アラスカのパイプラインが腐食し、20万ガロンを超える原油がプルドーベイ地域に流れ出てしまった。同年、ＢＰのトレーダーが米国のプロパンガス市場を操作した容疑で訴えられた（この件は、のちに和解により解決）。これらの出来事はブラウンのイメージを曇らせ、そしてBPの株価にも暗い影を落とした。

こうした出来事が次々と起こっていた時、私は多少なりともブラウンに対して同情する気持ちを抱いていた。当時、100カ国に拠点があり従業員は10万人という規模にまで広がった事業をすべて把握すべく、ブラウンと本社スタッフがいかに努力していたかを知っていたからだ。それぞれの進捗が報告されている資料はとても分厚いのだが（時には私自身も資料を厚くしてしまったが）、経営幹部はそれらを毎週末自宅へ持ち帰っていた。そうした様子を見ていると、ここまでの大きさと広がりを持った複合企業の全容を把握することは不可能に近いのではないかと思っていた。だがリーダーたちは、会社で起きたことに対する責任を取り、それに対してどのように振る舞うべきか、そのトーンを設定しなければならない。このことは、それからさほど時間が経たないうちに、私の目にもよりはっきりと映るようになった。

後任としてCEOに就任したトニー・ヘイワードは、新しい時代が始まったこと、そしてBPが抱えていたトラブルは過去のものであり、今は彼がしっかりと指揮を執っていることを、金融市場に対してアピールしようとした。ブラウンと自身を差別化するためには、かなり思い切った舵取りが必要になる。ヘイワードもまた、BPで長年エンジニアを務め、ほっそりとした体つきのイギリス人で、公の場では物腰が柔らかかった。

ヘイワードはまず、目に見えるものから始めた。世界中にあるBPのオフィスに飾られた絵画を、掘削・生産リグの写真、あるいは様々な国籍の従業員がヘルメットとゴーグルをつけて微笑んでいる写真に付け替えさせ、本社の警備員が身につけるスーツの色をベージュから黒に変更するように注文をつけた。ある同僚は、私にこんな愚痴をこぼした。

「もうこうなったら、ロビーにブロンズ製の睾丸のオブジェでも置けばいいじゃないか」

もっと本質的なところでは、2005年に華々しくスタートした代替エネルギー部門を売却し、1999年にブラウンが離脱を決めた炭素強度が高くて環境を汚染するタールサンド事業に再び参入する意向があることを、ヘイワードは明らかにした。[17] ある友人は、BPのことを「憂鬱を超えた世界へ」（「石油を超えた世界へ」という2000年に作られた同社のスローガンとかけて）と表現し始めた。英国のメディアは、ヘイワードが環境に配慮する企業としてのBPの信頼性をかなぐり捨てているといって書き立てたが、彼自身はお構いなしの様子だった。2009年にスタンフォード大学経営大学院で行なったスピーチで、ヘイワードは自身のアプローチについて次のように説明した。

当社には世界を救おうとして頑張る人が多くいすぎたが、それはすなわち、我々の主要な目的は株主のために価値を創出することであるという企業の本分を見失っているようなものだ。地球のことは考えなくてはならないが、企業人として生きる我々の主要な目的は地球を救うことではない。[18]

私は、米国の喜劇役者グルーチョ・マルクスの皮肉たっぷりな言葉を借りて、「その発言、私も真似して使います」と言って怒りをぶつけたかった〔侮蔑的な言葉を投げかけられた時、本来その反論として"I resent that remark."「その発言は腹立たしい」と言うべきところだが、あえて"I resemble that remark."「その発言を真似しよう」という駄洒落を使い、相手を茶化しながら嫌悪感を伝えるフレーズ〕。私は、自分が人道的な組織で働いているなどという思い違いはしていなかった。しかし私は、インドネシアのタングー・プロジェクトも中国のSECCOプロジェクトも、世界を救うための努力をまったくしなかったら株主価値が高まる余地などほとんどなかったということを、自分の目で確かめた。私と同じように考えている同僚がたくさんいることも知っている。ブラウン時代のBPで知り合った人たちは、社会に熱と明かりと移動性《モビリティ》を届けるという企業の使命を、皮肉や矛盾をまったく感じさせることなく純粋に語っていた。

ブラウン自身も、自叙伝で次のように記している。

「結局のところ、株主価値とは収益や成長率だけを指すのではなく、企業がどれくらい長く成長し続けることができるかという点も重要になってくる。『どれくらい長く』という時、その言葉が意味するところは、企業は利益を得ようとする地域社会に投資し、そこにいる消費者たちが将来もその地域で生活し続けることを保障し、その地域社会の政府が企業の操業免許を更新してくれるようにする、ということである。企業は地域社会の役に立たなければならないし、そのような存在として見なされなければならない[19]」

これとは対照的に、ヘイワードはスタンフォード大学でのスピーチを次の言葉で締めくくった。

ＢＰでは毎日誰かがどこかで、ブーツを履いて作業服に身を包み、ヘルメットとゴーグルをつけて現場へ向かい、バルブをひねっている。そうやって稼ぐのが当社のビジネスだが、我々はこの基本を見失いかけてしまった。

言うまでもなく、ＢＰが政策オタクの仕事人間や、私のように地球規模の問題の解決に取り組む専門職ばかりを抱えるなんてことは、ありえない。地中から資源を掘り出す仕事を誰かがやらなければならない。しかし、ブーツを履く作業員も地球を救う人であるべきだ。ヘイワードは社会や環境の問題に従事するのは重要なことではなく、むしろＢＰのビジネスとは本質的に無関係なこととして位置づけているように私には思えたが、そのような考え方を私はまったく受け入れることができなかった。私が国連に出向していた目的のひとつは、そこで得た知識と人脈をＢＰへ持ち帰ることだったが、私が新たに吸収した専門知識に耳を傾けてくれる幹部社員がいるという可能性は、次第に小さくなっていくように思えた。私はＢＰのために尽くそうというよりも、率直で革新的な企業のビジョンに対して自分の責任を果たそうという気持ちが強かった。もはや私の目には、このふたつは重なっていなかった。

新体制のＢＰは、私が１９９９年に入社した会社とはまったく異なるものになってしまったと感じた。そして、私はかつてのＢＰが大好きだった。規模がここまで大きくなると大企業はそんなに早いスピードでは変われないということ、そして私が愛したBPだって完璧からはほど遠かったということを悟るまで、その後数年はかかった。しかし同時に、トップの交代は私にとって、地殻変動のように感じられた。2008年の秋、私はBPを辞め、ジョン・ラギーのもとで正規のスタッフとして働き始めた。

大きすぎる代償

ブラウンがBPを去ってから数カ月後、まだ私がBPのニューヨーク・オフィスにいた時に、スタッフに長いあいだ世話になったと礼を言いに訪ねてきたブラウンに会った。彼は長年の習慣だった葉巻をやめたのだが、その効果は目に見えて明らかだった。BPにいた時の、つねに重要な判断を迫られるトップが味わう気が滅入るような疲労感を脱ぎ捨て、顔の色が健康的になっていた。みずからがロールモデルであり続けてくれたことに対して、私はブラウンに感謝の気持ちを伝えた。彼は笑みを浮かべながら丁寧に応えてくれたのだが、BP時代にはそのような素振りを見せることは滅多になかった。

ブラウンに対しては様々な批判が出ていたが、それでも私はなお、彼が大胆な方向性を打ち出し、気候変動や人権問題において企業が果たすべき役割に関する世界的な議論を動かしたことに対して、敬意を抱いていた。こうして守るべきものを擁護するスキルを、ビジネス界の同性愛者に対する差別の問題においても、彼は発揮することになった。2012年5月、職場での性的マイノリティの問題について、ブラウンは公の場で初めてとなるスピーチを行なった。[20] 聴衆は、エンジニアリング関連企業のLGBT〔レズビアン・ゲイ・バイセクシャル・トランスジェンダーの略〕ネットワークだった。2013年の6月にはフィナンシャル・タイムズ紙に寄稿し、同性婚を認める英国上院の法案を支持するという考えを述べ、[21] それから間もなくして『ガラスのクローゼット』という題名の著書を執筆することを明らかにした。

「もっと早く、BPのCEOでいるあいだに、カミングアウトする勇気を持てたらよかった。このことを今も悔やんでいる。もしカミングアウトしていたら、ほかの同性愛者たちのために、より大きなインパクトを与えることができたに違いない。『ガラスのクローゼット』を読んで、彼らにも自分たちの力でインパクトを与える勇気を持てるようになってほしい[22]」

BPを辞めたあとのブラウンと、ほんの少しだけ言葉を交わした経験から言えるのは、ありのままの姿で生きることにした彼は、以前よりも確実に自然体で振る舞っているように見えることだ。私も自分の最善を尽くして、彼の偉業を形成する革新的な要素を受け継いでいきたい。そう思っていたのは私ひとりではなかった。かつてBPでマーケティング部門のチーフを務めていたアン・ハンドは、緑の建築〔環境や持続可能性を考慮した建築物〕の先駆的存在である「プロジェクト・フロッグ」を率いることになった。ジョン・メロはBP時代、ブランディングからインターネットビジネス戦略に至るまで、幅広い分野で要職を経験したが、のちにアミリスの社長兼CEOとして活躍することになった。この会社はバイオ燃料など、石油商品の代替となるものを開発している。代替エネルギー部門のトップを務めていたヤン・スラヘッキーは、風力発電機の世界最大手であるヴェスタス社のシニアアドバイザーに転じた。
私が話を聞いた企業内理想主義者のひとりは、彼の会社でマネジメント層が刷新された当初、自分では十分に認識されていたと思っていた問題に対する同社のアプローチについて疑問を投げかけられ、困惑したという。だが彼の場合、私のＢＰでの体験と比べると、同様の事態をずっと前向きにとらえるようになったのである。

まさにこれこそが自分に与えられている仕事なのだということを自覚しました。私は状況を挽回し、知識や理解が浸透するように人々を教育するために雇われていたのです。それが私の仕事だったのです！　さらに言うと、ある意欲的な幹部がいて、彼女は納得しない限り私の現状を否定して葬ることを厭わないという姿勢だったのですが、同時に彼女は躊躇なくほかの現状も否定して葬るつもりだったので、そのことは現状打破や前進につながりました。つまり、私の役割は周囲に影響を与え、知識や理解を浸透させ、その推進役になることだったのです。自分には絶好の機会が与えられていたのです！

もし、この人のことを何年か前から知っていたら、私もＢＰに残って人権問題の大切さについてヘイワード体制の人々を「教育」しようと頑張ったかもしれない。しかしそれは、ブラウン時代のＢＰで働いていた時に抱いた印象——どのＣＥＯも人権と環境の問題において革新的な取り組みを目指す——と同じくらい、経験が浅い人ならではのうぶな考えのように思えた。そんなふうに思い込んでいたからこそ、ヘイワードの路線変更は私にとって衝撃的だったのだ。

もうひとつ心に留めておくとよいのは、きわめて進歩的なＣＥＯから支持を得ているからといって、企業内理想主義者の仕事が楽になるわけではないということだ。ベス・ホルツマンの話を紹介しよう。彼女はティンバーランド社で約5年間シニアマネージャーとしてＣＳＲ戦略を担当し、ＣＥＯジェフ・シュワルツの直属の部下として仕事をしていた。シュワルツはＣＳＲにおけるパイオニアであり、その主導的な支持者として広く知られている人物だ。

「ジェフと仕事をしたことは貴重な経験で、彼はこの仕事の同志として、支持者として、これ以上ないくらい素晴らしい人でした。けれども、彼の周囲を取り巻く人たちに対する配慮を怠れば、それは自分の仕事を半分しかやっていないことになるのです」

ブラウンを経営者に持つＢＰ——それはすなわち、環境と社会に与える企業のインパクトを改善するために革新的な試みをしようとする人たちが、その企業の中でコミュニティを持っていることを指す——の喪失は嘆かわしいことであったと、私は今でも思っている。しかし、ブラウンが去ったことで、私は国連の任務に専念できることになった。この仕事もまた、ＢＰ時代の仕事に負けず劣らず、可能性に富んだおもしろい経験になったのだ。

第4章

国際連合——原則の力

The United Nations: Creating Ownership

実効性のある規範を作るには

その朝、ワゴン車から降りた途端に漂ってきたシロップの甘い匂いで、幼い頃に訪れたハーシー・パークを思い出した。そこはチョコレートの香りが充満していて、連れて行ってもらった週末のあいだ、私はずっと上機嫌だった。

しかし、ここは遊園地ではないし、昼下がりにこの甘ったるい匂いをうんざりするほどかがされると気分が悪くなってくる。これは2007年の1月のことだった。私は、コロンビア第3の都市であるカリの郊外にいた。カリは、何十億ドルという資金が動くコロンビアの麻薬（コカイン）カルテルの拠点であったという歴史を持つことから、評判の良くないところである。私はこの時、上司のジョン・ラギーと一緒だった。彼は企業と人権の問題に取り組むという任務を負った、国連事務総長の特別代表だった。

私たちは、ある瓶詰め工場を視察していた。ここはコカ・コーラ・カンパニーのサプライチェーンの一部ではあるが、経営と操業は同社から独立して行なわれていた。出迎えてくれたジェネラル・マネージャーがスライドで説明してくれたあと、私たちは工場内を見学した。まず、原材料として運び込まれた荷物を降ろすエリア。それから、ボトル製造ライン。ここでは、あの紛れもないコカ・コーラの瓶のかたちにガラスが成型され、そこに秘伝のソースが詰められるのだ。そして、ラボも見学した。ここではシャワーキャップとスリッパを着用させられて、品質チェックのためのサンプルが抽出される様子を見た。生産を統括するマネージャーが私たちを連れて施設を案内し、かなり怪しい英語でそれぞれの機械がどんなことをするのか、その都度説明してくれた。

翌日は、砂糖の大規模農園を訪れた。ここはここで、まったく別の企業だ。私たちを迎え入れてくれたのは日焼けした白髪の男性で、彼は昼食の時間になると、サトウキビ畑を見下ろせる母屋のベランダへ私たちを案内した。タキシードに身を包んで白い手袋をはめた給仕たちが、高級食器に盛られたラムチョップを運んできた。

「人権の問題なんて、ここにはありませんよ」

襟元にナプキンをはさみながら、主人役の男性はそう言った。

「あなたがたがなにかの記事を読んで知ったという問題は、海外メディアのでっち上げです」

曇りガラスで覆われ、武装した警備員を乗せた2台の車両が少し離れたところに止まっているのが目に入っていたので、私はジョンのほうに視線を移す勇気を持てなかった。主人役の男性は、なおも続けた。

「地域コミュニティとの関係は、とてもうまくいっています」

私たちのグラスにコーラを注ぎ足そうとしていた給仕に対して頷きながら、この男性はそう言った。

「この町の住人のために、我々は水の公園を作ったんですよ」

こういう話を聞くために、私たちはここまでやって来たわけではなかった。全米鉄鋼労働組合と国際労働権利基金（ＩＬＲＦ）は２００１年、コカ・コーラ・カンパニーと同社のラテンアメリカの瓶詰め業者2社を相手取り、米国連邦裁判所で訴訟を起こした。(1) これらの企業が准軍治安部隊に指示してコロンビアの労働組合シナルトレイナルの幹部を拷問し、殺害したというのが告訴の内容だ。最終的にこの訴えは退けられたものの、この時に始まった「殺し屋コカ・コーラ」のキャンペーンは今も続いている。砂糖農園に関して言えば、南米の農業施設には労働搾取の問題が存在することが知られている。

アトランタに本社を構えるコカ・コーラ・カンパニーは、コロンビアでくだんの工場や農園を所有してはいなかった。海外における同社のビジネスモデルは現地の瓶詰め会社と契約を結ぶことを基本としているが、場合によっては自力で事業を展開できる多国籍企業と組むこともある。私たちが視察した瓶詰め会社を所有するＦＥＭＳＡは、世界最大のコカ・コーラ瓶詰め企業であり、２００７年にはコカ・コーラ・カンパニー自体の収益が２８８億ドルであったのに対し、同社は１３５億ドルの収益を誇った。２００１年の訴訟においてＦＥＭＳＡは告訴の対象になっていなかったが、被告に名を連ねていたパナムコ社を２００２年に買収したことがきっかけで、問題視されるようになった。

私たちがここを訪ねた当時、コカ・コーラ・カンパニーはコカ・コーラFEMSA（FEMSAの中でコカ・コーラ製品を扱う部門）の株式の31パーセント、および18人で構成される取締役会の2議席を保有していた。コカ・コーラ・カンパニーには仕入先に対する指導原則があって、そこには「当社と直接取引をする仕入先には、あらゆる人権を確実に尊重するという当社の指導原則の意志と精神にのっとった行動が求められる」と明記されている。それには労働組合に参加する権利の保証と児童労働や強制労働の禁止も含まれる。しかし、FEMSA側にも独自の方針が存在した。それは、コカ・コーラ・カンパニーは同社の行動規範をそのままFEMSAに押し付けることはできないし、なんらかの方法でそれらに効力を持たせることもできないというものだった。

企業がその仕入先や提携先の企業に対してどの程度まで影響力を行使することができるかというのは、ジョン・ラギーが任務の一環として追究していた多くの課題の中のひとつだった。長年議論が両極に分かれて結論が出ないままになっていたのだが、企業が人権に関して果たすべき責任はなんであるかを明確にするために、国連事務総長のコフィ・アナンは2005年、ジョンをその職務に任命した。ほかの被任命者とは異なり、彼の任務には人権侵害に関する特定のケースを調査することは含まれていなかった。しかしながら、彼は実際に企業の現場へ出向いて現地のマネージャーと会い、企業が進出したことによって影響を受けている地域コミュニティの人々との対話を持つことによって、彼らが辿ってきた思考の過程を理解し、自分自身の目で現地の状況を確認したかったのである。彼はのちに、私にこう言った。

「どういったことがきっかけでこの種の問題が起きるのか、私は純粋に興味を持っていた」

彼に同行して現地へ赴くことになって、私の気持ちは高揚していた。インドネシアのＢＰに勤務した時から、私は遠く離れた場所へ行く仕事に魅了されていたのである。私たちの行き先は『ロンリー・プラネット』や『フロマーズ』のような旅行ガイド本には載っていない。そこには、いかなる観光地よりも大きな社会的インパクトを抱えた光景が広がっている。人々が芸能を披露する姿を見学するのではなくて、死活的な問題を突きつけられ、それらと格闘している人々に会いに行くのだ。そしてその問題は、私たちが消費する製品の世界的なサプライチェーンを通じて、私たち自身とつながっている。ずっと以前から私は大の旅行好きだったが、この仕事をしていると自分自身では到底アクセスできないような場所へ行くことができる。ほとんどの人が決して見ることのない場所に足を踏み入れ、グローバリゼーションの最前線にいる人たちに会い、そこに暮らす人々の生活を改善するために知恵をしぼるのだから、ありえないくらい素晴らしい仕事だ。

ジョンは私以上に、現地へ行くことができて興奮しているように見えた。瓶詰め工場で、彼は生産部門のマネージャーのことがすっかり気に入ったようだった。ふたりは共通の言語を持たないし、ジョンは薄いグレーのボタンダウンのシャツにきちんとプレスされたジーンズという服装で、背の高い彼がダブダブのつなぎ服にＦＥＭＳＡの野球帽をかぶったマネージャーを見下ろす格好になっていて、奇妙な組み合わせに見えた。しかしふたりは、互いに指でさしたりジェスチャーを使ったり頷き合ったりしながら、すべての機材をひとつずつ調べていくことにこだわった。

どのシュートからどこへ運ばれるかを理解することが、はたして世界基準の策定にどう役立つのか、私にはよくわからなかった。あとになって、それは調査中に出会ったすべての人と関わるというジョンならではの能力であり、それが成功につながっているのだということに気づいた。私たちの現地訪問を手配してくれた、コカ・コーラ・カンパニーでグローバルな課題への対応を担うディレクターのパブロ・ラルガチャは、のちに次のように話していた。

「我々は、国連の職員が外交的な意味合いで派遣されてくるのかと思っていましたが、そうではなく、まるで家族の友人が職場に訪ねてきたような感じでした。ラギーさんはその場に溶け込んで、人々と通じ合い、そこにいる全員をリラックスさせていました」

視察の現場にいてわかったのは、私の上司が楽しそうにしているということだけだった。だから、彼がそこで見つけた新しい親友と一緒に工場の中をあっちへ行ったりこっちへ行ったりするたびに、私はただひたすら彼らに遅れてついて行った。

ビジネスの功罪

「人権」を語る時、各国の政府がすべきこと、してはいけないことはなにかという枠組みの中で、従来は考えられてきた。世界人権宣言は、第二次世界大戦中に数々の残虐行為が行なわれたという事実を受けて作られたものだ。残虐行為の事実を認識した国際社会は、個人の自由や権利がすべての国や地域によって実現され、しっかりと保証されるように、それを明文化すべきだと考えるようになったのだ。世界人権宣言を構成する30条は、公民としての権利と政治的な権利の両分野を網羅している。生命に対する権利、いかなる人も拷問を受けないこと、奴隷制の禁止、プライバシーが保護される権利に加え、公平な賃金が保証される権利、健全かつ安全な職場環境が保証される権利、教育を受ける権利、適正な生活水準が保証される権利といった、経済・社会・文化に対する権利が定められている。

1948年の国連総会で世界人権宣言が採択されて以来、ビジネスの世界はその規模とエリアを拡大し続け、何世代にもわたる人々を貧困から脱出させてきたが、その一方で危害につながる状況も作り出してきた。1970年代、ある聖職者団体がひとつの疑問を投じた。もしかすると教会は、たとえばナパーム製造企業などに投資して年金や寄付金を運用することによって、ベトナム戦争で儲けているのではないか――。これが契機となり、ICCR（Interfaith Center on Corporate Responsibility／企業の責任に関する宗教の垣根を越えた機関）が設立された。異なる宗教を基盤とする組織の連合体であるこの機関は、投資家としての立場で企業に関わるため、その影響力を行使して企業の社会的責任を監視している。1977年には、レオン・サリバン牧師がアパルトヘイト政策を実施している南アフリカで事業を展開する企業に向けて、機会の平等を促進するための一連の行動規範を提案し、それは同氏の名前を冠して「サリバン原則」と呼ばれた。ICCRの会員たちはこれに関連した様々な決議案を株主総会へ提出し、いくつかの企業には南アフリカから撤退するように促したほか、彼らが影響力を行使できると考えた企業に対しては、現地に留まってサリバン原則を採用するように求めた。これらはすべて、アパルトヘイトの終結につながる世界的な運動の高まりに貢献した。

サリバン原則が世界中の注目を集めると、ほかの組織もビジネスが人権に与えるインパクトについて注意を払うようになった。そして、なぜそのような注意を払うことが理にかなっているのか、より多くの企業の行動によって示されるようになった。

経済協力開発機構（ＯＥＣＤ）は１９７６年、初めて「多国籍企業行動指針」（のちに改定）を発布し、国際労働機関（ＩＬＯ）は１９７７年、「多国籍企業および社会政策に関する原則の三者宣言」を採択した。

同年、ネスレ社は開発途上国で乳児用粉ミルクを精力的に売り込んだことを非難され、これが世界的な不買運動へと発展し、この問題はその後40年間近く続いている。１９８４年には、ユニオン・カーバイド社がインドのボパール殺虫剤製造工場で有毒ガス漏出事故を起こし、何千人もの死者と多くの被害者を出してしまった。１９８９年にはアラスカ州のプリンスウィリアムズ湾で、石油タンカーのエクソン・バルディーズ号から１１００万ガロン以上の原油が流出した。

１９９０年代に入り、インターネットによって情報が世界中を駆け回るスピードが速められると、ナイキ社のフィル・ナイトとトーク番組司会者のキャシー・リー・ギフォードが、同社ブランドのウェアやシューズがアジアや中米の労働搾取工場で生産されているとして非難を浴びる騒動に巻き込まれた。その後、ビル・クリントン大統領（当時）が業界の首脳やNGO、大学（スポーツウェアの大口購入者）を集めて行動規範を策定し、その結果として1999年、公正労働協会（FLA）が発足した。

アパレル業界が社会的責任に関する問題に取り組む一方で、採鉱業界はこれと並行した流れの状況に置かれていた。1995年、ナイジェリアの著述家であり環境問題の活動家であったサロ＝ウィワが、ニジェール・デルタにおけるロイヤル・ダッチ・シェル社の操業に抗議したことで、8人の仲間と共に反逆罪に問われ、同国の権力者たちによって絞首刑に処された。それとほぼ同じ頃、BPはコロンビアでの操業を守るために報酬目当ての傭兵を雇ったことで咎められた。採鉱企業が困難な環境下での適切な警備保障の整備を考えるうえで明確なルールが存在しないことが認識されたことによって、シェルやBPをはじめとする企業が人権擁護団体や米英の政府と協働して「安全と人権に関する自主原則」を策定し、この原則は2000年にスタートした。

2000年代の初頭までに、多くの努力によって特定の産業における特定の問題が浮き彫りになった。しかしながら、それらの根底にある次のような基本的な問いかけについては、まだはっきりとした見解がなかった。「人権に対する企業の責任は、事業の内容や場所にかかわらず、どのようなものであるべきなのか」。企業は特定の機能を発揮するために組織されるものであり、法的にはその所有者に対してのみ責任があるので、政府と同等の義務が課せられるべきではない。だが、彼らも明らかに人権問題において影響力を発揮できる。では、そのために企業が果たすべき責任とは、どのようなものになるのだろうか？　世界人権宣言の前文には、「社会の各個人と各機関」には「普遍的で効果的な承認と順守を確保する」ために人権の保護を促進する責任があると書かれているが、これ自体は企業がすべきことについて、いかなる指針も提示していない。

国連で働くということ

世界的に権威のある原則を作り、それを全世界の国々が署名し、支えるようにする役割を果たす組織が、ひとつ存在する。国連だ。だが、繰り返しになるが国連の核となる文書は、つねに各国の政府のために、そして各国政府による交渉を経て作成される。国連がその役割において企業を組み入れることは可能だろうか？　初期の試みを振り返ると、その答えは「否」である。1974年に企業の行動規範を定めることを目的として国連多国籍企業委員会が設立されたが、多くの草案が作成されたのち、1994年に解散した[2]。

2003年には、国連人権委員会の小委員会が「人権に関する多国籍企業およびその他の企業の責任についての規範（案）」と題する提案を行なった[3]。題名からしても、この「規範」に対して広範な理解を得ることは期待できないというのは明らかだ。

しかし、文書の問題はその題名だけにあったわけではない。この「規範」は企業には「人権を促進し、人権が確実に満たされるようにし、人権を尊重し、人権が確実に尊重されるようにし、そして人権を保護する」という責任があると主張しており、別の言い方をするならば、それは人権に関して各国政府と同一の義務を企業も担うということになる。「規範」は国際経営者団体連盟と国際商業会議所において、きわめて否定的な反応を引き起こした。両者は「人権を民営化し、政府が担うべき責任を不適切に民間へ移管することによって、『規範』は人権、社会でビジネスを担う部門、そして発展する権利を脅かす」と強く訴えた。[4]

この頃はまだ、私はジョン・ラギーのもとで働いてはいなかった。当時、私はBPの政策部門に移ったばかりで、その時この部署では、国連の人権委員会から「規範」に関して意見を求められており、BPとしてこれにどう応えるべきか、新たに私の同僚になった人たちがその案を作成しているところだった。[5] 彼らは、国際商業会議所よりも前向きなビジネス側からの意見を確実に入れるようにしたいと考えていたが、それには多くの懸念があった。

私たちは、次のように書いた。「世界人権宣言に基づき、多方面の利害関係者が関与するという過程を経て作成され、各国政府からの合意が得られたものであり、行動規範に近いものを打ち出している規範であるならば、BPはこれを支持することができる」。しかし、私たちは次の点についても書き加えている。「この『規範』は、企業が人権擁護に関して建設的に貢献できるという側面を無視するようなトーンで書かれている。また、企業は政府と同じ義務を担うことはできないし、担うべきではない。さらに、この『規範』で提案されている監視と検証のプロセスは、その定義が曖昧であり、実効性に乏しい」

「規範」に対して、熱心とは言えないものの企業として一定の支持を表明したのは、実質的にBPだけだった。企業から反発が起こったのは、「規範」が5人の作業部会――アメリカ人の学者、セネガル人の裁判官、外交官（韓国、キューバ、ロシア）――によって草案が作成されたことによるところが大きいと思われる。民間企業を代表する立場の人は作業部会に含まれていなかったし、草案の作成が終わりに差しかかる時期を迎えるまでは、ビジネス界との本質的な協議も行なわれなかったのだ。

「規範」に対して企業がこぞって反対に回ったため、アムネスティ・インターナショナルをはじめとする複数のNGOが支持を表明していたにもかかわらず、各国政府はイニシアチブを取り下げなくてはならなくなった。その時の各国政府の言い分は、「この『規範』は企業が人権に関して責任を果たせるようにするための主軸として使われるべきである」というものだ。[6] 2004年、人権委員会は「案には審議に値する有益なアイデアや要素が含まれているものの、法的な効力は持たない」として、「規範」の審議を見送った。[7]

「規範」の策定は、こうして正式に先送りされてしまったものの、人権に関して企業はどのような責任を負うべきかという問いは依然として残った。人権委員会は、人権に関する企業の社会的責任の「特定および明確化」、加えて人権に関連した企業の行動を規制する政府の役割を具体化していくための方向づけを、コフィ・アナン国連事務総長が指名する独立した専門家に依頼することを提案した決議案を承認した。(8)その提案には、「(人権侵害への)加担」「影響が及ぶ社会的領域」などの概念を明確にすることや、資料や好事例をまとめることなどが含まれていた。

アナンは、この話をジョン・ラギーに持ちかけた。アナンが事務総長に就任した初期の時代に、ラギーは彼の補佐を務めている。彼はその後学究生活に戻り、ハーバード大学ケネディ行政大学院で教鞭をとっていた。当時のことを、ジョンは冗談めかしにこう言う。アナンから電話がかかってきた時、自分はすっかり地味な生活を送っていて、人工股関節置換手術を受けて回復を待っているところだった。そうでなければ、この任務を受けることはなかっただろう。当初は2年契約の非常勤ポストとして始まったものが、6年にわたってかかりきりになる波乱に満ちた苦難の旅へと変わってしまったのだから――。彼の正式な肩書は「人権問題と多国籍企業およびその他の企業に関する国連事務総長特別代表」だったのだが、これではまどろっこしいので、通常はもっと簡単に「ビジネスと人権に関する特別代表」と名乗っていた。

予算の手当てのない、このような国連の任務を割り当てられると、ほとんどの人はその活動内容を限定し、公的な視察をいくつかの国で行なって年に一度ジュネーブで報告することだけに留めている場合が多い。しかし、ジョンは自分の任務を開始してから、その範囲の広さと複雑さ――政治的にも、内容的にも――を再認識すると同時に、ポジティブな影響を与えられる機会でもあることに気づいた。彼はまず、例の「規範」の議論に関わった人たちとひとりずつ面談し、公的な会議の場を設定せずに彼らの考え方を理解しようとした。初めてBPへやって来て、同社がどのように人権問題に対応しているかについてのヒアリングを行なった時、ジョンは的確な質問を投げかけ、聞いたことを反芻し、ほかの場所で行なったミーティングで得た感想を共有してくれたので、私は感銘を受けた。

公的な場でもジョンはその才能を同じように発揮するということもわかった。私が初めて協議の場に同席した時、たまに質問をはさんで確認したり物事を明確にしたりする以外は、いかに議論が対立してヒートアップしたとしても、彼自身は終始あまり言葉を発しなかった。しかし、その日の終わりにまとめとして述べた内容には、両サイドの視点が少しずつ盛り込まれていたので、どの人も自分の意見を聞いてもらえたという実感を得た。

また、ジョンはビジネス・人権資料センターという、ロンドンに拠点を置きポータルサイトを運営する非営利団体と組んで、同団体のウェブサイト上で専用のセクションを作り、彼自身のレポートや講演内容を紹介するだけではなく、彼に提供された資料や情報のやりとりも掲載したので、提供者たちのインプットが開かれた議論の場になると同時に、ジョンの任務に活気を持たせることにもつながった。(9) 自分も国連の任務に貢献しているのだと、より多くの人が感じるようになると、ほかにも参加したいと思う人たちが増えていった。

ジョンのチームは、様々な利害関係者が彼の任務に関わることを反映する顔ぶれになった。2006年の初め、私が彼と協働することを会社がサポートするように、BPで新たなポジションを作った。英国とスイスの外交官も、それぞれの政府からのサポートを得るために、同様の働きかけを行なった。あるNGOは職員をひとり出向させた。そしてジョンは、弁護士や政策アナリストを雇うために、各国政府から資金援助を募った。

ちょっとした寄せ集めのチームを作ったということに留まらず、ジョンはより大きな仮想コミュニティの先導役になった。NGOは彼のために会議を企画し、企業は彼のアイデアを試験的に実践し、研究者たちはリサーチを実施することによって貢献し、ほかにも興味を持った人たちがコメントを寄せたり、話し合いの場に姿を見せたりした。私は、インドネシアでBPが委託した調査のような人権インパクト評価などのトピックについて、チームが広く一般からコメントを募るためにウェブサイトに掲載したディスカッションの内容を文書化した。[10] そして話し合いの場をセッティングしたり、たとえばコロンビアでコカ・コーラを訪問したような現場視察を企画したりした。また、人権擁護や資金調達について、世界各地の銀行や輸出信用保証機関を交えて話し合う機会を設定した。そして、ジョンに代わって「人権に関するビジネスリーダー・イニシアチブ」に参加した。これは、人権問題においてリーダーシップを発揮したいと願う企業が集う小規模のグループで、「気候変動に関するビジネスリーダー・イニシアチブ」や「グローバルネットワーク・イニシアチブ」(表現の自由とプライバシーを保護するために、人権擁護団体や専門家と協働して任意の行動規範を策定することを目的とする、マイクロソフト、グーグル、ヤフーによる取り組み)と似たような活動集団だ。このように、ジョンに与えられた任務との関連性が薄い業界や問題などというのは、むしろ探すのが大変なくらいだった。

保護・尊重・救済

ジョンのチームは2007年に任務を終了するはずだったが、調査を行なったことに留まらず、その先へ進んで勧告を作成するために、1年間の延長を人権委員会に申請して認められた。任務の3年目（このあいだに、人権委員会は人権理事会へと移行した）が終わりに近づいていた頃、この問題の議論に必要なのは長々と項目をリストアップした勧告を作ることではなく、すべての土台となる行動規範をまとめることであると、ジョンは判断した。人権理事会に提出した2008年の報告書の中で、彼は「概念的な枠組み」と名付けたものを発表し、これには「保護・尊重・救済」というタイトルがついていた。[11] 先の「人権問題と多国籍企業およびその他の企業の責任についての規範」よりも、はるかに簡潔で良い。

「保護」について書かれたセクションは国家を対象にしており、その権限が及ぶ地域において、企業による人権侵害から市民を守る義務を明確に記している。政府は人民を保護する義務を有するという考え方自体は新しくないのだが、開発途上国で事業を展開する企業からは、「現地の政府は自分たちの責任を回避しようとしている」という苦情がよく寄せられる。私自身もインドネシアのBPで体験したが、企業は本来なら現地の政府がやるべきこと——学校や道路、病院などの建設——を最終的に担うようになる。政府が関わろうとしないことについては、人権擁護団体も同様の懸念を抱いていたが、その背景にあった理由は異なる。国家は良いことをし損じているだけではなく、企業が悪いことをするのを防げない、と彼らは考えていたのだ。海外からの投資が喉から手が出るほど欲しい政府は、企業を規制で縛ったり現地の法律で罰したりするようなことは、その意欲または能力の欠如から、したがらなかったのである。そこで枠組みにおける「保護」のセクションでは、国連の加盟国としてすでに与えられている義務を政府が果たすことについて示されている。「尊重」のセクションは、企業に向けて書かれている。失敗に終わった先の「規範」は、人権に関して政府が負っている義務と同じもの――国連の言語で言うと、「推進、実行、尊重、保護」――を、すべて企業にも当てはめようとした。企業サイドのロビイストたちは、これでは漠然としすぎていて不適切であると考え、ジョンもこれには納得した。人権理事会に対する２００６年の報告書の中で、彼は次のように書いている。「世界人権宣言の前文にあるように企業を『社会の組織』と位置づけることは有益であるかもしれないが、企業は特定の機能を果たす特化した組織である。企業は、社会全体の縮図的な存在ではない。したがって、企業はまさにその性質上、人権に関しては国家が担うような全般的な役割ではなく、特化した役割を持っている」(12)

中には慈善活動に従事したり、インフラを整備したり、そのほかの好ましいことを実行する企業もあるが、ジョンは最低限の国際基準を設定したいと考えていて、それを「尊重」という言葉ではっきりと示した。別の言い方をすると、いかなる人権侵害も発生していないことを知り、それを示すために、企業は人権に関する方針を採用してデューデリジェンス〔当然なされるべき努力〕を行なう——すでに多くの分野において、企業はこれを実践している——を採用すべきである。人権に関するデューデリジェンスには、現行の状態を基準にして人権への実際のインパクトと潜在的なインパクトを見極め、これらの評価から得られた事実について社内で横断的にとりまとめ、その対応を追跡・報告することが含まれる。

一部の企業の中には、「尊重」のセクションに書かれている内容では不十分であるという意見もあった。たとえば「人権に関するビジネスリーダー・イニシアチブ」の会員企業のように、きちんとしたサプライチェーンの運営と現地のコミュニティとの関係構築に大きな投資を行なってきたいくつかの多国籍企業は、ほかの企業にも自分たちと同じことを実践してほしいと考えていた。人権擁護団体の中には、より強制力を伴う要件を企業に課してほしいと主張するところもあった。しかしジョンは、すべての企業が採用できる普遍的な基準を設けることが彼の目標であると言った。

ジョンの枠組みの3本目の柱は「救済」で、これは企業活動によって人権を侵害された被害者たちが公正な手続きを必ずとれるようにすることについて書かれたものだ。どの企業も、問題が深刻化したり暴力に発展したりする前に利害関係者が人権問題を公表できるようにするために、カスタマーサービスや従業員ホットラインに類似した、なんらかの仕組みを整備すべきである。このような仕組みがあれば経費を節約できるし、損害が発生するのを防ぐことができる。ただし、だからといって、この仕組み自体が司法や政府、および政府に準じた機関などに人々が訴える道を妨害するようなことがあってはならない。

「救済」の柱について説明する際、ジョンは米国の産金大手ニューモント社が運営するペルーのヤナコチャ鉱山を2006年に訪れた時のことを、よく引き合いに出していた。周辺のコミュニティに暮らす人々は、移住に対する補償が不十分であることや就業の機会が少ないこと、そして環境破壊といった数々の問題をめぐって怒りを募らせていたため、鉱山へアクセスする道路を日常的に封鎖していた。そして2004年、鉱山の拡張計画が提案されたことに抗議するために何千人もの住民が押しかけ、警察と衝突した。鉱山の拡張計画は延期された。ジョンは、地域コミュニティの指導者的存在のひとりに、なぜニューモントに対して平和的にアプローチしないで、あそこまで過激な手段に訴えたのかと尋ねた。すると、その人はこう答えたという。「小さな問題を投げかけても、彼らは相手にしてくれない。だから、大きな問題を作り出す必要があったのです[13]」。住民が抱えていた小さな問題に対応するための、苦情を吸い上げるメカニズムがあったなら、抗議デモを阻止することができたかもしれない。その結果、ニューモントは多くの時間とお金を使わずに済み、トラブルを抱えることもなく、ひいては同社にとって長期間にわたって隣人であり続ける人々に対して、危害を与えずに済んだかもしれないのだ。

人権理事会は、「保護・尊重・救済」の枠組みを歓迎した。人権理事会はジョンが作成した枠組みの内容だけではなく、その手法についても賛同し、次のように述べている。「すべての領域において、問題意識を持った適切な当事者たちと協議を行ない、それは包括的で透明で、様々な要素が織り込まれている[14]」。人権理事会は、この枠組みを「運用」できるようにするために、国と企業およびその他の利害関係者に対して「実用的」で「具体的」な行動指針を作成するように、ジョンの任務をさらに3年延長した。

あと3年間世界を股にかけて休むことなく無給で働き続けるように言われて、「良い行ないは報われない」と、ジョンは冗談めかしにぼやいていた。しかし、その数年前には想像すらできなかったことを、彼はすでに成し遂げていた。いくつかの根本的な概念について、かつては反対のスタンスをとっていた様々な立場の人たちのあいだで、合意を取りつけることができたのだ。

あれだけ多くの論争が存在する中で、ジョンは一体どのようにして合意点を見出したのだろうか？　協議とパートナーシップの活用は、当初からジョンが任務を遂行するうえでの原則だった。なぜなら、調査を実施したりミーティングを開催したりするのに、彼には限られた資金と人材しか与えられていなかったからだ。

また、ジョンがこれほど広い範囲にまで活動を広げたことには、戦略的かつ政治的な動機もあった。人権理事会がいかに熱意を持ってジョンの勧告を承認したとしても、それは単にひとつの国連機関に向けた勧告にすぎず、彼が提起している問題における主たる関係者たちに対して、この機関は監督したり関与したりする力をほとんど持っていない。彼はのちに自身の任務について書いた著書『正しいビジネス』で次のように記している。「ルールが適用される側の人々によってルールが作られるというプロセスは正当であると見なされており、国際法や規制政策を学んでいる者は、その正当性によって『法令順守の影響力』が発揮され、ルールを適用される側の人々がそのルールを守る確率を高めることになると、長年主張してきた」[15]。企業および社会でこの問題に関係する人々の意見をより多く反映していくにつれて、ジョンの勧告には基準を確立しようとする力がより多く加えられることになった。

ジョンが願っていたとおり、非常に多様な組織が「保護・尊重・救済」を目に見えないかたちで、あるいははっきりと見えるかたちで、業務の中に採り入れるようになった[16]。オーストラリアでは2008年、この枠組みの採用を政府に要求する動議が上院で可決された。英国では2009年、海外での職務に従事する職員をサポートするために、外務省は「ビジネスと人権に関するツールキット」を策定し、いかに企業活動が人権に影響を及ぼすかについて説明した。企業にミャンマーからの撤退を迫る、ある抗議運動は、「人権を尊重するという企業の責任は、国際的な規範になりつつある」と訴えた。南アフリカのシンクタンクが同国の議会に提出した文書は、ジョンが発表した2008年の報告書について、「非国家的存在による侵害から個人の権利を守ることが国の義務であることを強調している。（中略）我々が提案した法改正案の採用を真剣に検討するよう議員たちに促しているのは、まさにこの義務が存在するからだ。企業法の改正は、国が保護という義務を果たすことができるひとつの分野である」と書いている。コロンビアでは2010年、全国事業者協会が会員企業と共にこの枠組みを浸透させることにコミットするという決議案を承認した。

それでもなお、やるべきことはたくさんあった。要するに、人権理事会に提案した時にジョンが用いた説明によると、「保護・尊重・救済」の枠組みとは「考えることと行動が積み重なるようにして組み込まれているような土台」なのだ。[17] ここには企業や政府、あるいは市民団体がなにをすべきかについての具体的な指示は含まれていない。枠組みという考え方を理解するのは難しいと感じた人もいたようだ。ある機関誌に私がジョンの任務について文章を書いて送ったのだが、同誌の編集長から「枠組みは世界人権宣言に代わるものなのか？」という問い合わせがあった（答えは「いいえ」だ）。私の夫も半分冗談で、こう言った。「その三つの言葉を思いつくまでに、君たちは３年もかかったのかい？」（答えは「はい」だ）。

そうはいっても、今のところジョンは土台についての合意と当事者意識を、それが示唆する内容にのっとって行動しなければならない組織のあいだで醸成することに成功しているし、それはとても大きな成果である。

当事者意識を持ってもらう

企業内理想主義者《コーポレート・アイディアリスト》の中には、自分の仕事がうまくいくかどうかは、ほかの人に旗振り役をやってもらえるかどうかにかかっていると考える人もいる。マクドナルド社で仕入先のＣＳＲに関するプログラムを運営するロナ・スターは、この分野とは無関係のある経営幹部が、彼女が言い出す前にこのプログラムについて言及し、非常に嬉しかったという経験について話してくれた。「それまでは私が手を挙げるたびに、『ほらきた、また仕入先のＣＳＲの話だぞ』という反応が起きていたのです。でも、私だけじゃなくて、ほかの人も口にするようになると、本当に助かるんです」。数々の業界で持続可能性について専門に扱う仕事をしてきたシャーロット・グレゾからは、次のような話を聞いた。彼女いわく「すべて自分が考えたことだと幹部社員が感じるようになったら、いい兆候」で、それが自身の業績を示すうえで鍵となる指標なのだそうだ。

キャンベル・スープ社で広報とCSRを担当するバイスプレジデントのデーブ・スタンギスは、「物事を動かす役は私ではなく、ほかの人でなければダメです」と話していた。2008年に初めて彼が同社に加わった時、当時のCEOだったダグ・コナントは、2005年にウォルマート社のリー・スコットが発表した持続可能性に向けた目標[18]の大胆さと簡潔さを見倣うことに熱心で、しかもそれを素早く実践したがっていた。「『今すぐやれる。これからサプライチェーン・ネットワーク担当の上級副社長に会いに行って、これを10分でやろう』と彼は言ったのです。そこで私は言いました。『あなたと私とだったら5分でできますが、私はこの件を、ほかの人たちと協働するかたちでやりたいのです。職務的な権限を持っていて事業の中心にいるリーダーたちを集めて目標を設定し、その枠組みでの合意を得るようにしますから、私に仕切らせてください。そうすれば、彼らもそれに向かって時間と労力をコミットするし、そこで出来上がった戦略は影響力を持ち続けるでしょう』と」。ダグ・コナントはデーブの進め方に賛成し、その結果として持続可能性に関する目標（エネルギーと水の使用量およびゴミを削減するなど）は、社内でそれに対する当事者意識が浸透することになり、その目標は社内全体でマネージャーとシニア・エグゼクティブのインセンティブ報酬と結び付いている。

当事者意識を醸成するというのは、どのセクターにおいても重要なスキルである。ヒューマン・ライツ・ウォッチで企業と人権プログラムのディレクターを務めるアーヴィンド・ガニサンは、次のように話していた。「アドボカシー〔なにかを唱道すること〕をひとことで表現するとしたら、ベストな言い方は『優れたアドボカシーとは、あなたが相手にやってほしいと思っていることを、彼ら自身がそれをやることが自分のためになると思うように仕向けること』だと思います。それを効果的にやる唯一の方法は、ほかの人たちがどのような立場を代表しているかを、あなたが理解できるかどうかにかかっている」

ベストセラー作家で起業家精神の指導者的存在であるセス・ゴーディンは、次のように書いている。「もしそれがあなたにとって自分の使命であり、その信念を広めるためにやっているのであり、何かが起こるのを見届けることが大事なのであれば、あなたは手柄のことなど頭にないだけではなく、むしろほかの人に手柄を立ててほしいと思っている[19]」

官僚主義と混乱

国連での仕事においても、企業内理想主義者たちによって語られる逸話や経験を彷彿させるような勇気づけられる流れがあり、ジョン・ラギーの任務は人権理事会によって延長され、多様な人々と組織で構成された世界的なコミュニティが積極的に関わっていることを考えると、物事は目に見えて順調に進んでいた。ところが、ＢＰを離れて自由になったことの新鮮さは徐々に薄れ、国連の世界は自分には向いていないと悟った。ジョンのもとで仕事を始めた時、オリエンテーションは一切行なわれず、国連特有の言い回しの言外の意味、儀礼的習慣、そして政治のことが、私はまったく理解できなかった。また、私たちは仮想的なオフィスで仕事をしており、ジョンはボストン、私はニューヨーク、チームのほかのメンバーはジュネーブ、メルボルン、ボローニャと、それぞれが別の場所にいたため、チームとして正式にコミュニケーションを持つことが難しかったし、ざっくばらんなやりとりを行なうことはもっと大変だった。「全員に返信」というかたちで日々大量に飛び交うＥメールによって、ある特定の決定事項や手順に対して私が投げかけた「急を要しない質問」は吹き飛ばされてしまった。

当然のことながら、ＢＰにも独特の社内用語や政治はあったが、私は同社でそれなりに長い期間務めていたので、大抵の場合はなにが起こっているかを理解できているという実感があった。なんだかんだ言っても、ＢＰではすべての人がエネルギーを作り、それを市場に届けるために働いているのだ。言うまでもなく、いかに仕事を進めるかについては複雑さを伴い、議論も展開されるわけだが——たとえば、ＢＰの使命を追求するために、地域コミュニティに与える混乱やダメージを軽減することに注力していた社員たちもいた——、それでもほとんどの場合、全員が共通の目標に向かっていると私は感じることができた。

それとは対照的に、ジョンが彼の任務においてなにをすべきかについて、一人ひとりが異なる考えを持っているように見えた。議論の的になっている企業の操業現場の近くにあるコミュニティの住民は、彼らの状況を個別に調べてほしいと思っていたし、人権擁護団体は新しい国際法の草案を作成すべきだと考えていたし、企業側には自分たちが「しなくていいこと」を明確にしてほしいという思いがあった。各国政府は、ジョンは自分たちと情報を共有したり協議したりすべきではあるが、どのような規制を定めるべきかについて指図をすべきではないと考えていた。自分に与えられた任務について、ジョンは自分なりの考えを伝えるために、講演やメディアへの寄稿などを通じて発信し、絶えずEメールでのやりとりや直接の対話の中で説明するなど様々な試みを行なっていたが、それによって相手の考えが変わることはなかったようである。

私自身がこの任務の目的に対して感じていた混乱は、国連の官僚主義によってさらに深まり、それはイライラさせられるというレベルから、ばかげているというレベルへ移行してしまった。ある年には、ジョンの出張をめぐって計画を進めるのに難航した。彼は人権理事会でプレゼンテーションを行なうことになっていたのだが、人権理事会の会議を企画・運営する国連人権高等弁務官事務所の中で、民間の専門家である発表予定者たちを苗字のアルファベット順で発表させるか、あるいはトピックの順番で発表させるかについて、議論になっていたのだ。幸いにも、「ラギー（R）」と「超国家企業（T：transnational corporations）」はアルファベットの並びが近いため、ジョンをどの週にジュネーブへ行かせればいいかを割り出すことができたが、それにしてもあまりにも多くの時間が、この1点の議論に使われたことに私は驚愕した。最終的な解決策は、それぞれの任務を世界人権宣言の30条のうちどれかひとつと結びつけるというもので、私が目にしたEメールによると、「レポートの考察の順番は世界人権宣言の条項の順番と合わせる。ひとつの条項の中での順番は、アルファベット順に決まる」となっていた。しかし予定表を見ても、ジョンの任務は何条と関連づけられているのかは依然として不明で、結局私には最後までわからなかった。

ある部分においては、官僚主義をむしろ有難く思えるようになったし、その目指すところも理解できるようになった。国連のセッションに初めて参加した時、「双方向の対話」と題したものがいかにそうではないかを見てびっくりした。参加者が用意してきた文書を読んでいるあいだ、会場の正面にある巨大スクリーンには、その人が話す時間はあとどれくらい残っているか刻々と表示されているのだ。各パネリストに与えられる発表時間は10分で、どこかの国を視察していれば、1国につき2分間が発表時間として追加される。視察を受けた国には、2分以内で回答する権利が与えられる。また、最初の国に関する文書の中で言及された国々にも2分以内で回答する権利が与えられる。そして、会場からの質問やコメントを2分間で受け付ける。パネリストは質問への回答に10分間与えられるが、この制限時間内に出された質問のすべてに対応できるとは限らない。まったく対応できない場合もあった。時計が残り時間がゼロになったことを示すと、議長は小槌を打って知らせるが、それで発表者が話を止めることもあったが、そうならないこともあった。

会場の音響機器はとても悪くて、進行していることを聞き取るためには座席に備え付けられているイヤホンをつけなければならないが、それを使うと国連の公用語である6つの言語の同時通訳の中から音声を選ぶことができた（自分の前に何人の人がそのイヤホンを使ったかは、なるべく考えないようにした）。発表されるトピックに関心を持っている人であれば誰もがイヤホンをつけていたので、それ以外の聴衆はお喋りをしたり、来場者に提供されるW i F i ネットワークを使ってメールをしたり、ネットサーフィンをしたり、ランチを食べたりしていた。質疑応答のあいだ、どの人も質問の冒頭だけはちゃんと聞いて、その質問は自分がもっとも興味を持っている発表者に対して向けられたものかどうかを確認し、そうでない場合はまた横の人との会話を続ける。明らかに、その人たちが本来目的としていた仕事は会場の後方や会場内のカフェで行なわれていた。

最初のうちは、こんなことは時間の無駄でしかないと思った。しかし、たとえその時に誰も反応を示さなかったとしても、ほとんどの小規模な国や組織にとっては、これがグローバルな舞台で発言する唯一の機会なのだ。平等を推し進めるためには広範な領域を網羅するルールが必要だ。スリナムやモルジブのような小さな国々が強大な米国と同じ2分という時間を与えられるなどということは、はたしてほかの場でもありうるだろうか？

このような点に関しては、私も理解できた。用意されたスピーチの内容は、かなり前から交渉や意見交換を経て完成され、スピーチは記録として残り、読み上げられた内容はやはりあとで徹底的に議論される。しかし、ジョンがチームのメンバーに送ってきた、「ジ・オニオン」（米国の風刺報道機関）の皮肉たっぷりな2009年の映像は、権力を渇望しているウガンダ大使が強引に国連を乗っ取ろうとしたことをパロディにして伝えている。[20] これはあまりにもばかげているので笑えないが、事情をよく知っているがゆえに悲しい気持ちになった。おぞましい光景を説明する「ジ・オニオン」の現地レポーターは、「この新しい独裁的な指導者は、国連の年間目標を決めることから安全保障理事会で検討される審議事項を提案することに至るまで、やりたい放題の力を持っています。マンタンビ〔ウガンダ大使〕のような常軌を逸した人物はこれからなにをするか、予断を許しません！」と伝えた。

人間関係が大切

国連の官僚主義にはうんざりしていたが、世界の様々な場所で様々な仕事をしている人々と知り合い、このような多様な個性がひとつにまとまった時に起こることを見ていると、前向きな気持ちでいられた。もっとも実りの多い話は、出席者がそれぞれの組織の立場を述べて、正式な協議が終わったあとの夕方に出てくることが、しばしばあった。

あれは2010年1月のベルリンで、ある寒さの厳しい夜のことだった。協議が終わったあと、出席者どうしで自然と誘い合わせて夕食を共にすることになり、私たちはそのお店を探しに出かけた。このグループの中のふたりは、企業を対象とする人権の国際的な基準をめぐる議論においては、対極の立場にある組織を代表していた。アダム・グリーンは、米国国際ビジネス評議会で労組関係とCSRを担当する部署のトップを務めている。この組織は国際商業会議所の米国支部にあたり、先に策定された「規範」には頑として反対という姿勢だった。クリス・ジョクニックは、オックスファム・アメリカ〔オックスファムは貧困の撲滅を目指す国際協力団体〕で民間企業チームのリーダーを務め、企業の法的責任の強化を熱心に支持している。私たちは道に迷いながら皆で固まって歩き、昔ながらのビアホールの明かりを見つけ、ドイツビールと豚肉をたくさん注文して温まった。最後にはダンスフロアで踊り出し、私たちが食べているあいだに行なわれていた社交ダンス教室の人たちを萎縮させてしまった。アダムは1980年代に流行ったブレークダンスの動きを久しぶりに披露し、クリスは彼に声援を送った。

翌日会議室で再会すると、飲みに出かけた私たちは二日酔いを引きずりながら、互いに目配せをした。誰もがそれぞれの組織のスタンスに戻ったが、私はアダムとクリスに対してさらに敬意を払うようになった。それは、パーティーの盛り上げ役としての彼らのスキルに感心したからではなく（それ自体も賞賛すべきものだが）、ふたりとも善良な心を持った楽しい人たちであり、それぞれの仕事に対して情熱を持って真摯に取り組んでいることがわかったからだ。私たちは、ビジネスにおいて人権がもっと尊重されるようになってほしいという点で、同じ方向を見ていることがわかった。それをどうやって実現するかについての方法論では、意見が合わなかったとしても――。

ほかの企業内理想主義者に聞いても、仕事以外の場で相手をよく知ることは、お決まりの敵意むき出しの議論から相手を尊重する話し合いへと高めていくためにはきわめて重要であると言っていた。「ヤング・ウィメン・イン・エナジー」のアンナ・マレーはグレンコア・エクストラータ社に勤務していた時、利害関係者の参画を担当するマネージャーとして人里離れた採鉱現場へ出張しなければならなかった。「仕事が終わってから男性たちとビールを飲みながらダーツに興じること」は間違いなく自分の仕事に役立ったという。「人間関係はオフィス以外のところで生まれるのです。私にとっては、ネットワークを築くことが仕事の半分を占めています。あとの半分は話し合いをしたり、付加価値のあるアイデアを出したり、『御しやすい人』だと思われないように早い時期から押しの強さをアピールしたりすることです」と彼女は話していた。

人間関係を築く目的について、ある人権擁護者もアンナと同様の点を指摘した。もし、そこで人間関係を構築すべきなのであれば、その目的は様々な考え方のあいだにある凸凹を滑らかにすることではなく、そこに関与している人々と適切に付き合うことであると、その人は言う。ミラ・ローゼンタールは、これまでのキャリアで人権擁護に関わる仕事を多く手掛け、米国アムネスティ・インターナショナルでも、ビジネスに関する部門のリーダーを務めた。そんな彼女が次のように話していた。

人間関係ができていると組織内で物事が円滑に進みますが、外で築いた人間関係もそれと同じような働きをするというのは、揺るぎない真実です。しかし、そこには多少なりとも道徳的に腐敗している部分があるのではないかと、私は懸念します。誰かがあなたの裏庭を汚そうとしたり、あなたの子どもたちの体に害を与えようとしたり、あなたの頭上で屋根を取り払おうとしたりしている時は、その相手に対してつっけんどんな態度をとったほうがいいかもしれません。工場の屋根が落ちてきて誰かが死にかけていたら、丁寧に接している場合ではありません。権力に対して、はっきりと物を言うのです。

人権問題のNGOという立場にある人には、もちろんある種の恐怖感がつきまといます。あなたが相手に取り込まれてしまい、その相手はあなたとの関わりを引き合いに出し、自分たちがやっていることを隠すためにそれを利用するかもしれないという恐怖感です。彼らは「ああ、アムネスティのミラさんなら、私の友だちです。ジュネーブで一緒にビールを飲みましたし、彼女はこの問題についての我々のスタンスをよく理解してくれていますから。もちろんアムネスティとしては、公にそうとは言えませんけどね」と言うかもしれない。

これはビジネスに限ったことではなく、政府に対しても同じことが言えます。人々が拷問され、逮捕され、苦しんでいるような国で、あなたはそれを引き起こしている張本人たちと仲良くしたいとは思わないでしょう。

ビジネスの空気が恋しくなる

国連の仕事も、そこに携わる人々も、私はどちらも素晴らしいと思ったが、企業で仕事をする感覚を懐かしく思うようになっていた。国連で行なわれる会議の時、企業の代表者たちから現場での最新情報を聞きたくて、ついなんとなく休憩時間になると彼らの近くへ行ってしまったり、彼らが上司や社内弁護士と闘っている話を聞くと、深く頷いてしまったりする自分がいた。

そして2010年4月20日、メキシコ湾にあった掘削施設「ディープウォーター・ホライズン」で爆発事故が発生し、11名の作業員が死亡したほか、環境的にも経済的にも、その影響はメキシコ湾一帯だけに留まらないほど大きな被害をもたらした。メディアの報道と米国議会の公聴会によって、BPのイメージは「成長と利益を追求するあまり、過大なリスクをとり、経費を切り詰めすぎた」というものとして人々のあいだに植え付けられた[21]。さらにオバマ大統領は、夕刻に大統領執務室から国民に向けて行なうテレビ演説で、同社を「無謀である」と非難した[22]。

私は、ビジネスについて自分がわかっていると思っていたことのすべてを疑い、それまでの10年間で積み重ねたすべてのことに対して疑問を抱き始めた。人権と環境の問題に関して正しいことをしていると信じていた会社があれほどの過ちをおかしたのであれば、自分はこれからも国連の仕事に――もっと言うならば、きちんと責任を果たすビジネスという、より大きな目標に向かって――貢献できるのだろうか？　BP勤務が経歴の大半を占める私がCSRの専門家を名乗ったら、冗談になってしまうのではないかという気がした。だが、あとになって気づいたのだが、物事が悪い方向へ進んでしまった会社に勤務した経験を持っているほうが、すべてがうまくいっている環境に身を置くよりもずっと価値がある。しかし当時の私は、こんな疑問を持ってしまった。「私は、なにかを学んだのだろうか？」

批判をかわす

2011年1月11日、ジョン・ラギーはロンドンの英国王立芸術協会で講演を行なった。[23] 任期の終了が5カ月後に迫り、パブリックコメントを求めて「指導原則」の草案を発表したばかりの時で、ジョンはこの仕事を託されるまでの経緯や任務として行なってきたことのプロセス、そして次の段階に寄せる思いについて、詳しく語った。

この講演はフィナンシャル・タイムズ紙で好意的に報じられた。[24] 記事に時事的な話題性があるわけでもなく、著名なブランドを取りあげているわけでもないことを考えると、これは決して小さくはない成果だと言える。ジョンは、公式な発言の中では国や企業を特定しないように注意を払っていた。誰が人権理事会のどこかの国の代表とつながっているかわからず、その人が彼の任務の政治的な成功を脅かすかもしれないからだ。でも、こうして物事の特定を避けることは、国連の視点に立つと分別のある行動なのだが、大手メディアから注目してもらおうとすると足かせになった。たとえば、2008年の北京オリンピックが近づいていた時期、中国における過去の人権問題についてなにかしら否定的なことを言わせようとする記者や、オリンピックのスポンサー企業は中国政府に対していかに影響力を行使すべきかを言わせたがる記者からの電話を、ジョンはうまくさばいていた。どちらの要求にも応じなかったおかげで、中国はジョンの仕事に対して支持を表明し、これらのスポンサー企業は引き続き関与してくれた。

フィナンシャル・タイムズに講演についての記事が出てから5日後、その記事を書いた記者は、もっと興味を引くようなアングルを見つけていた。「多国籍企業に対する国連の計画を人権擁護団体が酷評」という見出しの記事が掲載された。(25) アムネスティ・インターナショナルやヒューマン・ライツ・ウォッチのほか、さらに5つの人権団体が「厳しい言葉を使った声明(26)」を出し、ジョンの提案を「人権に関する企業の責任と義務を強化しようとする努力の足を引っ張るリスクがある」と評したと伝えた。これらの団体は特に、政府に対しては企業活動を規制する方法をより明確に示し、企業に対してはやるべきこととやってはいけないことを明確に示すように求めていたのだ。

人権擁護団体の使命は世界でもっとも傷つきやすい人々を守ることであり、彼らがより厳しい基準を望むのは当然だ。だが、こうした団体が自分たちの勝利を宣言することは滅多にない。しかしジョンは、「指導原則案」に対する人権擁護団体の批判を「奇妙」と評したフィナンシャル・タイムズの編集部に宛ててすぐに投稿し、「人権理事会が承認している、大変な苦労のすえにできあがったイニシアチブに対して本気で反対するつもりなら、彼らには答えなければならないことがたくさんある。そうでなければ結局は、被害者たちの手になにも届けてあげられないという状況をまた生んでしまう」と書いた。

これに対して、ヒューマン・ライツ・ウォッチのアーヴィンド・ガニサンはフィナンシャル・タイムズに次のような意見を寄せた。「自分の見解を支持しない団体は、活動が規制されていない企業や政府よりも地域コミュニティにとっては大きな害をもたらすと、ラギー教授は主張しているようだが、それは残念なことである。こうした企業や政府は、実際に地域住民を虐待してしまうかもしれないのに」

ジョンは再び文書で応じた。「アムネスティ・インターナショナルをはじめとする団体が国連人権理事会に宛てて、彼らの隙だらけの忠告を正当化する手紙を書くのに躍起になっている一方で、英国のアムネスティは下院議会にビジネス・イノベーション・スキルに関する委員会のメンバーを選び、まさにその提案――アムネスティ・インターナショナルの事務局があまりにも不適切だと考えているもの――を採択するよう、懸命に促している。こうなると、『アムネスティどうしで話し合ってくださいよ』と言いたくなる」

こうしたやりとりは、それより何年も前に起こった「規範」をめぐる議論の時に繰り広げられた敵対的対立と似ているように思えた。だが当時の私には、駆け引きをするためにジョンがこうした行動をとっているということが、うまくのみ込めなかった。彼は、人権理事会の国代表の誰かがこうした懸念を真に受けてしまう前に、NGOの主張とは対照をなす点を人権理事会に提示して、強気な態度を見せる必要があったのだ。

「私はこういうことを、ふとした思いつきでやったりはしない」と、あとになってジョンは私に話してくれた。「大抵は、理由があってやっている。あれも、ただうっぷんを晴らすためにやったわけじゃないよ」。そう言うと、彼は少し間を置いた。「基本的にはね」。そう言いながら笑顔になった。フィナンシャル・タイムズに投稿した文章は「やりすぎ」だったかもしれないことを認めつつ、クリントン元大統領の参謀が掲げていた「ニュースになるタイミングを決して逃すな」という哲学に従うという点については譲らなかった。

また、NGOに面と向かってものを言ったことは、ジョンに対するビジネス界の支持を強めた。それは、ビジネス界からの重大な批判をジョンがうまくかわしてきたということではない。少なくとも、しばらくのあいだはそうではなかった。その時点から3年遡った2008年のある朝、ジョンは起きてメールをチェックすると、著名な米国の弁護士で企業ガバナンスの専門家であるマーティン・リプトンから届いたメールを見つけた。(27) それは、「『保護・尊重・救済』の枠組みは、経営陣の徹底的な注意を必要とする広い範囲に及ぶ多数の義務を企業に押し付けることになりかねない」という警告を伝えていた。リプトンはさらに、「事業を展開している国々で元来不足しているもの——政治、行政、経済、社会をはじめとする分野で——を企業が補わなければならないような義務を、この枠組みは押し付けることになる」と指摘した。

枠組みについて人権理事会が数週間後に投票を行なうという時に、リプトンのような世間に対して影響力のある人物から反対の声が上がったことは、ジョンを不安にさせた。「急に、ものすごく心配になった」。ジョンは当時をそう振り返った。「私の名前で返信するのは適切ではないと思った。だって、私になんらかの影響力があるかい？　企業法務の世界においては、私の信用度はゼロなんだ」。

ジョンは、企業ガバナンスと法律の専門家としてリプトンと同じくらい高く評価されている、アイラ・ミルスタインに助けを求めた。ミルスタインは、次のように反論した。「外国企業にも人権に関して米国の基準と足並みを揃えてもらうようにして、国際的なビジネスの舞台の水準を引き上げる。国連事務総長特別代表の提案はそのための手段であるから、米国の企業は警戒するのではなく、むしろこれを歓迎すべきである」

ジョンとしては、リプトンから受けた批判に対して反論するだけでは不十分で、彼を説得して味方につけたいと考えていた。ジョンは、企業法務に関する専門家を集めた会議にリプトンを招待し、リプトンも熱意を持ってこれに参加した。そして、企業法務と人権についての私たちのリサーチが進むと、ジョンはリプトンに相談した。言うまでもなく、2011年にジョンが勧告の最終案を発表した時には、リプトンは次のように書いた。「最終案は配慮が行き届いた指針であり、各方面から賞賛されるだろう。『指導原則』は、深い洞察を通じて高い志と実用性を融合させた。（中略）最終案で示されたきわめて合理的な指針は、企業によって支持され、現場で採用されるだろう」

任務を引き受けてから最初の数年間、ジョンは企業をうまく巻き込むための努力を懸命に重ねた。自分は企業のリスクを軽減することに関心を持っていて、企業の役割として期待されている内容にもっと一貫性を持たせたいと考えていることを伝えていたため、企業側はほとんど口を出さなかった。米国国際ビジネス評議会のアダム・グリーンは、映画「ザ・エージェント」（トム・クルーズが演じる理想主義者のスポーツ・エージェントが主人公の作品）を引き合いに出して、同団体のジョンに対する思いを映画の名セリフと重ねた。「初対面の時から、彼には好感を持っていました」。企業に対するジョンの勧告の核となる部分は、人権デューデリジェンスの実行であり、これは企業にとっても完璧に納得のいく文言だった。ジョンの勧告に文字どおりに従って実行するとなると、企業は実際には大変な労力を払わなければならないのだが、原則自体には誰も意義を唱えることはできなかった。

企業が反発するのではないかというジョンの懸念が払拭されると、ビジネス界との窓口としての私の役割も、その重要性が薄れていった。ジョンに依頼され、私はこの任務に関わってきた各企業に連絡を取り、「指導原則」に対する支持を正式に表明してビジネス界のサポートを示し、人権理事会の最終会議につなげてもらえないかと打診した。その結果、コロンビアのGEセレホン鉱山、ロシアのサハリン・エナジー社をはじめとする企業から文書をもらい、私たちはそれをウェブサイトに掲載した[28]。

私は、新しいことに挑戦したくなっていた。だが、次はなにをすればいいのだろう? 国連の仕事を大事だと思う気持ちに変わりはなかったが、人権理事会はジョンの勧告を「歓迎する」と言ったほうがいいのか「承認する」と言ったほうがいいのかという議論がチームで始まるたびに、私は関心を失っていった。当時の私は、人権理事会はみずから直接交渉していない案件については、「承認」という言葉を文書では決して使わないということは理解できたが、その事実に含まれる重要性については理解が及ばなかった。そのことについて、ジョンはのちにこう説明してくれた。

最後の1年は、人権理事会からどのような文言を引き出せるか、ということばかり考えていた。国連の組織からは「承認」以上の文言を引き出すことはできない。しっかりとした土台ができるように、私は可能な限り強い文言が使われることを望んでいた。

私は二通りの展開を想定した。一つ目は、私たちがやっていることにしぶしぶ関わっていた人たちが面倒になって、「わかった、今はこれでやるしかない。これ以上は人権理事会から引き出せないから、ここでやめておこう。当面は闘うことはやめて、これでいこう」と言い出すという展開。

二つ目の展開を予想したのは2008年に遡るが、人権理事会からどのような文言が出てきたとしても不十分なので、自分たちでほかの団体に働きかけて理解を得るしかないだろうと私は悟った。でも、「承認」という文言が使われたので、この仕事がとてもラクになった。

公的ないしは私的に行なわれた対話、リサーチ、言語――。国連の研究報告が現実の社会にインパクトを与えるようにするためには、これらの要素はすべてが独立して成り立っていなければならないと同時に、すべてが調和していなければならない。

2011年の最初の半年間、私たちのチームの中で国連での経験とコネクションがあるメンバーは、ジョンの代理として急ピッチで各国の代表にコンタクトをとった。彼らのそうした活動と、私がインターネット上で行なった「指導原則」についての意見収集（世界中から3500件以上のコメントが寄せられた）を通じて、私たちは肯定的な感想を受け取っていた。「指導原則」は承認されるだろうと、私たちは慎重な姿勢を崩さずに楽観的に考えていた。

それでもなお、メキシコ湾岸原油流出事故という惨事が起きたことで、「指導原則」のような文書の威力を信じていた私の気持ちに揺らぎが生じた。私はBPで人権に関する指針を示す文書の策定に多くの労力を注いだが、この文書は行動規範や数多くの安全対策と共に、行動の基準を示す役割を担ういくつものツールの中のひとつだった。エンロン（巨額の粉飾決算が発覚し、2001年に経営破綻したエネルギー大手）には倫理規定があり、そこでは倫理と誠意について正しい言葉が使われていた。(29)だが、どちらの企業にもこうした対策が備わっていながら、問題は回避されなかった。このような文書――方針、規定、原則、宣言――は、はたしてなんらかの効果を発揮したのだろうか？

当時の私には、わからなかった。私はその頃、国連でのキャリアを将来も続けることはないと確信していた。かといって、仕事を通じて知り合った人権擁護者たちのように自分がなっている姿も想像できなかった。フィナンシャル・タイムズに投稿した書面上でジョンが用いた戦術を良いものだと思えなかったのと同様に、非実用的に感じられたNGOの行動も戦略的なものであったということを、当時の私は完全に理解していなかった。

のちに、ヒューマン・ライツ・ウォッチのアーヴィンド・ガニサンから次のように言われた。「NGOは、国連や企業や各国の政府がこれでよしとした範囲に留まらず、もっとその先を目指すので、彼らの存在は欠かせません。そうやって彼らが限界に挑んでくれるからこそ、物事をスタートさせる環境や活動領域が作られるのです」。だが私は、こうした戦術に共感できなかった。私には以前からずっと、双方がすぐに納得できる点を探そうとする傾向があったのだ。

このように利害関係者の役割が異なることの意義については理解できたが、はたしてこれらの役割のいずれかが私に合っているのかどうか、自分ではわからなくて困惑した。ジョンの任務があっという間に終わりに近づいてきて、ほかにもじっくりと考えるべきことがたくさんあった。夫と私は子どもを持ちたくて、ニューヨークに自宅として購入する物件を探していた。どの方向に向かって自分のキャリアの舵取りをすればいいのかがわからなかったので、私はしばらくのあいだ、のんびり考えることにした。

はじまりの終わり

私自身の気持ちはどんどん離れていったが、チームは2011年6月、国連人権理事会のセッションが行なわれるジュネーブに集まった。人権理事会はこの場で「指導原則」について投票を行なうのだ。チームのほかのメンバーと同じくらい、私も緊張していた。

チーム内でソーシャルメディアの専門家を自称する私はツイッターに全エネルギーを注ぎ、「指導原則」について語る各国の代表たちのコメントを即座に伝え、国連のウェブサイトでライブ配信を観ている世界中の人たちから寄せられた応援ツイートに応えた。

予想したとおり、決議の提唱者として「指導原則」を支持する5カ国を代表して、ノルウェーとアルゼンチンの代表が先に発言した[30]（ほかの3カ国はインド、ナイジェリア、ロシアなので、この決議には国連の各地区から提唱者がいることになる）。続いて、米国が発言した。国務省民主主義・人権・労働局次官補代理のダニエル・ベアは、米国のスタンスについて次のように語った。「この困難な問題において重要な進歩を生み出してくれた特別代表に対して、感謝とお祝いの言葉を贈りたい。そして、この問題の解決をもっとも必要とする国や地域において――人々とビジネスが共存する場所で――、『指導原則』のビジョンが実現されるように米国は協力し、積極的に関わることを表明する」[31]

エクアドルは、「この決議は、法的な枠組みを固めるにあたって重要ないくつかの問題を、脇へどけてしまった」と懸念を示した一方で、「だがそれは、5カ国の提唱者たちの熟慮から導かれた合意を阻害するものではない」とも語った。ハンガリー、英国、日本がいずれも決議に対する支持を表明すると、続いて国連人権高等弁務官事務所が形式的に、決議によって提案された作業部会の設立に関する経費の概要を発表した。この提案は、「『指導原則』の効果的かつ包括的な普及と実施の促進」と、様々な利害関係者が参加する年次総会を開催することを目的として、5人で構成される作業部会を立ち上げるというものだ。

こうして、ひとり残らず発言を終えた。議長が小槌を打って、決議は投票なしで可決されたことを告げた。これはまさに、ジョンが望んでいた結果だ。投票が行なわれれば、態度を保留しているどこかの国に反対票を投じさせてしまいかねないので、それを回避したことによって、この決議は本質的に満場一致で承認されたことになる。

背後の列に座っていたジョンの顔を見ようと、私は振り返った。40年以上連れ添っている夫人もこのグランド・フィナーレを見届けに来ていて、彼女はジョンの腕をしっかりとつかんでいた。ジョンは顔を真っ赤にして、目には涙があふれていた。各国の代表者たち、そして会場で見守っていた人たちが近づいてきて、彼を祝福した。私は、最後にもう一度ツイートし（「可決！！！ 人権理事会がラギーの指導原則を承認！」）、喜びのハイタッチとハグに加わった。人権理事会は次の議題へと移ったが、私たちがいた場所は大変な興奮に包まれていたので、議長は小槌を打って規律を求めた。私たちは建物の外へ出て、午後の日差しを浴びながら近くのカフェまで歩き、そこで祝杯を上げた。

次の日、私たちは全員でボローニャへ移動して週末を過ごし、現地の同僚が企画してくれたコースを巡って食事を楽しんだ。まさに素晴らしい終わり方だったが、私の気持ちはすでに将来のほうを向いていたので、この任務が重要な局面を迎えていたという実感を、もう何カ月も味わっていなかった。きわめて大きな功績として残る偉業をジョンが達成したことは心から嬉しかったし、人権理事会の承認を得るために懸命に努力していたチームのメンバーたちのことを思うと、やはり同じように嬉しかった。

目の前にはワインと生ハムがたくさん並んでいたが、このチームが作り上げたものと、その中で担った自分の役割について思いを巡らすと、私は両方に対して複雑な心境になった。「指導原則」

は誰に対しても法律による縛りを設けていないと指摘する声があったが、その批判はもっともであると思う気持ちが私の中にもあった。承認した国の政府ですら指導原則に従わなくていいのだから、まして企業となれば、さらにその必要はない。もしかしたら将来、それぞれの国家が批准し、採用し、その国に合うかたちで実施できるようにするために、人権理事会は「指導原則」を協定に変更しようとするかもしれない。だが、そのような試みが仮に始まったとしても、それは何十年という時間のかかるプロセスになるだろう。

法律がなくても変えられる

それでもなお、私は自分の経験から、規範として定められた基準の持つ力を信じており、「指導原則」に法的な縛りがないことを批判する人たち――国際的な法律の必要性を主張する人と、そんなものは存在しないと考えている保守的な弁護士――よりもその気持ちを強く持っていた。企業も個人と同じで、単に「これは合法か、そうではないか」という判断に基づいて行動するわけではない。法律は私たちの日々の行動を方向づけるもののひとつだが、目標、そのために使うリソース、関心、仲間がやっていること、依拠している原則なども、私たちの日々の行動を方向づけており、それは仕事であれ、宗教であれ、哲学であれ、なんであれ、同じである。

インドネシアや中国におけるＢＰの行動は、現地および英国の法律で方向づけられていたという部分もあるが、それと同時に同業他社や協働相手の動向、私たちが依拠することに決めた「安全と人権に関する自主原則」、同社の操業と周辺のコミュニティにとって最善の利益であると思われたこと、同社幹部の個人的な経験や信条などによっても方向づけられていたのだ。

ジョン・ラギーも似たような思考の持ち主で、様々な手段が複合的に存在することの価値を認めていた。人権擁護者の中には、ジョンに協定を策定するように促す人たちもいた。だが、ビジネスと人権が交わるところで発生する複雑な課題を単独で解決できるような文書やツール、組織などというものは存在せず、こうした課題は同時に様々な角度からアプローチする必要があると、ジョンは強く主張していた。そして、国連総会で２００７年に採択された「先住民族の権利に関する宣言」は策定に22年を要し、なおかついまだに法による縛りがないことを、ジョンは繰り返し指摘していた。

こうした宣言は重要ではなかった、ということではない。ジョンは国連が持っている規範的な力を固く信じている。彼のその思いは、コフィ・アナンと一緒に仕事をした経験に基づいているのだろう。アナンはまさしく、説得力とカリスマ性を兼ね備えたリーダーだ（ジョンが自身の任務のために招集した、高名な有識者による諮問グループの共同議長に就任することをアナンは引き受けた。もうひとりは、元アイルランド大統領および元国連人権高等弁務官のメアリー・ロビンソンだ。２００９年に諮問グループの会議をザルツブルクで開催した時、アナンは電話でしか参加できなかったが、会議室にいた全員にひとりずつ丁寧に声をかけていた。これほどたくさんの著名人がスピーカーマイクに向かってにこやかに笑いながら話している光景を、私は見たことがない)。

明文化された法律がなくても、声明や宣言は社会に影響を与えることができる。たとえば、2010年に人権理事会の中国代表が「中国政府は企業の社会的責任に重きを置いている。我々は労働者の権利を保護することに重きを置いている」と発言した時の映像[32]は非常に有難かったと、中国の製造業者と仕事をする企業内理想主義者たちの多くが証言している。私自身も上海勤務時代に学んだのだが、強制力の有無にかかわらず、政府の声明があったという事実だけでも中国では大きな力を発揮するのだ。

各国の政府は国連の文書をそのまま文言どおりに採用するとは限らず、自分たちの方針やスタンスや法律を、国連が示したものと一致するかたちで作り直すかもしれないが、それはそれで同じくらい有益である。たとえば、米国務省は2013年、新たな市場となるミャンマーでの事業展開を目指す米国企業に対して報告義務を発効し、「デューデリジェンスの方針と手続き(リスク評価とインパクト評価に関連するものも含む)で自社の操業が人権に与えるインパクトについて言及している情報」を提出することを義務づけ、「指導原則」を巻末の注釈として記載した。[33]

ほかにも大きな影響力を持つ組織がなんらかのかたちで「指導原則」の精神を採り入れている。経済協力開発機構(OECD)は2011年、「指導原則」が承認された直後に多国籍企業行動指針を改定し、人権に関する章を新設した。新しくなった行動指針を発表するOECDサミットで、米国務長官(当時)のヒラリー・クリントンが「指導原則」、とりわけジョン・ラギーについて言及した。[34]国際標準化機構（ISO）は2010年、社会的責任規格（ISO26000）を新たに発効し、その中に人権に関する章が含まれている。

世界銀行グループの機関として民間セクターの支援を行なう国際金融公社（IFC）は、「指導原則」を参照して持続可能性についての枠組みを改定したが、それはすなわち、IFCから資金援助を受けている企業には「指導原則」の実施が義務づけられる可能性を示唆している。「エクエーター原則」は民間の金融機関を対象とした基準で、約80社が採択しているが、同原則は2013年に改定され、現在は人権デュー・デリジェンスが義務づけられている。ビジネス・人権資料センターは、「指導原則」が採択・実施されている事例を毎週更新している。

一連の動きを見ていると、こうした文書の重要性が認められる日が来るのではないかという希望が持てた。ところが2013年8月現在、少なくともビジネス・人権資料センターが把握しているかぎりでは、人権に関する方針を打ち出している企業は330社に過ぎない。国連のグローバル・コンパクトには約7000の企業が加盟している。グローバル・コンパクトとは、コフィ・アナンが事務総長として在任中にジョン・ラギーが設立を手伝ったイニシアチブで、企業に対して10の原則を守るように求めている。そのうちのふたつが人権に関する原則だ。単一のイニシアチブとしては、加盟している企業数が多い。しかし、よく考えてみるとウォルマート一社だけでも仕入先が10万社以上あるのだ。[35]

はたして「指導原則」は、私たちが2007年にコロンビアを視察した時に出会った砂糖農園のパトロンや瓶詰め工場のマネージャーに変化をもたらすだろうか？　もしコカ・コーラ・カンパニーやFEMSA、コロンビア政府、あるいは彼らにものが言える利害関係者から圧力がかかれば、彼らも「指導原則」に従うだろう。コロンビアで出会ったこのふたりの男性が「指導原則」という言葉を耳にすることはないかもしれないが、最終的には従わざるをえない状況になる可能性はある。

普及させるために

「指導原則」を作っているあいだ、繰り返し同じ人に会うために世界中を飛び回っているような気がすることがあった。私は2010年、自分の母親よりもコカ・コーラのエド・ポッターと会った回数のほうが多かった。彼に会う時は毎回異なる顔ぶれで、しかも大勢の人が一緒だったのだが。

オックスファムのクリス・ジョクニックは、かなり限定されたコアグループが「指導原則」の作成に深く関与したことは適切だったと考えている。「そのやり方の欠点は、実態を伴わないものを作ってしまう可能性があることでしょう」と彼は言った。「その一方で、ジョンが目指していたことのためにはふさわしい人選でした。それは、ジョンが管轄の国連機関から承認を得ることができた一連の原則を生むためのプロセスだったのです。もし、もっとも御しがたい企業を議論の場につかせることが目的だったとしたら、大きく異なる顔ぶれになっていたでしょう。法の作成には、とても政治的な計算が必要になります。ただ人を集めて親睦を深めるというわけにはいかない。そこで求められているのは、きわめて重要な連合を築くことなのです」

ＢＰで人権に関する指針を示す文書を作成した際、選ばれた同僚だけに関わってもらったので、私はそのことについてモヤモヤとした気持ちを引きずっていたのだが、クリスは私がジョンの任務について抱いていた懸念だけではなく、その気持ちまでも一蹴した。ＢＰの人権に関する指針を示す文書にしても、国連の「指導原則」にしても、それらをもっとも必要とし、問題について語ることのできた企業人は、厳しい環境で業務を行ない、行動の指針を渇望していた人たちであって、実際に問題があることすら知らないような人たちではなかった。

「指導原則」が広く認知され、多くの企業で使われるようになるためには、これから先の数年間はもっと幅広い層に訴えかけるようにしなければならない。それは、ジョンの任務を引き継ぐかたちで人権理事会が作った、５人のメンバーで構成される作業部会に与えられた課題のひとつだ。[36] アメリカ人のマーガレット・ユンクはそのメンバーのひとりで、彼女はデンマーク人権問題研究所で人権とビジネス部門を立ち上げ、それを率いた経験を持つ。彼女は１９９０年代の初めに人道的介入の研究で博士号を取得しているが、彼女はその時に経験しているので、「少ない人数の、同じ顔ぶれにばかり繰り返し会っている」という私の感覚がよくわかるという。

驚くほど長期にわたって、私はどの会議に誰が出席するかを90パーセントの正確さで予想することができました。なぜならば、どの会議も出席者はいつもと同じ顔ぶれ——研究者、行政の専門家、国連関係者――だったからです。誰がどんな発言をするか、お互いにわかっていました。そして、誰もが練り上げた意見を用意していました。それを発表し終えると、自分の荷物をまとめて帰途につくのです。

人権とビジネスというのは、まだそのような段階に留まっている分野です。人道的介入に関して言えば、その後15年くらいのあいだに大きく成長しました。今やとても人気の高いトピックなので、誰が会議に現われてどんな発言をするのか、予想することは不可能です。人権とビジネスも、いずれは研究の主流になるとは思いますが、現在のところはまだ草創期にあたります。

マーガレットは、1962年に出版されて大きな影響を与えた『イノベーションの普及』を引き合いに出した。この本の著者であるアメリカ人社会学者エベレット・ロジャーズは、新しいアイデアやテクノロジーは革新者《イノベーター》のあいだで流行してから初期採用者《アーリーアダプター》、次に前期追随者《アーリーマジョリティ》、後期追随者《レイトマジョリティ》、そして遅滞者《ラガード》へと鐘形曲線を描いて普及すると説明した。「この曲線に当てはめると、人権とビジネスはまだ初期採用者にも到達していないと思う。私たちは、まだ革新者の集団として議論しているのでしょう」と彼女は言った。ロジャーズは、イノベーションは、ある一定の期間内に特定の結果を得るための十分な量に達しなければ普及しないと説いた。まったくそのとおりであると、マーガレットは話す。「『保護・尊重・救済』の枠組みと『指導原則』が早期消滅を迎えないようにするためには、新たな共鳴者を引き寄せて、このふたつが現代社会で関連性と価値があることを説明しなければならないという時間的プレッシャーを、私たちは受けているのです」。ジョン・ラギーが在任中に作りだした気運が持続することを願うばかりだ。

ジョンのもとで働いた5年間で学んだこと――「歓迎」と「承認」の違い以外に――の中でもっとも重要なのは、当事者意識を作りだすことの大切さであり、物事は場合によっては内容よりもプロセスのほうがずっと価値があるという点だ。2011年にロンドンの英国王立芸術協会で講演を行なった際、ジョンは次のように語った。「アイデアがどれほど優れているかどうかに関係なく、そのアイデアがどのようにして作られたのかという点が、とても大事なのです」

2011年の後半になり、任務に関係するファイルを整理していると、私はある文書を見つけた。それは、ジョンのためだけに数人で作った2008年の文書で、企業に向けた原則を私たちなりに想定して、その概要を書いたものだった。それらは、3年後に人権理事会が最終的に承認したものと、とてもよく似ていた。だが、最初に作成したものをその時に提出したとしても、「指導原則」が最終的に獲得したような幅広い支持を受けることは絶対になかっただろう。関わったすべての人が、最終成果物に対して当事者意識を持てるようにしなければならないのだ。先の「規範」の起案者たちは、このことを苦い経験から学んだ。ジョンは彼らの失敗から学び、フィードバックを積極的に求めると同時に、寄せられた意見を採り入れることにも前向きだった。

早くから関係者を巻き込むことが肝要であると訴える企業内理想主義者は、ほかにもいる。デンマークの製薬会社ノボノルディスクでCSR部門のトップを務める、スザンヌ・ストーマーだ。彼女は私にこう言った。「私は社内で権限を持っていますが、それでもほかの人に相談しなければダメだということを学びました。たとえ手間がかかっても、たとえそのやり方が不評でも、話し合いの機会を持つべきなのです。なぜならば、公表する前にひと悶着あるかもしれないからです。大胆な声明を世間に発表してしまったあとで、それを支持してもらうための連合を作ろうとするのは、もっと危険なことなのです」

２０１１年の6月にジョンが任務を終えたあと、「チーム・ラギー」のメンバーはそれぞれ別の道へ進んだ。ジョンはハーバード大学で研究に専念する生活に戻ると同時に、フォーリー・ホアグ法律事務所のシニア・アドバイザーに就任し、CSR業務に関して助言を行なうことになった（同事務所のCSR部門を運営しているのは、インドネシアでBPが人権インパクト評価を実施する時に私が一緒に仕事をしたゲアー・スミスだ）。さらに、新しくできた「人権とビジネス研究所」の理事長や、チーム・ラギーのメンバーが政府、企業、NGOと協働しながら「指導原則」を浸透させることを目的として立ち上げたNPOの理事長を、ジョンは引き受けることになった。彼が任務について書いた『正しいビジネス――世界が取り組む「多国籍企業と人権」の課題』は２０１３年3月に出版され、初版は数カ月で完売した。

ジョンの国連での任務は、「人権」と「ビジネス」を様々なかたちで並べ替えた言葉を冠する多くの組織やイニシアチブを生むきっかけになり、「人権とビジネス研究所」や「人権に関するグローバルビジネス・イニシアチブ」などはその一例だ。このふたつは、どちらも「人権に関するビジネスリーダー・イニシアチブ」が母体である。アメリカン大学は、2011年に「ビジネスにおける人権に関するイニシアチブ」をスタートさせ、ニューヨーク大学経営大学院では2013年、「ビジネスと人権センター」が誕生した（このような話を聞いて、モンティ・パイソンの映画「ライフ・オブ・ブライアン」を思い出した読者もいるだろう。「お前は『ユダヤ人民戦線』か?」「『ユダヤ人民戦線』だって? 違う、俺たちは『人民戦線ユダヤ』だ!」という名場面がある）。

自分がやり終えたばかりの仕事を取り巻いていた、ごく小さかった世界がこうして開花していくにもかかわらず、私にはフルタイムの仕事がなかったし、これからどの方向へ進みたいのかも、自分になにができるのかも、わからなかった。結婚生活では幸せだったけれど、キャリア上は孤独で、目標が定まらなかった。あとになって知ったのだが、このような自信喪失の危機というのは、企業内理想主義者のあいだでは、よくあることなのだ。

第5章

メキシコ湾——理想主義の危機

Gulf of Mexico: Corporate Idealism In Crisis

事故や不正はどうすれば防げるのか

　2010年5月26日、ロンドン。セントジェームズ・スクエアの向こう側からも、BP本社の入り口に立っているビルを見つけることができた。彼はつねに同社でいちばん話し好きな警備員だった。

「しばらくお見かけしませんでしたよ！」　ビルはスコットランド特有の弾むような抑揚で話しかけてきた。

「2年ぶりです」と私は答えた。

「今はニューヨークにお住まいなんでしたよね？　ここでも力を貸してもらいたいんですがね」と、ビルは笑いながら言った。「あのグリーンピースの人たちをなんとか追い払いたいので、手伝ってください」。そう言うと、彼は顎で屋根のほうを指し示した。その1週間前、環境保護団体グリーンピースの活動家たちが建物によじ登り、「英国の汚染者（British Polluters）」という垂れ幕を5階のバルコニーから吊るしたのである。

「彼らはそれを47秒でやってのけたんですよ」

「会社の中はどうなっているんですか？」私は建物の内側を示しながら尋ねた。

「それはもう、ご想像のとおりですよ」とビルは答えた。「ほんとうに、トニーさんは気の毒です……」


当時ＢＰのＣＥＯだったトニー・ヘイワードに同情を寄せるような人は、世界に数えるほどしかいなかっただろう。ビルはそのうちのひとりだ。この1カ月前、掘削施設「ディープウォーター・ホライズン」で爆発事故が発生し、11人の作業員が死亡したほか、何百万バレルもの原油をメキシコ湾岸に流出させてしまったのだ。ＢＰはその時もまだ油井にふたをすることができずにいたため、被害を被った地域コミュニティや、ＢＰの水中ウェブカメラを通じて原油漏れをリアルタイムで観ていた人々のあいだで、怒りが膨れ上がっていた。

被害を封じ込めようとする試みに失敗し続けるＢＰに対して、世界中の人々が苛立ちを感じていたが、それは私も同じだった。グリーンピースの活動家と一緒に会社の建物によじ登っていればよかったという思いさえあった。それと同時に、メディアがＢＰをこぞって大々的に取り上げる様子――ニューヨークタイムズ紙の言い回しを借りれば「企業文化が招いた失敗に対する容赦ない批判」[1]――は、私が9年間勤めたＢＰとはかけ離れているように思えた。それは、私の知っているＢＰではなかった。

メキシコ湾岸の掘削施設が爆発したことをニューヨークタイムズ・ウェブ版の記事で知ったのは4月22日のことで、私はその時ニューヨークの自宅にいた。事故はその2日前に起きていた。私は2008年にBPを離れていたが、9年という歳月を同社で過ごしたので、このような惨事を耳にした時の反応としてありがちな一連の感情が、私の中にもしっかりと刻まれていた。まず、事故を起こしたのは自分の会社なのかどうか不安になり、違っていれば安堵し、その次にはおそらく、他人の不幸を喜んでしまったことを恥じる気持ちが瞬間的に訪れる。それから悲しみが押し寄せてきて、「神のご加護がなければ、自分も同じ目に遭っていたかもしれない。明日は我が身だ」という思いに駆られるのである。

この時、安堵の気持ちが訪れることはなかった。ディープウォーター・ホライズンはBPとの契約のもとで操業しており、同社は直ちに悲惨な事故を起こした企業になった。それから数カ月間続いた多くの調査、公聴会、裁判、そして報道によって、BPは「上層部がリスクに対して無頓着になり組織的に安全を軽視し、同社の多数の施設と、そこで働く何千人もの従業員の命を、危険に晒していた(2)」という表現に象徴されるような、ひどく悪い企業イメージが作られてしまった。私は非常に驚いて、そして唖然としながら、BPに関する報道記事を読んだ。私が大好きだった、人権と環境の分野で進歩的なスタンスを示していたあの会社が、その両方をないがしろにしたということで笑いものになっていたのだ。

私は当時、ビジネスと人権に関する国連特別代表のところで、企業に関連した人権侵害を防ぎ、その問題への取り組みを促すような原則を作成するために、常勤スタッフとして働いていた。企業の立場を代表する存在として、私は多国籍企業での経験を活かし、企業の経営方針と業務に人権を組み入れることは可能であることを示すためにチームに加わっていた。その意味では、確かに私はBPの拠点の中でも事業を展開するのがもっとも難しいふたつの地域で、同社を代表する二大プロジェクトに関わり、その後は世界中にいる同社のスタッフと共に同じ分野の問題に取り組んだ。こうして経験を積んだ会社は、私が知る限りにおいては、人と地球を守るために法律が求めている以上のことを実践してきて、他社に手本を示していた。私のこの認識は間違っていたのだろうか？

おそらく、間違っていたのだろう。プロパブリカという、高い評価を得ている独立系の報道機関が、PBSテレビの「フロントライン」という番組と共同で、原油流出事故のあとにBPを調査し、次のように報じている。「BPは経費削減を繰り返し、危機管理体制を弱体化させ、多くの爆発事故や原油漏れを防ぐことができた重要なメンテナンスを省略していた[3]」。BPのメキシコ湾岸原油流出事故とオフショア掘削について、米大統領が設置した事故調査委員会は、BPの操業において発生した数々の安全に関わる事故を列挙し、次のように結論づけた。「これらの事故と、続いて行なわれた分析から、同社には一貫性と信頼性のあるリスク管理プロセスがないという結論が導かれた[4]」。調査委員会は、スコットランドのグランジマスにあるBPの製油所で起きた問題に関する英国の調査を引用し、次のように述べた。「BPグループの方針には高い目標が設定されていたが、組織と企業風土に問題があるため、これらが首尾一貫して達成されることはなかった[5]」。同社CE

Oのトニー・ヘイワードが議会で証言した時には、ヘンリー・ワックスマン下院議員から、こう叱責された。「BPは、言っていることと行動が完全に矛盾している」(6)

私が見ていたBPの姿は、このようなとらえかたとは正反対だった。インドネシアでも中国でも、リスクを管理すると同時にBPの目標と志を実現するための革新的で信頼性の高いプロセスを考案したが、そのために必要とした資源とサポートを私はすべて得ることができた。しかし各種調査では、組織全体としての一貫性が欠如していることが強調されていた。ニューヨークタイムズの記事によると、米国労働安全衛生局の職員が次のように指摘していたという。「経営幹部の話では、BPは安全をとても重視しているというが、我々が見たところ、彼らはその言葉を実際の安全手続きや業務に反映しておらず、ある製油所で起きた事故の経験をほかの製油所に教訓として活かすどころか、同じ製油所内でさえ、うまく活かすことができなかった」(7)。おそらく、私が知っているBPだけが会社のすべてではなかった。そういうことなのだろう。

原油流出事故の4週間後、私はロンドンに戻っていた。国連の任務について、かつて一緒に仕事をしていた人たちに進捗を報告するためで、事故の数カ月前から予定していた。このセッションは延期したほうがよいかどうか彼らに聞いてみたところ、十数名は依然として出席に意欲的であることを伝えてくれた。そのひとつの理由は、事故と人権問題はかつてないほど関連性が高くなっているからだ。事故で犠牲になった11人の作業員は、「生命に対する権利」というもっとも基本的な人間の権利を悲惨な事故で侵害されてしまったのである。そしてもうひとつは、事故以外のことについて考える時間が持てるというのは、有難い息抜きになるかもしれない、ということだった。

かつての同僚たちに会えて嬉しかったが、社内のどこへ行っても静まり返っていることを考えると、再会の喜びはトーンダウンしなければならなかった。ある友人の話では、社員はストレスと疲労から倒れたり、会社の廊下で泣いたりしているという。だが、人命が奪われたのだから、彼らは世間から同情されることもなく、また彼らのほうから世間に同情を求めてもいなかったことは、言うまでもない。

しかし同時に、通常のビジネスは引き続き行なわれていた。人権問題に関するセッションを終えたあと（セッションといっても、疲れ切っている同僚たちに休息の時間を与えたかったので、主に私が国連のことを話していたのだが）、ＢＰの中東事業に関わっている人と出会った。当然のことながら、その人も原油流出事故のことを気にかけていたが、彼女にはやるべき仕事があり、メキシコ湾岸の事故とは関係なく自分の仕事を進めなければならなかったのである。

かつて在籍した会社への信頼と、そこで自分が担当した仕事に対する自信がひどく揺らいでしまったのは、もはや自分が外部の人間になっていて、ほとんどすべての情報をメディアから得ていたせいであることに、私は気づいた（社内の人たちの見解を聞くために、かつての同僚たちに連絡したかったのだが、彼らはそれどころではないと思って自重し、「心配しています。返信は無用です」というメールを送るだけに留めていた）。危機のさなかにある企業の内部はどうなっているのか、ＢＰ本社を訪ねて改めて考えさせられた。もちろん、休みもとらずに朝から晩まで全力でその問題に取り組む社員の姿があったし、建物全体に、特に役員がいる階では、明らかに緊張感がみなぎっていた。しかしそれと同時に、ほかの地域では通常どおりビジネスが行なわれていた。2005年にテキサスシティーの製油所で15人の死者を出す爆発事故が起きた時、私はBP本社に勤務していた。その頃、ほかにもふたつの事故が発生し、いずれも犠牲者は出なかったものの大問題になった。同じく2005年、10億ドルをかけて建設した掘削施設サンダーホースがハリケーン「デニス」による被害を受け、不安定な状態に傾き始めた。バルブが逆向きに取り付けられていたからだ。2006年には、アラスカでパイプラインの腐食と原油漏れが見つかり、20万ガロン以上の原油が流出した。本社で働く全員が重苦しい空気を共有していたし、会社全体で業務の方針や中身の点検が行なわれるようになったが、それでも社員の大半は静かに黙々と、自分の仕事を続けた。外部の人間として新しい地点から眺めていると、ディープウォーター・ホライズンの事故は会社の存続を危うくするほどの影響があっただろうと推測したが、こうした事故が続いた当時の私は、事故の影響をそこまで強くは感じていなかった。以前、ゴールドマン・サックスの元社員が同社について書いた本を出版した時、次のように言っていた。「かつて勤めていた会社が、自分が辞めたあとに変わってしまったように思うことは、決して珍しいことではない[8]」

それはそうかもしれないが、私が担当していた仕事は本来、BPのビジネスのやり方や企業風土の方向づけを行なうためのものだったので、私の努力によってBPは全社員が人権を尊重するような企業に一歩近づいたと、無邪気に思っていた。ビジネスについて学んだと思っていたことのすべてが、間違っていたのだろうか？　BPという会社を愛した9年間は、偽りに満ちていたのだろうか？　それを見極めるには、その後数年かけて内省し、多くの企業内理想主義者《コーポレート・アイデアリスト》と話すことが必要だった。

危機は特別なことではない

企業内理想主義者の中には私以外にももちろん、自分の会社が災害と結びついてしまった経験を持つ人たちがいる。2013年4月24日、バングラデシュにある「ラナ・プラザ」というビルが倒壊し、その中にあった縫製工場で働いていた1100人あまりの人が犠牲になった。この悲惨な事故を受けて、米国ではギャップ、英国ではプリマークの店舗の前で消費者が抗議デモを行なう動きが広がったほか、バングラデシュに外注している多くの欧米ブランドも非難を受けた。これらの企業は、実際にラナ・プラザの縫製工場と取引があったかどうかに関係なく標的にされた。米国政府はバングラデシュに対する関税優遇制度を一時停止し、100社を超える小売業者が圧力のもと、工場の安全性の向上を目指す新しいイニシアチブへの参画に同意した。

ラナ・プラザで商品を製造していたブランドの多くに、社会的責任のプログラムが備わっていた。少なくとも、ラナ・プラザにあったふたつの縫製工場は、ビルが倒壊するその前月に、検査に合格していた。だが、こうした検査は通常、賃金や労働条件に焦点を当てており、建物の構造健全性はチェックされない。後者はバングラデシュで深刻な問題になっていることが知られているにもかかわらず、チェックされないのだ。複数の多国籍企業でCSRを担当したマーカス・チャンのブログによれば、工場の上にさらに別の工場を建設するのはよくあることで、住宅用地に指定されている地区でさえそのようなことが見受けられるのだが、それはなぜかというと、工場は税制上の優遇措置が受けられるうえに、政府の検査官が工場を訪れることはまずないからだという。(9) ギャップ、アップル、そしてバーバリーに勤務した経験を持つショーン・アンセットは、次のように語った。

「バングラデシュにそうした問題があるのを知らなかったなどと言う人は、間違いなく隠し事をしています。過去6年間に多数の火災や建物の倒壊が起きているのですから」

問題を認識することと、責任を割り当てて行動を起こすことは、それぞれ別のことである。たとえば、ある10階建てのビルに100社ほどの会社が入っているとしよう。そのビルの1フロアの5分の1のスペースを占有する製造業者から商品を仕入れる企業が10社あって、とある欧米ブランドはそのうちの1社だとしたら、その欧米ブランドは建物の壁や基礎に対して責任を持とうとはしないだろう。本来、バングラデシュ政府は建物の安全基準と労働基準を改善し、それを企業に守らせることになっているのだが、人材が圧倒的に不足しており（ダッカ地区だけでも工場は10万くらいあるのに対して、検査官はたった18人のみ(10)）、そのうえ検査に対する動機づけが乏しいのである（同国の議員の10パーセントが繊維工場を所有(11)）。

今になって思えば、それらのブランドは検査項目に建物の構造健全性を入れておくべきで、特に大きなリスクが内在する国においてはなおのこと、そうすべきだった。実際に、多くの労働災害を防ぐことができたかもしれない。2010年、電子機器受託生産大手のフォックスコン・テクノロジー・グループ〔本社は台湾、生産拠点は中国〕では、13人の従業員が自殺した。[12] この件については海外メディアが大々的に報じ、世界中に衝撃を与え、人々を激怒させた。しかし、ナイキ社でベトナム勤務を経験し、現在はBSR（かつての名称はBusiness for Social Responsibility〔リサーチやコンサルティングを通じて持続可能なビジネス戦略の開発を行なうNPO〕）でアジアを統括するジェレミー・プレプサスにとっては、驚くようなことではなかった。「工場での自殺が、そんなに驚きをもって受けとめられているのですか？　これまで中国でこの問題に取り組んできた人たちと関わった経験があれば誰でも気づいていることですが、中国では18歳から24歳くらいの若者が生まれて初めて実家を離れ、寮でひとつの部屋をほかの6人と共有する生活を送りながら、過酷な環境で働いている。ええっと、これは難しい問題かって？　もちろん、そうです」

惨事につながる可能性があるものを事前に見つけるために精査することは、当然ながらCEOと取締役会がその権限においてすべきことであると同時に、企業内理想主義者の仕事の中で大きなウェイトを占める。「企業の社会的責任」や「企業市民活動」という仕事は、社員のボランティア・プログラムやチャリティー募金の企画もするが、私が理解するに至った企業内理想主義者というのは、多国籍ビジネスのもっとも難しい部分——各産業に深く根付いている課題に取り組む人である。課題とはたとえば、アパレルや靴の生産をインフラが未整備で労働者に対する保護がほとんどないような国にアウトソーシングすること、新しいテクノロジーの開発はアイデアの普及に役立つと同時に監視にも使われてしまうこと、掘削プロジェクトの周辺コミュニティに暮らす人々の生活を変えてしまうことなどだ。

こうしたビジネスは、本質的に複雑でありリスクが高い。しかし、企業が絡む惨事は多くの場合、そこに潜むリスクは元からよく知られており、仮に固有の事情はわからないとしても、少なくともリスクの一般的な性質はわかっているはずだ。そして、メキシコ湾岸の原油流出事故を調査した大統領直轄の事故調査委員会が使った言葉を引用すると、「本質的にリスクの高いビジネスであっても、正しい動機づけと安全管理を実行するシステムがあれば、安全に運用することは可能だ」

これらの惨事は予測することも防ぐことも可能なのであれば、なぜ同じような事故が発生し続けるのだろう？　企業内理想主義者たちとの対話から、いくつかのテーマが浮かび上がってきた。それは資本主義の失敗や個々の惨事についての包括的な分析を含むものではない。だが、労働災害を未然に防ぐための課題をいくつか示している。

人は都合の悪いことを隠す

背景のひとつとして、現地の状況の評価——中身が複雑だとか、意図的にわかりにくくしてあるとか、そういった事情の有無にかかわらず——は困難だということがある。ショーン・アンセットは、以前の勤務先でＣＥＯをインドに案内した時のことを、次のように話してくれた。「ＣＥＯは工場のありのままの姿を見たがっているのだから、少しでも良く見せるような細工はせず、普段どおりに工場が運営されているところを見せなければならないというメッセージを、仕入先には明確に伝えてありました。ところが、CEOが到着して最初の工場を視察すると、チームにとってあまりにも恥ずかしいことが起きていました。壁のあたりで塗りたてのペンキの臭いがしたのです。明らかに、工場の人たちは壁に塗装を加えたばかりでした」

コカ・コーラ・カンパニーでグローバルな職場の権利を扱う部署のディレクターを務めるエド・ポッターは、同社ブランドの製品を作っている工場を視察した時のことを、次のように話してくれた。「全員がまったく汚れていない白衣を着て、まったく汚れていないマスクをつけていました。忘れ物をしたという嘘の口実で工場に戻ると、彼らは先ほどの白衣とマスクを中にしまっているところだった」

エドとショーンが経験したようなことはよく耳にするし、特に新しい話でもない。アレクサンドラ・ハーニーは著書『中国貧困絶望工場』で、中国の工場で蔓延している偽装工作について詳しく書いている。[13] また、あるジャーナリストの指摘を引用するかたちで、1900年代初頭の米国の綿織工場でも似たようなことが行なわれていたことを指摘している。「（当時の米国では）子どもたちでさえ年齢を偽るように教えられ、彼らはすらすらと喋る練習をしているので、いつでもそれを口にすることができた。綿織工場の中には、見張りをつけて検査官の訪問を警戒するところもあった。危険を知らせる合図があると、子どもたちは素早く屋根裏へ身を隠し、古い機械がたくさん並んだ貯蔵庫の中で、綿の梱包の背後に隠れて小さくなっていた」。ハーニーは、現代との唯一の違いは「規模とスキル」であると書いている。

検査で不合格になると、それはビジネスを失うことを意味するので、工場の所有者は都合の悪いことは隠そうとする。かつて、英国で精肉業者が牛肉に馬肉を混入させていたことが発覚し、あるコメンテーターがこう言った。「契約で不当な条件を強いられて疲弊している供給業者は、自分たちが知っている唯一の方法によって、どうにかやりくりしようとしていた。顧客が長期取引を約束してくれないので、彼らは少ない利ざやを守り、なんとか競争力を維持して次の短期契約の更新を勝ち取りたいという思いから、その場しのぎの調整をすることばかり考えてしまう」[14]。スウェーデンの衣料品製造小売大手H&Mをはじめとするいくつかの企業は、供給業者とより安定した関係を築き、それによって課題を共有し、嘘を誘発するものを取り除こうという考えから、供給業者との契約を延長していく意向を表明している[15]。しかし、変化し続ける要求に対応可能な技術や生産能力が工場の側に備わっていなかったり、マクロ経済的な変化によって、より魅力的な供給源としてほかの国が台頭してきたことが示唆されたりしたら、そのような取り組みも骨抜きになってしまうかもしれない。

そういうわけで、ビジネスを勝ち取るためなら工場はどんなことでもするのだ。BSRのジェレミー・プレプサスは、次のような話をしてくれた。「必ず優良な工場がひとつ存在する一方で、誰よりも上手に嘘をつく工場が必ずひとつ存在します。さて、より低い価格を提示するのはどちらの工場か、わかりますか？」

不都合な事実を隠ぺいするためにどれだけの労力が払われているかは別として、世界を代表する資源に富んだ多国籍企業でも小さな工場の所有者に騙されることがあるという言い方をすると、後者に対して甘いかもしれない。だが、中国やバングラデシュの劣悪な労働環境に関する情報を耳に入れないでおくというのは、むしろ難しいのではないか。

企業内理想主義者は、まさにこれらの問題から逃げるのではなく、自分から探しに行くのが仕事だ。ウォルト・ディズニー・カンパニーで国際労働基準プログラムを担当するシニアリーダーのローラ・ルッポから、彼女が２０００年にイスタンブールを訪れた時のことを聞いた（これは彼女がディズニーに入社する前の話である）。彼女が足を運んだ、ある小さなジュエリー工房は、労働環境に問題があるようにはまったく見えなかった。ところが工房を出ると、その建物には下の階へ続く階段があったので、それに従って下りてみることにした。

私たちが取った行動を上階の人たちは知らないので、地下にあった部屋に入ってみると、そこにはおそらく10歳、11歳、12歳くらいと思われる男の子たちがいて、暗い部屋の中でシャツも着ないで、穴に焚いた火に向かって金属を成型していました。彼らが靴を履いていたかどうか、それすらもわかりません。ここで作られた金属は上階へ運ばれていくに違いありません。工房はちゃんとしているように見えましたが、ここでは児童労働が行なわれており、しかも炎が直接あたる環境で、時計もなく、消火器も備わっていませんでした。

「こんなところ、見なければよかったのに」と思う自分と、目撃してよかったと思う自分がいました。そういう経験は人を覚醒させ、つねに次の問いかけをしなければならないということを教えてくれます。つねに地下へ続く階段を下り、つねに上の階へ行って女子寮を見て、つねに寮の中を歩いてトイレまで行ってみなければならない。相手に対してあれこれ貪欲に尋ねなければならず、「こうやって製品を作っています」という説明を鵜呑みにしてはダメです。そこにはきちんと整備された工場もあれば、そうではない作業場も存在する。でも、見えないところでは一体なにが起こっているのでしょうか?

百聞は一見にしかず

残念ながら、経営幹部が直接問題を見ていない場合、それらの問題を検討するために必要なエネルギーを、その人がみずから尽力して調達するという見込みは薄い。ハーバード大学経営大学院のジョン・コッターは著書『ジョン・コッターの企業変革ノート』で、そのことについて次のように書いている。「感情を左右するような事実を見せられるのではなく、考え方を変えるような分析を見せられても、人は自分のやり方をあまり変えようとはしないものだ」[16]。数字へのこだわりが非常に強い経営幹部でさえ、経済的議論だけでは、ある程度までしか動かされない。

ディズニーのローラ・ルッボは、同社の最高財務責任者（ＣＦＯ）をはじめとする経営幹部を案内するために、彼女の部署で工場視察を企画した時のことを話してくれた。彼女のチームは、「自社ブランドの製品がどのように作られているか、会社の上層部にありのまま——良い姿、悪い姿、見苦しい姿——を見せよう」という目標を立てたそうだ。視察は、通常の検査プロセスに合わせてランダムに選ばれた工場で行なわれた。その時の視察について、ローラは次のように語った。「役員たちは、ベトナムで『ベター・ワーク計画』（国際労働機構［ＩＬＯ］と国際金融公社［ＩＦＣ］の共同事業）に参加しているような、うまく運営されている工場を見学しました。一方で、平均的な工場も見てもらったし、基本的な衛生と安全において当社の基準を満たさなかったダメな工場も見てもらいました。あらゆるタイプの工場を見てもらってよかったです」。このように直接経験してもらったことで、ローラのチームはその後も上層部から彼らの仕事に対する理解と承認を得ることができたという。

ギャップ、アップル、バーバリーでの勤務経験をもつショーン・アンセットの体験談によると、会社の上層部を工場に案内できない時は、写真が役に立つという。

ＣＥＯとＣＦＯを相手にプレゼンテーションをしていた時、中国の工場で撮影した写真を見せると——つまり自分たちの製品を作っている工場のリアルな写真だったわけですが——その場にいた人たちはぎょっとしたようでした。その後のミーティングでは、ＣＥＯやＣＦＯのほうから「先日のミーティングで写真を見せてくれたあの工場について、なにか進捗の報告はあるか?」と聞いてくるようになりました。

もしこれを、モニタリング報告書だとか、ダッシュボード〔主要な指標が一目でわかるように図表にまとめたもの〕だとか、信号機システム〔様々な指標について、そのパフォーマンスを格付けして3色で示したもの〕のような通常私たちが使うものの中で見せていたら、そこにはなんのストーリーも感じられないし、彼らが行ったこともないような町の、行ったこともない田舎にある工場の名前を聞いたって、なにも思い浮かべなかったでしょう。ところが、写真を見ただけでも十分に彼らの頭の中でつながったのです。工場の名前までは覚えられなかったかもしれませんが、それが中国の工場であることはわかったし、好ましくない写真もいくつか見てしまったので、そこでなにが起こっているのか、自分たちのほうから事前に知りたいと思うようになったのです。

CEOやCFOたちの心にそのような工場のイメージを焼きつけたことが、なにか目に見えるかたちの結果につながったかどうかショーンに尋ねたところ、それがあの写真のおかげであると証明することはできないものの、次の年度には予算が15パーセント増しになったそうだ。

CEO、CFO、CIO〔最高情報責任者〕という経営を司る人たちが問題を抱える現場を自分の目で見るのは、異例かもしれないがとても大事なことだと、企業内理想主義者たちは口をそろえる。ギャップでビジネスと人権に関するシニア・アドバイザーを務めるダリル・クヌードセンから、傷ついた人たちと直接対面した時に彼が経験したことを聞いた。それは2011年の初めの頃の出来事で、その時彼は胸が詰まって言葉が出てこなかったという。

こういうことが起きた時に誠実な対応を続けるために、できるだけいつでもそうしようと私が心がけているのは、影響を受けた人々と直接会う、または話すという選択をすることです。会社として決めたことを、自信をもって伝えなければなりませんし、その正しい選択を守るために自分は懸命に闘うという覚悟を持たなければなりません。

私たちは仕入先で火災が発生して間もなく、バングラデシュへ行きました。そして私は、会社の代表として共に現地へ渡った人たちに、自分は生存者たちに会うために病院へ行くと告げました。病院へ向かう途中、「このような目に遭われたことを大変気の毒に思います」をベンガル語でどう言えばいいかを教わりました。私は社名を名乗り、こう言いました。「もし私に話したいことがあるならば、それをお聞きしたいのですが、それよりもまず、皆さんがこのような目に遭われたことを大変気の毒に思っていることを、私はお伝えしたいのです」。話したくないと言った人がひとりいましたが、ほかの人は全員、私と話がしたいと言いました。どんなことが起きたのか、私に教えたかったのです。ひとりの人が、こう言いました。「食堂でお昼ご飯を食べていたら、火災警報が鳴ったのです。でも、本物の警報だとは思わなかったし、ご飯を終わらせたかったので、そのまま食べ続けました。すると、いたるところに煙が充満していたのです」。別の人の話では、工場の外で賃金をめぐる騒動が起きていたので心配だったそうです。だからその人も、外へは出たくなかった。最上階にある食堂にいたのは200人ほどで、そのほとんどが警報でその場を離れたそうです。残った人たちのうち、なんとか脱出した人もいましたが、29人が死亡しました。

階段の吹き抜けになっているところで、どうやって煙の中を手探りで進んだか、話してくれました。そのうちのひとりはロープをつたって降りたので手を火傷したと言って、手を見せてくれました。皮膚が傷つき、めくれあがっているのがわかりました。「誰かが私の上に乗っかってきて、私は叫び声を上げました。そして目が覚めると、自分は病院にいたのです」と彼は言っていました。その人は8階から地上へ落下したのです。

いちばん辛かったのは、工場で事故に遭った人たちの親がその場にいたことでした。親たちは、まるで死人のような顔をしていました。そして、私のことを睨みつけていました。今も私の脳裏に彼らの表情が焼きついています。

だから、直接会って話すことはとても大事ですよね？　こういう問題に関する方針を議論している時、議論があまりにも抽象的になりすぎると、どうしたらいいのかわからなくなってしまいます。ジョン・ラギーは著書『正しいビジネス』[17]の中で、彼が国連でビジネスと人権の特別代表を務めていた時の経験に触れながら、そのことを上手な表現で指摘しています。任務をまっとうする覚悟を支えていたのは彼の情熱ですが、任務を成功させるためには、自分の感情を動かさなければならなかった。まったくそのとおりだと、私は思います。もちろん、前者を忘れてしまってはいけませんが。

事故から数年のあいだ、バングラデシュにおける労働環境の改善に取り組む様々な組織との協議に、ダリルは深く関わった。ラナ・プラザの惨事と、その半年前にダッカ郊外のタズレーン工場で発生し117人の死者を出した火災を受けて、彼らの取り組みは大きく前進した。彼らが議論を続けてきたことが、ブランドや小売業者による耐火対策や建物の安全性の向上を目指す新しいイニシアチブの創設につながった。ダリルの話では、彼が病院で面会した労働者たちを雇用していた工場には現在、自動的に閉鎖する防火戸、スプリンクラー・システム、屋外避難階段が設置されているという。以前は、こういったものが工場に整備されていなかった。「あの仕事は、とても前向きな気持ちになったり、がっくりすることがあったり、ぞっとするようなことが起きたり、その繰り返しでした」とダリルは話していた。「私はそのあいだ、あの火災事故で助かった人たちの言葉と彼らの顔を、いつも念頭に置いていました」

ヤフー社が中国当局の要求に従って中国人ジャーナリスト師濤の身元の特定に使われた情報を提供したことで批判を浴びた時、マイケル・サムウェイは同社の副社長兼法務担当副責任者を務めていた。師は国家機密を漏えいしたとして投獄された。2007年、ヤフーのCEOと法務担当責任者は米下院議会から召喚されて証言を行なったが、この時カリフォルニア選出のトム・ラントス下院議員から次のように罵倒された。「あなたたちはテクノロジーと財務においては巨人だが、倫理においては小人である」

マイケルがワシントンで師の母親と面会して間もない頃に彼から聞いた話によると、ヤフーは彼女の息子が釈放されるように擁護する努力をしていることを、通訳を介して伝えようとしたそうだ。母親は悲しみの中にいるはずなのに、丁寧に接してくれたという。

「彼女は私の手を取って、私が息子と同じくらいの年齢に見えると言いました。少しでもいいから彼女を慰めたいと思って私がなにか言うと、彼女は頷いて理解を示しながら、同じように私を元気づけようとしてくれた」。この出会いはマイケルに深い感銘を与え、彼の業界はとても高いリスクを抱えていることを再認識させた。「この件で、我々の課題の複雑性が増しました。ヤフーはどのインターネット大手よりも早く、潜在的に変化を生む力を持つ情報コミュニケーション・サービスを、人権に対する概念が異なる国で提供するという決定をしていたわけですから」

その翌年、マイケルは同社で「ビジネスと人権プログラム」を創設し、これを運営する上級弁護士としてエベリー・オコビを迎え入れた。同プログラムによって部門横断型のチームが作られ、同社が人権に関するリスクを評価し、軽減するための基準が明確にされ、その中には人権インパクト評価（私がBPのインドネシアで実施した調査に類似）を行なうという指示や、外部の利害関係者による関与も含まれていた。エベリーは、私に次のように語った。「『これをやるべきです。大事なことです。理由はこうです』などと、私がプッシュする必要はまったくありませんでした。ヤフーは世間から徹底的に叩かれていましたし、幹部は個人攻撃も受けていました。CEOのジェリー・ヤンは面と向かって『倫理においては小人』と言われ、法務担当責任者も名指しで『偽証者』と言われました。ですから私は、この仕事の重要性をわかってもらうために誰かを説得する必要なんて、まったくありませんでした」

これらのほかにも、企業内理想主義者たちの仕事には即座の対応が求められることを示す事例はたくさんある。企業内理想主義者が推し進める方針や業務プロセスは、表面的に取り繕えば済むようなものではないうえに、一年先とか次の四半期に先送りするどころか、一カ月も待てないことすらある。人の命がかかっているのだ。多くの場合、CEOたちは直接その緊急性を理解している。だが、それでもまだ疑問が残る。このような悲惨な労働災害はなぜ発生し続けるのだろうか?

事故はビジネスの代償なのか

このような事故が起きた時、それはビジネスをやっていくうえでの代償なのだと短絡的に考える企業が存在するというのが、もっとも辛辣な説明だ。ショーン・アンセットは、私にこう言った。「この点に関するもっとも辛辣な見方は、次のようなものでしょう。『企業としては計算に基づいて先の展開が読めるし、2年ごとに大きな問題が発生して、その処理にはいくらかかるのかという話もできる。それでも、我々はこのビジネスモデルを維持しながらビジネスを続けることにする。なぜならば、株主がそれを要求しているし、消費者もそれを望んでいるのだから』」。1970年代、フォード社が「ピント」という車種に安全性を高めるための改良を加えないことを決定し、その根拠として設計変更に伴う費用が事故による死亡者の遺族に支払う賠償金として試算した合計額（20万ドル――同社が設定した人命の価値）よりも高くなるという試算をしたからだということが報じられると、同社に批判が殺到した。[18]

1970年代のフォードが実践していたとされるビジネスモデルをあからさまに踏襲してはいない企業でも、なんらかの費用便益分析を行なわないわけにはいかない。企業内理想主義者の仕事の大半は予防に関することであり、いくつもの梃子《てこ》を使いながら多面的な問題に触れるので、あるひとつの介入にかかる費用を正当化するのが難しい場合もある。悲惨な大事故の中には、たとえば、アチェの社会不安によるエクソンモービルのプラント閉鎖（1億〜3億5000万ドル）[19]や、ディープウォーター・ホライズンの爆発事故（420億ドルとされるが、この数字は増え続けている）[20]のようにコストがはっきりと示されるものがある。私がビジネスと人権に関する国連の任務で働いていた時の元同僚のひとりが、ある調査の責任者を務めていたのだが、その中に次のような指摘があった。「現地の紛争が原因で1週間生産が遅れるたびに、ひとつの鉱山における損失は2000万ドルに達する可能性がある」[21]

お金は強大な力を持っているが、お金だけが企業の行動を左右する唯一の要因ではない。私が中国とインドネシアで目の当たりにしたように、評判を落としかねないリスクや社会的営業免許も、同じくらいの影響力を発揮することがある。

起きなかったことへの報酬はない

むやみに警鐘を鳴らすことなくリスクをつねに念頭に置いて行動するのは難しいことだが、企業内理想主義者の重要な仕事である。そのひとつの理由は、彼らの仕事は危機が発生しなかったことによって成功と定義されるが、「起こらなかったこと」に対して褒められることは滅多にないからだ。スポーツで守備にまわった時と同じで、企業内理想主義者はセーブを連発したかもしれないのに、失敗した瞬間のほうが後々まで人々の記憶に残るという傾向がある。ある企業内理想主義者は、私に次のようなエピソードを打ち明けてくれた。勤めていた会社で、社員に贈られる栄誉ある賞が大事故を処理した同僚に贈られた時、彼女は怒り心頭だったという。「嘘でしょ？」と彼女は驚いた。「事故が起きないように安全対策をしてきた私たちは、評価してもらえないの？」

ヤフーのエベリー・オコビは、次のように語った。「あなたの仕事の大部分を占めているのは、悪いことが起きないようにすること。だから、あなたが良い仕事をしていると、会社の人たちは『この仕事、ほんとうに必要なのだろうか？』と思い始めるのです」

産金大手バリック・ゴールド社でバイスプレジデント兼法務担当責任者補佐を務めるジョナサ

ン・ドリマーは、会社全体で実施する人権研修プログラムを2011年から導入し始めた。彼の話では、わざわざ時間をとって研修を受けることについて、当初は抵抗する社員がいたが、そのような反応は次第に薄れていったという。研修のことを褒められた経験があるかどうか聞いてみたところ、彼はこう答えた。「誰からも『すごくいいね』などと言われたことはありません。ただ不満を言われないというだけですね。誰もなにも言わない時は、うまくいっているということですよ」

蚊帳の外

そして、企業内理想主義者の中には、その役割が社内であまりにも軽んじられているために、自分でもそのことに気づいていない人がいる。2012年、ある大手投資銀行でCSR部門の責任者を務める男性の講演会を聞きに行くと、同行は利益の一部を寄付するという素晴らしい慈善プログラムを実施していると語っていた。彼はそのついでに、かつて中南米で重大な環境破壊を引き起こしたことで知られる工場に関連する案件を検討中の同僚から電話会議に招かれたことに触れた。同僚がそんな案件を検討するなんて、彼にはとても奇妙なことに思えて驚いたという。そのような内容の電話は、それまで彼が参加を要請されなかっただけで、おそらく毎週何百本も飛び交っている可能性があるのだが、彼自身はそのことにまったく気づいていないようなので、私は驚いた。

この講演のあと何カ月ものあいだ、あの人はなんという思い違いをしているのだろうと思い出しては、はらわたが煮えくり返った。自分の会社が世界的な金融危機の主犯格になっている時に、その会社がいかに素晴らしいかについて滔々と語るなんて、どういう神経をしているのだろう！ 1年にわずか数分ほどCEOと話す機会があるだけなのに、それがCEOの仕事ぶりを象徴している――あたかもそのCEOは社内の全員とそうやっていつも話している――と思い込むなんて、相当な世間知らずに違いない。

しかしある日、心の中でイライラをぶちまけている最中に、ふと思った。ちょっと待って。私もあんなふうに思い違いをしていないだろうか？ BPは本社の近くにある現場では模範的行動とは正反対の失態を演じているというのに、遠く世界の片隅にあるプロジェクトでは人権に関して素晴らしい取り組みを行なっているなどと言ったら、私の話も同じくらい滑稽に聞こえるだろうか？

そうなのかもしれない。だが、それでも私は、重大なプロジェクトにまつわるリスクを軽減するという自分の仕事は、BPの主たる事業と関連性の薄いものではなく、同社の核となるビジネスの一部分であったと信じている。もしあの投資銀行のCSR担当者が、汚染を招くようなプロジェクトの検討を阻止するとか、少なくともその案件に融資条件をつける（たとえば「エクエーター原則」――世界で80の金融機関が採択している、環境および社会に配慮した活動を行なうための基準――を忠実に守るなど）とか、そういうことをしたのであれば、私はもう少し寛大な気持ちで彼の話を聞くことができただろう。人権擁護について、私は社内の隅々にまで浸透させることができなかったのは言うまでもないが、BPの重要なプロジェクトにおいて取り組んだ仕事がポジティブな効果をもたらしたことは確かだ。中国のSECCOプロジェクトでは建設工事で死者を出さなかったし、インドネシアのタングーでは地域コミュニティとの関係を構築し、コミュニティ・プログラムを実践している。それでもやはり、私は自問せずにはいられない。自分で認識していたよりも、実際にはもっと私の役割は軽んじられていたのだろうか?

これは、多くの企業内理想主義者が問わずにはいられない問題だ。ある人は、危機的な状況になるとしょっちゅう駆り出され、激怒する活動家たちの対応を任されるという。「会社にとって不可欠な仕事をしていると思う反面、自分は完璧に周辺に追いやられ、過小評価されているような気もする」。また、「ヤング・ウィメン・イン・エナジー」の創設者アンナ・マレーは、次のように語った。「公にされていることであれば、少なくとも直接見えるので対処できます。困るのは公にされていない時で、たとえば全体の計画や話し合いの中に、その人の役割が含まれていないような場合です。そこがいつも苦労するところですね。その人が社内で果たしている機能は、まったく理解も尊重もされていないことが露呈してしまうわけですから」

社内の人たちが課題を認識している場合でさえ、企業内理想主義者は自分も議論の場に参加するのは建設的なことであると、わかってもらう努力をしなければならない。「あなたをミーティングに呼びたいと関係者が思うようでなければダメなのです」と指摘するのは、ニューバランス社のモニカ・ゴーマンだ。「たとえその人たちが、あなたの発言を好ましく思っていないとしても」

企業内理想主義者は、つねに社内全体を見渡して人脈を築く――自分が所属する部署だけに留まらず、事業のユニット、地域、部門の垣根を越えて横断的に付き合い、経営の上層部から次世代のリーダーたちまで、年齢や序列の壁を越えて縦のつながりを作り、現場のマネージャーや最前線の仕事に従事しているスタッフまで、本社の外に向かって人脈を広げる――ということを、心がけなければならない。人権や持続可能性は、あまりにも多くの多様な課題に絡んでいるため、社内のいかなる仕事もこれらと無関係ではない。問題を未然に防ぎ、解決策に取り組むためには、全員がそのことをよくわかっていなければならない。まさに社内をそのような状態にすることが、企業内理想主義者の仕事である。マイクロソフト社で企業市民活動のディレクターを務めるダン・ブロスの言葉が、このことを端的に表している。「私は縦につながる世界で、横に広がる仕事をしているのです」

複数の要因が重なれば

私がアジアで従事したBPのプロジェクトは、いずれも本国と受け入れ国の両政府、現地のNGOおよび世界的に活動するNGO、投資家、そして近隣地域の人々から、異例の精査を受けていたのだと、いま改めて思う。しかしその一方で、メキシコ湾岸の原油流出事故に関しては、大統領直轄の事故調査委員会がまとめた報告書の中で、当時オフショア掘削の監督責任を持っていた米内務省鉱物管理局（BPの原油流出事故のあと大幅な組織改編が行なわれた）について次のように指摘されていた。「同機関では、リソース、技術的な研修、およびオフショア掘削が安全かつ信頼できる方法で実施されることを保証するために不可欠である石油工学の経験が、組織全体として不足していた」。報告書はさらに踏み込んで、こう述べている。「歴代の大統領、米国連邦議会議員、同機関の責任者は何十年ものあいだ、オフショア掘削の安全を保証することよりも、それによってもたらされる巨額の歳入にばかり気をとられていた」。この報告書の内容を、国連の「ビジネスと人権に関する指導原則」の言語に置き換えて考えると、米国政府はメキシコ湾岸において「保護する義務」を果たしていなかったことになる。また、メキシコ湾岸地域では、ＮＧＯの関与や現地の監視機能という点でも、私がほかのプロジェクトで経験したようなレベルの動きは見受けられなかったようだ。

外部による精査がなかったからといって、それは不適切な行動の言い訳にはならない。カリフォルニア大学ロサンゼルス校バスケットボールチームを率いた伝説のコーチ、ジョン・ウッデンは、かつてこう言った。「誰も見ていない時にどのような行動をとるかによって、人間の真価が問われる」。これをより改まった表現に置き換えると、国連の「指導原則」では次のように明確に定義されている。人権を尊重するという企業の責任は、政府が義務を果たしているかどうかにかかわらず、存在する――。

しかし歴史的に見ても、組織というのは外部による監視や精査がなければ、本来やるべきことをみずから実践しようとしないものだ。ヒューマン・ライツ・ウォッチでビジネスと人権を担当するディレクターであるアーヴィンド・ガニサンから聞いた話を引用しよう。

過去100年の歴史をひもといても、人権に関することが原因で企業を規制する際に、企業や政府が十分な知識に基づいて自発的にみずから働きかけたことを示す事例は見当たりません。独占禁止法や、アプトン・シンクレアの『ジャングル』〔精肉業界の劣悪な労働環境を告発した社会派の小説〕の時代に遡って考えればわかりますよ。人権擁護につながる効力をもった法律や規制、あるいは慣習といったものが企業に適応された時――労働法であれ、それ以外のものであれ――はいつもそうなのですが、当事者である組織が改革の志に突き動かされて動いた結果ではありません。外部からのプレッシャーがあったから、そうなったのです。

アーヴィンドは、自身が所属する部署の役割を次のようにとらえていると説明してくれた。第一に、問題を表面化させること。「問題を客観的かつ徹底的に記録し、それを一般の人々に示して関心を持ってもらう。そして、解決策を盛り込んだ分析を提供します」。一方で、彼は企業内理想主義者や政府の担当者が仕事を進めやすいように支援することも、自分の仕事の一環だと考えている。「どの場合でも、NGOがやっていることは、そうした組織の中に存在する改革派の声が聞こえてくる余地を作り、彼らが変化を遂げられるようにすることなのです」。ヒューマン・ライツ・ファーストでビジネスとの提携を担うメグ・ローゲンサックも、同様の意見を持っている。

ＮＧＯとしては、企業の中にいる人々が人権問題を改善できるように鼓舞している、という部分が大きいのです。もちろん、外にいる私たちが影響力を発揮したり、社会的な圧力を醸成したりすることはできますし、それ自体も私たちがやるべき大切なことです。しかし究極的には、彼らも私たちも広い意味で同じ目標を共有している。ですから、共有している懸念を企業がはっきりと口にできるように、私たちは折にふれて課題を定義し直し、彼らがもっと結果につながるかたちで参画できるように努力しなければなりません。

インドネシアのタングー・プロジェクトで、私たちはこれまでにない前向きな対応策を打ち出したが、それを可能にしたのは外部による監視だけではない。様々な要因がぴったりと重なり合った結果である。コロンビアで操業の危機や企業イメージの悪化を経験したばかりのＣＥＯは、同じ過ちを繰り返したくはなかった。数人のＢＰ幹部がコロンビアから直接インドネシアへ移動し、社会的営業免許の大切さを直接理解した。原油の買い手を確保するのを遅らせた結果、問題の性質を理解して現地の人々との関係を深める時間が持てたこと。当時の状況はその特殊さがはっきりとわかり、非常に多くの面で慎重を要するものだったので、まさに想像しうるかぎりの努力が必要とされた。

中国でも同じくらい難しい環境に居合わせたが、やはり様々な要素が重なった。ＢＰ幹部は、できるだけ長期的な提携または合弁事業のパートナーとして自分たちの評判を大切にしてくれる相手と共に良好な関係とビジネスの進め方を構築することに前向きだった。そして、私たちは国際的な大都市とメディアから物理的に近い距離にいた。

ロンドンでは、私が担当した人権関連の仕事に世界各地のプロジェクトに従事するＢＰの同僚たちが熱心に参加してくれた。彼ら自身が取り組んでいる課題も、社内の認識が高まることを必要としていた。しかし当時を振り返ると、彼らはＢＰのグローバル人員の中の、ほんの一部にすぎなかったことに今更ながら気づく。

さてここで、課題は危機や圧力などによって設定され、企業内理想主義者が政府での交渉の場につけることになったと仮定してみよう。次はどのようなステップを踏めばいいだろう？　複雑に入り組んだ問題についての認知度を高めるというのは、やるべきことのひとつだ。だが、企業内理想主義者と彼らの企業は、その問題に関してどのように対応することができるだろうか？

欲しいものリスト

企業内理想主義者の「欲しいものリスト」に必ずと言っていいほど含まれているアイテムは、リソース配分とプロジェクトの承認プロセスの中に社会的な課題を加えることだ。具体的には、社会的なリスクが評価されるまではプロジェクトを次の段階へ進めないことや、同業他社と協力し、Ｎ

GOや直接影響を受けたコミュニティと共に課題に取り組むことに対する承認と予算手当、会社が抱えている課題についてもっと開かれたコミュニケーションを行なうこと、などだ。何人もの企業内理想主義者が口ぐちに訴えるのは、広報部門が彼らにとっての最大のハードルであるということだ。企業内理想主義者は、もっと中立的な立場で課題について語ったほうが信頼性も高まるし、協力してもらえる余地が広がると主張するのだが、広報は会社にとって都合の良い話しか公表したがらない。

企業内理想主義者の「欲しいものリスト」の中には過激なものなど含まれていないのだが、どのアイテムも従来のビジネス手法からの離脱を示唆している。時には、ひとつの企業が先に行動を起こしたことによって、ほかの企業があとに続けるようになるという場合もある。様々な業界で働く多くの企業内理想主義者たちから聞いた話によると、供給業者のリストを公表するには、社内でかなり奮闘しなければならなかったという。ナイキ社とリーバイ・ストラウス社は1995年に同様のリストを公表しているし、ヒューレット・パッカード社も2008年にリストを公表してエレクトロニクス業界を引っ張ってきた。こうした例があるにもかかわらず、彼らが勤める会社の人々は、そのようなものを公表すると会社がなんらかのかたちで不利な立場に置かれると思い込んでいるので、そうした社内の偏見と闘わなければならなかったそうだ。それでもやはり、自分たちに近い同業他社（規模、市場、供給業者のベースが類似している）がリストを公表し、それを同僚たちが見るまでは、会社を説き伏せることはできなかった――ある人の言葉を借りれば「旧世界は終わらなかった」

――と、多くの企業内理想主義者が話していた。

環境に配慮した家庭用品として人気のあるセブンス・ジェネレーション社の創業者で元ＣＥＯのジェフリー・ホレンダーは、「できること」を示すことは彼が掲げる使命の中で大きなウェイトを占めると考えている。

次に挙げる三つを満たす新しい可能性のモデルを作っていくことに、私は以前にも増して注力するようになりました。ひとつ目は、実現可能であると証明できること。ふたつ目は、他社に追随を促すこと。三つ目は、「ひとつの企業ができたのに、なぜ他社は同じように行動しないのか」という問いかけを始めること。このことにおいて、セブンス・ジェネレーションはもっとも成功しています。我々がやっていることを真似しようと、他社が刺激を受けたのです。セブンス・ジェネレーションのモデルは消費者に対して、同社に期待すべきこと、または期待できることはなにかを、明確に打ち出しています。まだ不完全なモデルでしたが、ほかの選択肢と比べたら、はるかに良いモデルでした。

ビジネスパーソンとしての私自身の役割は、当社は従来とは異なる道を追求することに成功してきたので、他社との対話において彼らの行動を変えることができる立場で話せるところに価値があるのです。グリーンピースの会長として立ち上がって企業の行動について発言するのと、ビジネス界のリーダーとして立ち上がって発言するのとでは、違いがあるのです。

中国での危機を経験したあと、ヤフーではエベリー・オコビが率いる「ビジネスと人権プログラム」が導入され、今では定期的に人権インパクト評価を実施し、人権擁護者たちと将来を見据えて積極的に関わっている。[22] 企業内理想主義者の「欲しいものリスト」に挙げられている多くのアイテムを、どうやって手に入れて活用していくか——。ヤフーは、それを示してくれた。

企業も大きなシステムの一部

しかし、エベリーをはじめとする企業内理想主義者たちの仕事は、一社単体でできることの限界も示している。企業は、事業を行なう国の法律に従わなければならず、それに違反すると、従業員と事業がリスクに晒されてしまう可能性がある。政府の命令に異議を唱えたことでスタッフがいやがらせを受けたり、あるいは拘留されたりすることさえあったが、さらに役人の怒りを買って同僚に危険が及ぶのを恐れ、そのことを公にしなかったと、何人もの企業内理想主義者から聞いた。BPは、アンゴラ政府への支払いを公表すると誓ったあと、土地を没収すると言って脅された。

法に背くことによる実質的な影響がゼロだとしても、法令順守はしてもしなくてもよいなどと、企業が単独で決めることはできない。インターネット企業は、世界各地で政府の要請に応じて利用者に関する情報を提供し、非難を浴びているが、企業としては、その情報が反体制派の投獄につながるのか、爆弾のありかを突き止めるために使われるのか、知る由もないのだ。ここで、エベリーの言葉を紹介しよう。

人々は、従業員にふりかかるリスクをわかっていませんし、「その国の法律を守る・守らないは任意に判断してよい」と考えているような行動をとります。でも、そんなことはしないほうがいい。企業の従業員は選挙で選ばれたわけではないし、株主を除けばいかなる集合的利益も代弁していないのですから、法を逸脱するようなことはやめたほうがいい。たとえば、中国の企業が米国へ来て、『はい、はい、あなたがたの憲法が言論の自由を認めていることも、労働法があることも知っています。でも、我々は自分たちのやり方を通しますから』と言ったら、困りますよね?」

多国籍企業の活動と将来性を、生態系《エコシステム》から切り離して考えることは不可能だ。多国籍企業は、政府の法令と業務(このふたつは矛盾しうる)、市民団体、一般の消費者および市民、そして国際社会を含めた大きな枠組みの中で、ひとつの要素として成り立っているのだ。企業内理想主義者が遭遇する課題はどれも、ひとつだけをとっても複雑なのだが、相互につながっている。

私はそれをインドネシアで学んだ。BPと軍部が地域コミュニティとどのような関係を築いているかを考慮しなければ、警備員を配置することができなかったのだが、その関係性については、地域コミュニティの安定と福祉から切り離して考えることはできなかったし、地域コミュニティの安定と福祉はその地形や歴史、各種政府（地域、地方、国）との関係に左右される。そして、地域コミュニティと政府の関係は、その国の経済や政治の情勢によって決まる。それらすべてにおけるBPの役割を部分的に形成しているものは、最新の技術による可能性――資源を取り囲む物理的および社会的な環境をなるべく破壊しないようにしながら、地域的または世界的なエネルギーの需要に応えられるようにするためには、なにができるか――である。

大手のアパレルブランドにとって、業界で競争力を維持することは、賃金がもっとも低い国で商品を作ることを意味するようになった。しかし、ラナ・プラザで起きた悲劇で明らかになったように、衣料品工場で働く人々の賃金は、パズルの小さなひとつのピースにすぎない。BSRのジェレミー・プレプサスは、私に次のように語った。「賃金はひとつの要素です。しかし一口に賃金といっても、それには健康と安全を管理するマネージャーの給料や、人事マネージャーの給料、建物の建設に従事した作業員の賃金なども含まれるのです。つまり企業は、ひとつの仕組みを丸ごと買い取っていることになるのです」

サプライチェーンの製造現場において、これだけ複雑な要素が絡み合っているのと同様に、消費する側も当然ながら、企業の営業活動に大きな影響を与えている。ある研究によると、良好な労働環境を確保するためのコストとして商品価格に付加されるのは、ジーパン1本につき1ドルにも満たないという。(23) しかし別の研究によると、ほかに特典が付与されるならば、消費者はそっちへ流れてしまうという。アンケートでは倫理を重視すると答えておきながら、いざ商品を買うとなると、少しでも多く払うのはイヤなのだ。ある研究では、「公正な労働環境で作られています」という印がついたソックスと、そのような印がついていないソックスが同じ値段である場合でも、印がついているソックスを選ぶのは消費者の半数に留まることがわかった[24]。また、印がついているソックスに1・5倍の価格がついていた場合、それを買った人は全体の四分の一にすぎなかったという。

物事の構造的な複雑さを理解すると、その中で果たすべき自分の役割について、現実的な視点を持てるようになる。ギャップ社でビジネスと人権に関するシニア・アドバイザーを務めるダリル・クヌードセンは、次のように話していた。「以前と比べると、私は自信喪失の危機に陥ることが少なくなりました。それが良いことなのか、悪いことなのかは、わかりませんが……。以前と比べると、自分が個人的に批判されているようには感じなくなりましたし、『なにもかも自分の責任で解決しないといけない』とは思わなくなりました。そこまで自分ひとりで背負わなくなったのです。もっと大きなシステムが抱えている問題なのですから、私たちはそれぞれが受け持つ仕事をやらなければなりません」

ある時、彼の同僚がこう言ったという。「誰かひとりの人間、どこかひとつの組織または企業が権力を持ちすぎることが問題なのではなく、誰も管理していないことこそが問題なのだ」

自分たちが取り組んでいる課題は複雑かつ構造的なものであることを思い知ると、気が遠くなり、委縮してしまう。企業内理想主義者たちは、自分たちの仕事をどのようにとらえ、現実的な視点に立ちつつやりがいのある役割期待をどのように設定しているのだろうか？

一度にひとりずつ救う

私が会った企業内理想主義者の多くは、自分たちの仕事は少しずつしか成果として現れないことを認識していた。彼らは資本主義や自分たちの会社をひっくり返すようなことをしているわけではないし、就業中に事故を防ぐようなことをしているわけでもない。それでも、自分たちは超大型タンカーのような大企業を正しい方向へゆっくりと動かしていると、彼らは強く思っている。

ニューバランス社のモニカ・ゴーマンは、次のように話していた。「自分たちがこの会社を良くしているという思いがなかったら、私はこの仕事をやっていません。あまりにも少しずつしか変わらないから、成果が限りなく見えにくい場合もあるんじゃないかって？　もちろん、そうですよ」。

彼女の前職は、アメリカン・イーグル・アウトフィッターズ社のCSRおよび国際貿易コンプライアンスの責任者で、彼女はその職務に就いていた4年のあいだに、中国で労働者のホットラインを試験的に導入し、同社が公正労働協会に加入するように導き、同社初のCSRレポートを発行した。もっとCSRが進んでいる企業は、これらを画期的な進歩とは思わないかもしれないことを、彼女はわかっている。「でも、こういうことをするには社内の人々が安心してすんなりと受け入れられるような雰囲気づくりが必要で、それにはとても時間がかかりました。このことによって会社に変化が生じたという実感がありますし、3年半前と比べると、この会社でこれらの問題を理解している人の数は、ずっと多くなりました。まさに、こういう変化が見られるからこそ、頑張れるんです。ただし、道のりは長いということを自覚していないといけませんね」

エネルギー、通信、金融といった業界で持続可能性の仕事に携わってきたシャーロット・グレゾは、自身の仕事について現実的な見方をしている。「彼らがこれまでやるべきことを十分にやってきたかどうか、物事を最良の方法で進めてきたかどうかは、いつだっていかようにも解釈できるのです。しかし少なくとも、私がそれらの会社に入った当初と比べれば、あまり大きな間違いをしなくなりましたし、良からぬ行動をとることも少なくなりました」

キャンベル・スープ社のデーブ・スタンギスは、同社がダウ・ジョーンズ・サステナビリティ・インデックスの対象に選ばれたことを振り返って、こう語った。「こういうことがあるから、この仕事を続けられる。そうですよね？　こうした小さな勝利が励みになります。正直なところ、力を発揮しきれないこともありますし、今でも他社の動向を見て学んでいることはたくさんあります。でも、我々が先陣を切って始めたこともあるんです。とはいえ、これから先もやるべきことはたくさんあります。持続可能性というのは、超長距離マラソンで、しかもゴールラインがつねに移動しているんですよ」

ケヴィン・ハーゲンは、2008年から2012年まで、アウトドア用品の販売大手REIでCSRマネージャーを務めた。彼は「グリーン・ビズ・ドットコム」のインタビューで、同社での経験について次のように語っている。

少しずつ段階的に改善するのでは不十分だという人は多い。なぜかというと、環境にやさしいデザインの指導者であるウィリアム・マクダナーの比喩を借りれば、断崖に向かう途中で車を減速させるのは正しいアプローチではないと思っているからです。ところが、段階的な改善に取り組むことによって、私たちは新しい方法で組織を鍛えることができるのです。新しいスキルを学び、新しい能力を身につけると、新たな側面——たとえばエネルギー効率など——を検討し始めた時に、現状を打破できるような機会に目を向けられるようになり、前進し始めることができたのです。そして、太陽光エネルギーによって店舗に電力を供給するといったように、今までとはまったく違うやり方でできるということに気づきました。これはまさしく画期的なことでした。

ですから私は、段階的な改善は、仮にその有効性は不十分だとしても、きわめて大切だと思います。段階的に改善することによって、ほんとうに画期的なことはどういうものなのか、組織が理解できる状態になるのです。[25]

少しずつ段階的に改革を進めるという考え方（漸進主義）は、大きな目標に向かいながら組織としては小さなステップを踏んでいくことでもあり、もしくは一度にひとりの人間に集中することを指す場合もある。マルセラ・マヌーベンスは、アパレル業界で20年間ＣＳＲの仕事に携わり、現在はユニリーバで社会的インパクトを担当するグローバル副本部長を務めている。彼女から、１９９０年代に初めてバングラデシュを訪問した時の話を聞いた。渡航したのはモンスーンの時期で、バングラデシュでは大きな洪水が発生したばかりだった。何世帯もの家族が屋根の上に集まって救助を待つ姿が見えたという。空港の到着ロビーで、ある女性がマルセラの腕に赤ん坊を押しつけてきた。女性はマルセラに子どもを売りつけようとしているのだと、ガイドが説明してくれた。マルセラは世界各地を訪れていたが、この時に目の当たりにしたほどの貧困を見たことがなかったので、その晩は泣きながらホテルに辿り着いたという。彼女は自分にこう言い聞かせた。「マルセラ、落ち着いて。まずは誰かひとりの、ひとつの命よ。ひとりの人に影響を与えることができたら、私はそれでいい」

「こういう経緯があって、私はこの仕事を『一度にひとりずつ』という視点でとらえるようになったのです」

ＢＳＲのジェレミー・プレプサスは、少しずつ段階的に進めるという考え方——労災に巻き込まれる指を一度に一本ずつ救っていくというような——は、必要だけれどもあまり有効ではないと考えている。「こうした様々な取り組みに、非常に大きな影響力がなかったとしても、もしそれがビジネスの戦術や作戦であるとか、あるいは一人ひとりの手足の指をどうするかが問題の中心なのであれば、それで構いません。しかし、この仕事で我々が目指すべきものは、そういうことではない。

ここで我々が議論していることは、『グローバル企業はどのように事業を展開すべきか?』という、我々の時代に突きつけられた根本的な問いかけなのです」

変革を求めて

ＢＰで一緒に仕事をしていたデヴィッド・ライスは同社を２００６年に定年退職し、現在はケンブリッジ大学で「持続可能性リーダーシップ・プログラム」のフェローをしている。彼はここで様々な業界から集まってくる社会人を対象に講義を行なったり、指導したりしているが、「少しずつ段階的に進める」という考え方で仕事をしている人が多く見受けられるという。彼はそれを次のように説明した。「『自分の会社のことを、私はよくわかっていないかもしれない。でも私の仕事は、この会社を以前よりも良い組織に変えていると思う』。こういうふうに仕事ができれば、大きな充実感を味わえるでしょう」

一方で、デヴィッドは業界に変革をもたらす動きにも加わっていた。ＢＰがコロンビアで適切な警備体制を構築するのに苦労し、自分たちで独自に規定を作ることはできないし、またそうすべきでもないと認識するようになったあと、デヴィッドは企業と人権擁護団体、そして政府をとりまとめて連合体を作り、「安全と人権に関する自主原則」を練り上げた。この原則には、資源開発大手のほとんどが署名している。アンゴラで行なった政府への支払いについて公表するというＢＰの試みは物議を醸したが、このことは「採取産業透明性イニシアチブ」（ＥＩＴＩ）が生まれるきっかけになった。現在、ＥＩＴＩの認証要件を満たしている順守国は23カ国で、世界を代表する石油、ガス、採鉱の大手80社が、支援企業として名を連ねている。[26] ここで、デヴィッドの話を紹介しよう。

私自身がもっとも喜びを感じるのは、「自主原則」やＥＩＴＩ、そして温室効果ガスの排出権取引を通じて、業界全体が変わったと思える時です。ＢＰの社内排出権取引制度は、ＥＵの排出権取引計画に先駆けて実施されたプログラムのひとつです。企業は時代に逆行することはできても、一度始めたことを元に戻すことはできません。少しずつ段階的な改善を進めていても、やはりどこかで大きな変化を生むようなこと――その業界や分野を変えてしまうような――も可能なのです。そうしたら、世界の多くの場所で、人々の生活に影響を与えたことになる。[27]

業界を動かすというのは、単に充実感を味わえるだけのことではない。一社単独では言及することができない、あるいはすべきではない複雑な問題を提起するためには、欠かせないことだ。ダグ・カーンはリーボック社で人権プログラムを運営していた時、同社のサッカーボールの製造現場で児童労働をさせないようにする取り組みを牽引した。当時、サッカーボールの大半が作られていたパキスタンのシアルコットでは児童労働が広く行なわれていたことを考えると、これは決して小さな功績ではない。リーボックは「児童労働を排除して作られた製品であることを保証します」という文言を、堂々とボールに印字した。ところが、ダグの話では次のような問題が生じた。「リーボックのボールを仕入れたくないと、少なくとも1社の販売業者から言われました。なぜかというと、棚に並んでいる他社製品のボールはすべて児童労働によって作られていることを我々のメッセージがほのめかしており、売る側としてはそういう状況を作りたくない、というわけです」。リーボックは最終的に、スポーツ用品製造者協会と世界スポーツ用品工業連盟に働きかけ、すべての会員企業に対してより高い基準を設けることを約束させた。そして、同社が使っていた文言は引っ込めた。

しかし企業内理想主義者の中には、こうした滅多にない変革の機会が訪れるのを待っているあいだに、コツコツと苦労しながら段階的に進めることに嫌気がさしてしまう人もいる。ジェフリー・ホレンダーはセブンス・ジェネレーション社を立ち上げ、20年で同社を環境に配慮した家庭用品のトップブランドに育て上げた。ところが失望した彼は、ついに同社を去ってしまった。その理由について、ホレンダーは次のように語った。

いわゆる「社会的責任」や「持続可能性」を標榜する我々のような企業コミュニティは、なにが「良いもの」なのかについては十分な理解を持たないまま、「より害の少ないもの」というモデルを追求しているのだということが、いよいよ浮き彫りになってきました。ペーパータオルを作っていれば、いかにそれが再生紙を使った無漂白のものであっても、やはり数知れぬ環境破壊の要因のひとつになっていることに変わりはないし、それがある限り、私たち人間はこれまでと同じ道を歩み続けるのです。だから私は、「再生力があって、良いもの」とはなにかを問うという、まったく違う道を歩き始めることにしたのです。

ある意味では、「持続可能性」は問題をはらんでいます。なぜなら、私たちは現状の維持はするものの、自分たちが直面している問題は提起しようとしないからです。これだけ努力してきたというのに、実際になんとか実現できたのは、競合他社の製品よりも「害が少ない」製品を作っただけだったというのは、なんとも悲しい気づきでしたね。

持続可能性の分野におけるリーダー的存在のひとりが、持続可能性という概念そのものに疑問を投げかけたことは、企業内理想主義者の誰にとっても、立ち止まって考えるきっかけになった。同様の疑問を持ったのは、ギャップ、バーバリー、アップルを渡り歩いてサプライチェーンの仕事に13年間携わった、ショーン・アンセットだ。彼は次のように自問自答したという。「自分はこれからも、少しずつ段階的に進めていく仕事を中心にやっていくのか、それともこれから先の15年は、大きな変化を生むような仕事に関わりたいのか」。彼は後者を選び、いくつかの社会的企業のプロジェクトを経験したあと、フェアフォン社で持続可能性を担当する責任者になった。同社の使命は、紛争鉱物〔紛争地域で不当な方法で採掘された鉱物。収益が武装勢力の資金源となる〕の不使用を実践し、公正な賃

金を支払うことによって、「社会的価値を最優先に考えた」初のスマートフォンを作ることだ。(28)

一方で、大企業に残るという道を選んだ企業内理想主義者もいる。ショーンは、そのような考え方も尊重している。「この問題について自分はどうしたいのか、職業人として、個人として、その両方の視点で考えなければならず、中にはとても情熱的に努力を重ね、可能性を広げている人もいます。少しずつ段階的に進める分野もあるので、それに取り組む人々の存在も必要です。政策や枠組みをグローバルな視点で考える人々がいなければなりません。ビジネスの現場で頑張る人も、中間的なフィールドで頑張る人も、すべて必要なのです」

リーボックでの勤務経験を持つダグ・カーンに、現在の複雑で欠陥のあるサプライチェーンの仕組みを改善するのと、ゼロから新しい仕組みを作るのとでは、どちらがよいかと尋ねたところ、彼の返事はこうだった。「その質問に対する答えは、これまでの自分の経験を振り返ると、それぞれの場面によって異なります。ですから、今後もまた変わっていく可能性があると思っています。10年前にわかっていたような限界が、今あるでしょうか？　それはもちろん、あります。同じように、好機だってあるのですよ。もし私たちが、サプライチェーンの関係を異なる方法で構築することにばかりに一生懸命になっていて、段階的な改善に取り組むことを怠ってしまったら、私たちが本来守ろうとしている労働者たちを傷つけることになってしまうかもしれない。私は、この問題には選択肢がふたつしかないとは思っていません」

私自身は、少しずつ段階的に進めるということを考えたことはなかったし、何人もの企業内理想主義者が言及するまで、自分の仕事をそのような角度でとらえたこともなかった。だがこの視点に立ってみると、自分がBPで経験したことを、もっとよく理解することができた。同社のすべての機能、すべての人にまで浸透させることはできなかったが、私自身がいくつかのプロジェクトで有意義な変化を起こしたし、同僚がそうした変化を起こすことも支援した。人権インパクト評価など、模範となるやり方を試験的に実践した。これに倣って、他社でも人権インパクト評価が採用された。一方で、国連のように規模のより大きなイニシアチブにも携わった。いかなる企業でも単独ではなしえない変革を、このイニシアチブはもたらすことができた。

私がこれまでやってきた仕事の価値を損なうような出来事が続いた時にはそうは思えなかったが、取沙汰されている問題の幅広さと複雑さを考えたら、私はもっと自分の貢献を振り返って自信を持つべきだったのだ。ヘレン・ケラーの言葉に、次のような言葉がある。

「世界が動くのは、強大な英雄の力で押された時だけではない。一人ひとりの誠実な働き者の力が集まった時にも、動くのだ」

ヘレン・ケラーの言葉はどちらかというと、少しずつ段階的に進めるという考え方を支持しているが、障害を持つ人々のために闘い、歴史に残る先駆者となった彼女のような人物と、企業内理想主義者を比較することには違和感を覚える。ファリス・ナトゥールは、BSRに加わる前にカルヴァート・インベストメンツで4年間アナリストとして働き、そこで様々な業界の企業と共に、人権問題への取り組みをリードした。そのような経験を持つ彼は、次のように警鐘を鳴らす。

人権を守るために本気で闘っているのは私たちだけだと勘違いし、CSRに携わる自分たちのことを自画自賛しすぎたりしないように、気をつけなければなりません。私たちは、ビジネスという世界の内側にいる理想主義者ですが、ビジネスの外にいる人権擁護者たちの目には、私たちは実利主義者として映るのです。個人のレベルでは、それぞれが理想を持っているし、大切な役割も担っています。しかしそれは、妥協や実践的な視点に基づいていると同時に、率直に言ってしまうと、「自分たちは快適な場所にいながら人権を擁護したい」という思いも根底にあるのです。

私たちは、企業に責任ある行動をとらせるために世界各地で努力している人たちに敬意を表さなければなりません。彼らの多くは、給与や確定拠出型年金や豪華なオフィスなどとは無縁で、逮捕や迫害のリスクをおかして頑張っているのです。

他者を守るために自分の命を危険に晒す人々は、間違いなく尊敬されるべきであり、彼らの待遇はもっと良くなるべきである。企業内理想主義者は独善的になってはいけないが、より多くの報酬を得ることを悪いと思うべきではない。ダン・パロッタは、「エイズ・ライド」〔エイズ患者などを支援するための資金集めを目的としたサイクリング〕をはじめとするチャリティーイベントを企画・運営する仕事で39万4500ドルの年収を稼いでいたことで批判を浴びたあと、お金儲けをする人は社会正義に専心することはできないという見方に対して、正面切って反論するようになった。パロッタはTEDの講演で、次のように言っている。

人を助ける仕事をして大金を稼ぐという発想に対して、理性とは関係なく、腹の底からなにかしら強い感情が湧いてくるものです。ところがおもしろいことに、人を助ける仕事をせずに大金を稼ぐという概念に対しては、そのような本能的な感情は湧いてきません。暴力的な描写の多いビデオゲームを子どもたちに買わせて5000万ドル稼ぎたければ、どうぞおやりください。ワイアード誌の表紙を飾らせてあげます。でも、マラリア患者の子どもたちを救う活動によって50万ドル稼ごうとすると、あなた自身が寄生虫だと思われてしまうでしょう。

これには倫理観が影響しているのだと思うでしょうが、この倫理観には非常に強い副作用があるということに、人は気づいていません。この副作用は、我が国の名門大学で学んだ優秀な人たちに対して、きわめて違いがはっきりとした、互いに相容れないふたつの進路——自分自身と家族のために成功する、あるいは世界のために良いことをする——を示し、非営利的な分野で活躍すれば世の中を変えられる力を持っている若者を、卒業したら民間企業へと一直線に向かわせてしまうのです。なぜならば、生涯にわたってそのような経済的な犠牲を払うのはご免だと、彼らは感じるからです。(29)

企業内理想主義者の収入は悪くはないが、彼らは現代社会が突き付けられているもっとも重要な課題のひとつ――大企業が人々のために考えて行動するようになるには、どうすればよいか――に専心している。公立学校の教師や人権を守るために頑張っている人たちがもっと金銭的に報われるような世の中になってほしいと、私は思う。だが、それと同時に企業に対しても、自分たちのビジネスが人と環境に与える影響を改善するために働く社員の給料と、そうしたプロジェクトの予算に、もっとお金を使ってほしいと思う。そして、世界でトップクラスの優秀な人材にも、そのようなかたちでお金を受け取る側になってほしいと思う。

時には悪魔とも食事を

企業に責任あるリーダーシップを求めるイニシアチブとして、国連グローバル・コンパクトが始まった時、当時の国連事務総長コフィ・アナンは、ナイキ創業者のフィル・ナイトと一緒に演壇に立つのは悪魔と食事をするようなもの（危険人物と関わる時は用心するように促すことわざ「悪魔と食事をする時は長いスプーンを使え」から）ではないかと問われた。ナイトは、労働搾取工場に抗議する活動家たちから悪魔のようだと批判されていたのだ。アナンは、こう答えた。「天使は我々の助けを必要としませんから」[30]。BSRの代表兼CEOのアーロン・クレイマーに私が話を聞いた時、彼はこう言った。「企業をテーブルに集めておいて、それからテーブルを動かそう、という狙いがあったのです」。

ビル・マクダナーは、環境運動のバイブルのひとつに数えられる著書『サステイナブルなものづくり』[31]の中で、次のように書いている。

大企業も含め、私たちは経済のいかなる分野の相手とも協働する意欲があるので、そのことについて「どうして彼らと仕事をする気になれるのですか？」と、よく聞かれる。その問いに対して、私たちはこんなふうに答えることがある。「どうして彼らと仕事をしないでいられるのですか？」（私たちの頭の中にあるのは、「市民の反抗」の一環で人頭税の支払いを拒否して投獄されたソローをエマーソンが訪ねる場面だ。「君はここでなにをしているんだ？」とエマーソンが聞くと、「君はそこでなにをしているんだ？」というソローの有名な切り返し文句が飛び出したと言われている）〔ヘンリー・ソローは19世紀米国の思想家、詩人。代表作は『ウォールデン――森の生活』や『市民の反抗』などの随筆。彼の生態系の研究は現代の環境保護活動につながり、奴隷制度に対する抗議行動は20世紀のガンディーやキング牧師に影響を与えた。親交があったラルフ・エマーソンも思想家〕

中には、企業と協働するという考えに対する不快感を隠さない人もいる。その人たちにとっては、企業内理想主義者がキャリアとして選択した「企業の内部で働く」という道は、さらに受け入れがたいだろう。リーゼル・フィルゲイラスは、ブラジルの資源開発会社ヴァーレに入社した時、友人から「フォースの暗黒面に落ちるのは、どんな気分？」〔映画『スター・ウォーズ』を引用して〕と聞かれたという。彼女は、次のように答えたそうだ。

良いか悪いかの問題ではありません。私は企業の内部にいるほうが、より多くのことができると思います。企業の一員になることで問題を回避できるし、先を見越した積極的なリスク管理が可能になります。これらは、NGOのような外部の機関にいるとできないことです。そうした機関にできるのは、すでに発生しエスカレートしてしまった問題や影響に取り組むことだけなのです。

リーゼルは、先を見越した積極的なリスクマネジメントの例を紹介してくれた。かつてヴァーレは、先住民族の暮らすコミュニティの近くに寮を作ることを検討していたという。しかし、彼女たちのチームは別の場所を推すことに成功し、彼女は大きな達成感を味わったそうだ。

問題を未然に防ぐことができた時、私は目に見えないこの仕事において、もっともパワーとやりがいを感じます。これは数値で測れないことですし、物質的な方法で報われることもありません。でも、会社と地域コミュニティにとって、これはものすごく大事なことでしたし、この決定に関係した人たちは皆、そのことをわかっています。これこそまさに、企業の内部にいる人の役割として、きわめて重要な部分なのです。

企業の内部で働くことに慣れるまで苦労したと、何人もの企業内理想主義者が打ち明けた。大学や政府での勤務を経てカナダの採鉱企業テック・リソーシズに入社したジリアン・デヴィッドソンは、ある晩の出来事について話してくれた。同社がチリで操業している地域には大きな川がなく降雨量も少ないので、ここで水資源を利用することについて、古くからの友人とパブで激しい言い合いになってしまったのだという。

会話の途中で私の話しぶりが変わってしまったのですが、それは必ずしも好ましいとは言えないものでした。最初は第一人称で「私」を主語にして話し、「私はこういう経験をして、こういうふうに考えている」という言い方をしていたのですが、そのうち仕える立場として「私たち」を使い、自分の会社を弁護していたのです。そこで私は一歩下がって、自分に対してこう言いました。「これはどういう意味なの？　まさか、主義をまげて寝返ったということなの？　私は今でもちゃんと、内部から疑問を投げかけているだろうか？　自分が本来やるべき範囲で、それをやっているだろうか？」

議論がさらにヒートアップしたことを覚えています。その時私は、「はたして自分はなんのために、今こうしてむきになって防衛しているのだろう？」と思いました。以前は、地域コミュニティのために議論をしている時に熱くなって、よくこんなふうになりました。組織の中にいても、自分はまだその姿勢を保っていると思いたいです。

私たちは会社に大きな変化をもたらしました。会社の文化に変化が現れましたし、業務のやり方に転換を促す変化もありました。この仕事は、すぐに結果を出せないですし、簡単ではありません。友人との議論で私がむきになって防衛に転じた理由は、その話を単に「私たち」で括れないからだ、ということに思い至りました。あの会話の中では、確かに「私たち」という括りで話していたけれど、話題にしていたストーリーの一端を私自身も担っているのだ、ということに気づいたのです。私の役割は小さいかもしれませんが、そのストーリーの筋書きの範囲で自分がやってきたことを、誇りに思っています。

企業の内部は、この仕事にとって適切な居場所なのかどうか、ジリアンと私はふたりとも疑問を感じた。だが、これは典型的な悩みであるばかりか、健全な葛藤なのである。ラベルやタグ、特殊テープなどを製造するエイブリィ・デニソン社でグローバル・コンプライアンス・ディレクターを務めるダレル・ドーレンに話を聞くと、彼は次のように語った。

「『私たちがこの仕事をするのは、こうした理由があるからで、私たちが葛藤する理由は、ここにあります』と言う人に、私は心から共感できます。ラビの教義や仏教の教えには、信仰とは葛藤であることが示されています。それは、向こうからあなたの元にやってくるのではありません。葛藤は最初から与えられるものだと説く宗教もありますが、それは違います。自分で闘い、苦悩しなければならないものなのです」

ヤフーで「ビジネスと人権プログラム」を運営するエベリー・オコビは、彼女の葛藤について次のように語った。

この仕事で良い結果を出すためには、会社のことを真摯に考えなければなりません。そして、たとえ外部の人の目には必ずしもそうはっきりとは映らなくても、会社は正しいことをしたがっているのだと、あなた自身が信じていなければなりません。それなのに、責任のあるビジネスに真剣に取り組もうとする人たちが社内にはたくさん存在すると思えなくなってしまったら、「どうして自分はここにいるのだろう?」とあなた自身に問いかける必要があります。自分は会社を良い方向へ導いているのだろうか、それとも会社のPRをやっているだけなのだろうか――? PRも有効ではありますが、ほとんどの企業では、PRをビジネスの戦略的な決断に活用していません。ですから、「私はこれをやりたかったのだろうか?」と自分に問わなければなりません。

もうひとつ気をつけなければいけないのは、あなたが得体の知れない存在だということ。私は、社内ではアウトサイダーで、社外ではインサイダーです。この仕事は、ものすごくエネルギーを感じる時もあれば、ものすごく孤独を感じる時もあります。あなたは自分の会社のことを真摯に考え、会社を信じてやっていくしかないのですが、この仕事で良い結果を出すには、自分のキャリアアップは少し後回しにしなければなりません。あなたが仕事を適切にこなしているのなら、いつも誰かがどこかで、あなたに対してひどく苛立っているはずですよ。

長年親交のある人権擁護者のひとりに、自分が企業で働く姿を想像できるかどうか聞いてみた。すると、彼女は次のように言った。

たとえ問題を内側から解決する立場にあるのだとしても、会社がおかしたなんらかの人権侵害に自分も関与しているのだということを受け入れなければならない……。私はきっとそんなふうに思ってしまうので、はたしてその思いを自分が払拭できるのかどうか、わかりません。また、自分がその会社の人間として認識されるようになること——外部の人の目にそう映るだけではなく、自分自身もそれを認めないといけない——、そして自分もなんらかのかたちで会社がやったことに対して責任を持たされ、巻き込まれてしまったように感じること……。これは、私には耐えられないだろうと思います。

それでも彼女は、企業が優れた取り組みを実施することは可能だと信じているし、いつかは自分も働きたいと思える企業——妥協を余儀なくされるという思いを抱かずに仕事ができる——を見つけられるかもしれないと、心のどこかで希望を持っている。だからこそ、このコメントは匿名にしてほしいとのことだった。

妥協は企業内理想主義者の仕事に付き物だ。だが、それはもちろん企業人に限ったことではない。人権擁護者であり、コロンビア大学で研究職に就いているジョアン・バウアーの談話を紹介しよう（彼女と私は、2012年から同大学でビジネスと人権に関する講義を共同で行なっている）。

人権擁護団体で活動する人も、自分が所属する機関が定める制約の範囲で行動しなければならないのは同じで、次のような決断をつねに迫られています。今は妥協すべきなのか、すべきではないのか、この案件は自分たちが扱うべき課題に含まれるかどうか、どうやってそれらの課題に取り組むのか、人権侵害があるという主張をいつ公表し、いつから活動を展開すべきか、連合体や多様な利害関係者からなるイニシアチブに参加したほうがよいかどうか、キャンペーンを続けたほうがよいか、それとも次の段階へ進んだほうがよいか、特定の問題をタブー視するような寄付者とどのように付き合ったらよいか——。

ギャップ社のダリル・クヌードセンは、高い志を持つ企業内理想主義者のためにまとめた考えを、私と共有してくれた。「CSRの専門家として成果が出せるまでには時間がかかりますが、まるで川が岩を浸食していくように、この仕事はじわじわと確実に実を結んでいきます。非常に手ごわい問題において確実な進歩を得ることができるのですが、その一方で、その企業の社員という立場では絶対に触れられない問題というのも存在します」

メキシコ湾岸で原油が流出した大惨事が発生してから長いあいだ、私は企業で働きたいという気持ちにはなれなかった。少なくとも、その企業の核となるビジネスが抱えている課題に取り組む仕事をする気にはなれなかった。だが、そのような仕事こそ、まさに私が唯一やりたかった仕事だったのだ。その時の私の心境は、「どんなに懸命に人権問題を解決したいと思っていても、その問題に関連する企業の一員にはなりたくなかった」と匿名を条件に吐露してくれた友人の心情と似ていた。ところが、より多くの人々と会い、企業の内外に変化を起こすことができた小さな成功や、企業内にチェンジ・エージェント〔変革を推進する人材〕がいることの重要性について語るうちに、自分自身の「企業内理想主義」を再発見した。この仕事は少しずつ段階的に進むという性質を持ち、危機はつねに発生し続けるということを受け入れること——同時に、こうした危機は不可避であるという考えは否定しつつ——によって、私は自分がやってきたことを再び前向きに評価することができ、もう一度全身全霊でこの分野に取り組みたいと思えるようになった。私は二度と、会社に惚れ込むあまりその過ちには気づかないという状況に陥ることはないだろう。大企業の中で、あるいは大企業と共に、より責任のあるビジネスの実現に向かって働くことには危険や落とし穴があるということを、今の私は理解している。同時に、その可能性も見えているのだが、以前よりも現実的な視点を持てるようになった。

私は新たな気持ちでこの分野に専心することを誓ったが、以前よりも強く切迫感を感じていたことが、その決意を支えていた。国際社会は企業内理想主義者を必要としている。ただし、企業の「CSR活動」や「企業市民活動」にありがちな、どこかの壁に社員がボランティアでペンキを塗るイベント（1年に5時間程度）で着るおそろいのTシャツを注文するために、彼らの存在が必要なのではない。バングラデシュで起きたラナ・プラザの事故やメキシコ湾岸の原油流出事故のような労働災害というのは、非常に衝撃的で様々なことを引き起こすブラックスワン・イベント（予測できないが、発生すると壊滅的被害をもたらす出来事）なのであり、決してこれらを標準的な事故にしないことを徹底するために、企業内理想主義者が必要なのである。

「危機を無駄にするのは、実にもったいないことだ」と、経済学者のポール・ローマーは言った。BPがインドネシアで展開するタングー・プロジェクトの人権インパクト評価を行なった弁護士のゲアー・スミスは、バングラデシュで労働者の権利を尊重するという概念をどのようにして広めていくかを考えるために、同国の政府からの依頼で顧問弁護士になった。ゲアーは、1911年のトライアングル・シャツウェスト工場火災（ニューヨーク・マンハッタンの縫製工場で発生した火災により、多数の犠牲者を出した労働災害）を引き合いに出して、次のように指摘した。「直ちに解決されたことは、なにひとつありませんでしたが、労働者の権利を守る近代の運動を生むことにつながり、ビジネスのやり方を変えたのです」。私が話を聞いた企業内理想主義者や人権擁護者は、ラナ・プラザの教訓が政府や企業、そして労働運動を動かして有意義な変革に発展するだろうと、慎重な見方を保ちながらも楽観的にとらえている。そうはいっても、彼らの中でもっとも楽観的な人でさえ、工場の事故はもう二度と起きないなどと考えてはいないだろう。

メキシコ湾岸の原油流出事故を契機として、オフショア掘削の規制は全面的に見直されたが、それだけでは業界が将来遭遇する危機を防ぐには不十分だ。この地球の生態系で活動するすべての人が、それぞれに、そして力を合わせて、行動する必要がある。企業は、社会にとってプラスになることと、自分たちのビジネスにとってプラスになることを認識しなければならない。投資家は、各企業がその外部性にどう向き合っているかを見れば、おそらくその企業がほかの課題にはどのように取り組んでいるかも見えてくることを認識しなければならない。NGOは、調査・監視・権利の擁護、そして協働相手という役割をきちんと果たさなければならない。労働者と地域コミュニティは、自分たちの権利を知り、それを行使しなければならない。消費者は、安価な商品には様々な犠牲が隠されていることに気づかなければならない。メディアや取り締まる立場にある機関は、絶えず目を光らせ、先を見越して動かなければならない。とりわけ企業内理想主義者は、段階的な改善と大きな変革に向かって、努力し続けなければならない。これらを実行していくには、あきらめない気持ちと自信、そして仲間と作る強固なコミュニティがなければならない。

第6章

ニューヨーク――再出発

New York: Community and Careers

理想主義者はどう働き、どう行動すべきか

2012年9月、私は元気な双子を出産した。それから6週間が過ぎたばかりの頃、どうにかシャワーを浴び、きれいな服に袖を通し、それに合う靴を履いて、私は地下鉄に乗ってマンハッタンのミッドタウンへ向かった。企業内理想主義者《コーポレート・アイデアリスト》の仲間が集まる会に出席するためだ。

この集まりは、公式にはBSRが開催する年次会議として知られている。以前はBusiness for Social Responsibilityという名称だったこの組織は20年の歴史を誇る非営利団体で、彼らが関わる世界的なネットワークには、250を超える企業に加え、持続可能性の課題に取り組む多様な組織が含まれる。私はBPに入社した時からBSRの取り組みに注目しており、2011年に国連での仕事が終わると、人権問題の非常勤アドバイザーとして加わった。

当時、育児に追われて滅多に自宅から外へ出られなかったし、単語レベルではなく文章で会話をすることもままならなかったが、非常に多くの企業内理想主義者が参加する機会を逃したくはな

かった。スタンフォード大学経営大学院のデボラ・マイヤーソン教授は、彼女が「バランス感覚に優れた急進派」と呼ぶ人材について、次のように定義している。「彼らは所属する組織において成功したいのだが、いかに自分の価値観やアイデンティティが組織の中心的な風土と相容れなくても、彼らはそれを貫こうとする。組織で波風を立てつつ、そこに留まりたいのだ」[1]。マイヤーソンは、大企業で社会的責任や環境への配慮に取り組む人々も研究対象とし、そのような人材のコミュニティがいかに重要であるかについて、次のように指摘している。

「バランス感覚に優れた急進派」は個人で行動するが、それでもやはり他者とのつながりに依存している。

このような人間関係は、バランス感覚に優れた急進派の活動には不可欠であり、これがあるからこそ、彼らは自己の存在意義を肯定することができるし、これを支えとして、自分たちの影響力を広げる努力を続けられる。そして、より大きな組織的変革を促す必要がある時に共同体を形成するうえで、こうした人間関係は欠かせない。おそらくもっとも重要なことは、人間関係があれば孤立と孤独を回避することができる点だろう。孤立と孤独は、バランス感覚に優れた多くの急進派が直面する運命のようなもので、これらは彼らのエネルギーと効力を弱体化させてしまうことが、あまりにも多い。

あるいは、マーケティング関連の著作家として人気を博すセス・ゴーディンが著書『トライブ』に書いているように、「人間はどこかに所属する必要がある。私たちは、そうせずにはいられないのだ」ということなのかもしれない。(2)

企業内理想主義者にとってコミュニティの一員になることは、マイヤーソンが指摘しているように個人的な意味でも、実質的な意味でも、きわめて重要である。大きな企業の中でたったひとり、あるいは先頭に立って、社会問題に取り組むというのは、まさに孤軍奮闘になりかねないので、同じような仕事をしている人たちとつながっていることは精神的な支えになるし、個人として努力を重ねるうえでも、協働していくうえでも、そこから新たな活力をもらうことができる。

リズ・モーがCEOを務めるNPO「ネットインパクト」は、キャリアを通じて社会や環境の変革を推進することに意欲を持っている学生と社会人をまとめる団体だ。ネットインパクトは毎年会議を開催しているが、その第一の目的はコミュニティを築くことであると、リズは言う（2013年に行なわれたネットインパクトの会議には2500人が参加した）。

別々の会社で似たような問題に取り組んでいる人々がつながることができるように、私たちは企業の垣根を越えたコミュニティを築こうとしているのです。たとえば、ある会社で持続可能性を推進しようとしている人が孤独を感じていたら、その問題に関してサポートやアイデア、激励の言葉を与えてくれる人はたくさんいるということをその人が発見するお手伝いをしているのです。
これまで何人もの社会人から、「年に一度会議に参加するのはエネルギーをもらうためです。そうすると、その年の最後まで乗り切れる」と言われたことがあります。会議に参加すると、人の話を聞いて刺激を受けることができるし、同じようなゴールに向かって頑張る多くの人々と出会い、自分もその大きなグループの一員であることを実感できるのですが、このふたつを同時に経験するのは素晴らしいことです。持続可能性の問題に取り組む専門職の人々は、どこへ行っても自分は部外者であるように感じることが多いので、このような仕事を好きで選んでいる人々にたくさん触れると、とても励まされるのです。

まさにこれと同じことを、「安全と人権に関する自主原則」や「グローバル・ネットワーク・イニシアチブ」「人権に関するビジネスリーダー・イニシアチブ」など、企業の垣根を越えて人々をつなぐ様々な試みにおいて、私は直接目にする機会があった。どの会議でも明らかに、ある特定の問題をテーマにしているのだが、毎回同じ顔ぶれが戻ってきた。それはなぜかというと、前回参加した時に目的がより明確になって自分のやるべきことが整理されたと同時に、仕事に取り組むためのエネルギーが新たにチャージされたからだ。「ネットワークの力」をテーマに２０１３年に開催されたＢＳＲの会議を予告するブログの中で、同団体の代表でＣＥＯのアーロン・クレイマーは次のように書いている。「ネットワーク時代の到来によって、私たちは新しい考え方を持つようになり、問題解決の新しいアプローチが生まれた。そのことによって、これまでとは違う相手と協働することになったのだ。私たちには人のネットワーク、組織のネットワーク、技術的なネットワークを活性化させる能力があるが、もしかしたらそれは、私たちには真に公平で持続可能な世界についてのビジョンを描く力があるかどうかを測る、究極の試金石なのかもしれない」
ギャップ、アップル、バーバリーでの勤務経験を持ち、この分野のベテランであるショーン・アンセットは、私に次のような話をしてくれた。

BSRのようなフォーラムだけでなく、1カ月に一度同業者が集まってお酒を飲むような地域的なイベントに行くことも、とても大事です。アイデアを生むためには、こうしたサポートや集いの場が必要なのです。もし、自分はこの分野の専門家だと名乗る人がいたら、その人は嘘つきですね。だって私たちはまだ、誰ひとりとしてこの分野の専門家として育っていないのですから！　どんなことが有効だったか、逆にうまくいかなかったことはなにか、そして私たちはどこへ向かっているのか――。こういうことについて、私たちは絶えず知識を吸収したり、洞察したりしなければなりません。そしてまさにこれらの多くは、世界各地の会議で、パブで、カフェで、行なわれているのです。

ギャップでビジネスと人権に関するシニア・アドバイザーを務めるダリル・クヌードセンからは、

ある企業内理想主義者と次のような会話をした時のことを聞いた。

彼は私にこう言ったのです。「我々は全員、持続可能性のために闘う戦士です。時には仲間のひとりが怪我をして援助を必要とするかもしれませんから、いつでも互いに助け合えるような状態でいなければなりません」。私がこの考え方に共感するのは、父が軍人だったからかもしれませんが、とにかく彼の言っていることは正しいと思います。私たちは同じ課題に取り組んでいて、互いに助け合っている。これは思っているよりもずっと大きなプロジェクトで、一人ひとりがやっていることよりもはるかに大きいのだと思うと、エネルギーが湧いてくるのです。

ウォルト・ディズニー・カンパニーのローラ・ルッボは、次のように話してくれた。「私はしょっちゅう、他社にいる仲間に色々と遠慮なく聞いています。同様に、彼らからかかってくる電話にも気軽に出ます。この仕事は楽ではありませんし、人に相談しながらやったほうがいいのです。たとえば、ほかの人はどんなふうに対処しているのか、どのようにしてその結論に至ったのか、なにがうまくいって、なにがうまくいかなかったのか、自分の会社で成功させることを想像すると、それはどの部分が似ていて、どこが違うのだろうか、といった具合に」

ローラはこうしたコミュニティのことを、「とても献身的で頭が良くて情熱を持った人たちばかりの集団で、彼らはビジネスの力を使って人々の生活を良くしたいと思っている」と説明する。「そんな彼らと知り合い、彼らから学び、自分もそのコミュニティの一員であることに、私はとても誇りを持っています」

２０１２年、バングラデシュのタズレーン縫製工場で火災が発生して１００人以上の犠牲者を出したというニュースが飛び込んできた時、ローラは「グローバル・ソーシャル・コンプライアンス・プログラム」の会議に出席していた。これは、サプライチェーンにおける状況を改善するために、数十社が共同で運営するイニシアチブだ。ローラはそのような悲惨な事故が起きたことを聞いた時、その会議の場に居合わせたことを有難いと思った。「仲間と一緒にいて、お互いに顔を見ながら話すことができて良かったです。『あなたはその工場に関わっているの？』『どんな状況ですか？』『私たちは、次になにをしたらいいのでしょう？』という感じで。こういう経験ができるのが、フォーラムの良さなんです。長期的な戦略についても話し合うのですが、それよりも実際になにかが起きた時、その状況を伝えるべき相手と、すでに一緒に考え始めているのですから」

私はＢＳＲの人権問題に関するワーキンググループで、ファシリテーターを務めている。このワーキンググループでは四半期に一度、様々な業種の企業を集めて会議を行ない、彼らがそれぞれの業務において人権擁護を進めていけるように支援している。この会議に参加したからといって認定証のようなものはもらえない。彼らは純粋に学び、課題を共有し、互いにつながることを目的としてこの場に集まってくる。ＢＳＲのスタッフが標準的な事例や模範的な事例を探してくれているあいだに、私は会議の内容と進行を考えることに注力し、会議でのコミュニケーションが必ず双方向になるように、参加者が一対一、あるいは小グループで話し合う時間を十分に確保するように努める。ＢＰに勤務していた時も、国連で仕事をしていた時も、私は研究論文や報告書を読むよりも、同僚に直接彼らの仕事について聞きながらリサーチを進めるほうが好きだった。報告書を読むと、そこには「10段階プラン」のようなものが提示されていることが多く、それらの内容は単純化されすぎている。だが同僚に聞けば、それらのプランが現実に適用されたらどのような抵抗に遭うか、といったことを教えてくれる。私がこのワーキンググループの参加者たちとコミュニティを築こうとしているのは、彼らがいざという時に頼れる仲間をたくさん作れるようにするという目的があるからだ。

多様なキャリアの軌跡

２００９年、私の元には友人のそのまた友人や、知人のそのまた知人など、企業の社会的責任について学びたいという人からのＥメールが大量に届くようになり、対応するのが大変になってしまった。そこで、まとめて問い合わせに答えるために電話会議を始めることにした。最初のうちは、ただ単に便宜的な手段として始めた試みだったのだが、それから間もなく電話会議によってコミュニティが作られ、みんなが持ち寄った知識が蓄積されていき、結果的には一対一で会話をするよりも、参加者にとって有益であることがわかった。

電話会議では同じような質問が学生からも、ある程度のキャリアを積んで転職を考えている人たちからも、何度も持ち上がった。「どうしたらCSRの仕事に就けるでしょうか?」「私のスキルや私が関心を持っていることの内容は、この分野にマッチするでしょうか?」そして、ズバッと聞かれるか遠回しに聞かれるかは別として、いつも答えに窮する難問は「CSRは有意義な仕事なのでしょうか、それともうわべだけの広報的な仕事なのでしょうか?」というものだ。

BSRとビジネス・人権資料センターは、彼らのテーマに関連した求人情報をウェブサイトに掲載している。このように特化したウェブサイト以外の場所で、本物の企業内理想主義者の仕事――ビジネスの中心に存在する課題に取り組むことに焦点を当てた仕事――を見つけるのは難しいかもしれない。業界によって事情は異なるが、そのような仕事は調達やプライバシー、安全をはじめ、企業のあらゆる部門に存在すると思われるため、探し出すのが難しいのだ。

企業内理想主義者の仕事をひとことで明確に示すラベルのようなものが存在しないことは、かえって有難いチャンスでもある。第一に、大企業が社会に与えるインパクトをプラスの方向へ向かって形作っていくことができる仕事はたくさんあるのだから、多様なスキルを持つ企業内理想主義者が活躍できる場所があるはずだ。法律事務所やコンサルティング会社だけではなく、監査法人でさえもCSRと持続可能性に関連した業務を開発している。私の電話会議に参加する人たちの多くが「CSRの仕事をしたいです」と言うので、まず私は彼らにこう尋ねることにしている。「ななるほど、それはわかりました。でも、あなたがしたいことはなんですか？」

私自身のこれまでのキャリアについて言えば、色々な村を歩き回り、NPOとの提携関係を築き、専門家による調査を運営し、社内の方針や手順を策定し、社内および社外の人々とのコミュニケーションを様々なかたちで構築するという仕事をしてきた。スキルを開発・強化するとしたら、なにを最優先にすべきだろうか？

第二に（といっても、これはおそらく第一の点よりも重要なのだが）、「CSR」「持続可能性」「人権」というラベルは、企業の中で影響力が増している役割を担いたいという希望を持って就職活動をする人にとっては適切なものではないかもしれない。企業ごとに事情は異なるものの、持続可能性に特化した人材紹介の先駆者のひとりであるエレン・ワインレブによれば、全体的な傾向として、こうしたラベルの存在は遠のいているという。エレンの話では、彼女が2000年代半ばにこの仕事を始めた時、企業からの依頼はCSRの専門職としてシニアレベルの人材を探して欲しいというものだった。こうした企業が求めていたのは「自分たちでは簡単に探せないような一定の専門性を持った人材」だったという。

「この仕事を志願したり、3カ月のインターンシップ経験を持つ意欲的なMBA保持者はたくさんいたのに、実際にCSRのプログラムを立ち上げたり運営したことのある人となると、さほど多くはいなかったのです」。ところが今、企業は持続可能性をほかの部門にも取り入れるようになったので、CSRの専門職としての役割はもっと経験の浅い若い人が担うようになっているそうだ。

「持続可能性推進室のようなものは消滅しています。それは持続可能性自体が陳腐化して消えてしまったということではありません。以前は独立した格納庫のような存在だったオフィスが、ほかの部門と統合されるようになったという意味です」とエレンは言った。統合という流れは持続可能性にとっては良い知らせだが、企業内理想主義者にとっては、その役割を見出すことがさらに難しくなったとも言える。

「企業内理想主義者の仕事は、ほんとうにインパクトを与えられるものなのか?」という難問を考えるにあたっては、次のような問いかけが必要だ。「この会社の中核事業およびこの業界全体が社会にとっての最善の利益とぶつかるとしたら、もっとも緊張が生まれるのはどの部分だろうか?」「企業内理想主義者の仕事は、これらについての問題提起を行なうのだろうか?」「この仕事では、なにについて報告するのだろう?」「どのような権限を持っているのか?」その答えはまだ確立されていないだろうし、これからもっとふさわしい人物によって形成されていくと思うが、こうした疑問はいつも心に留めて置いたほうがいい。

一方で、なぜその会社で企業内理想主義者の役割が作られたのかについても、私は尋ねたい。エベリー・オコビを採用して彼女に「ビジネスと人権プログラム」を運営してもらう前のヤフーや、エド・ポッターを採用して彼に「グローバルな職場の権利」を指揮してもらう前のコロンビアにおけるコカ・コーラ・カンパニーのように、その企業も危機を経験したのだろうか? あるいは、同業他社が危機を経験したのだろうか? それとも、新しいCEOを迎えたのだろうか? これらの問いに対する答え自体が重要とは限らない。しかし、こうした問いかけをしてみると、その会社のどの部署がサポートしてくれて、どの部署が抵抗するかがわかる。

企業内理想主義者としてのキャリアパスには様々な道があるが、いずれも一直線ではない。私が話を聞いた企業内理想主義者たちは、すべて異なる方向からこの道へ辿り着いている。

子どもの頃から理想主義者

企業内理想主義者の中には、将来の仕事につながる手がかりを子ども時代に見つけていた人もいる。エド・ポッターは10歳の時、歳の離れた従兄弟が経営するニューヨーク州西部のぶどう農園で働く出稼ぎ労働者たちが、それぞれの車の中で寝泊まりしているのを見た。彼は新聞配達で稼いだお金を梃子《てこ》にして、父親や親せきから多くの資金を引き出すことに成功した。そしてその後3年にわたって従兄弟たちに呼びかけて、労働者の家族も住める居住施設の建設に協力するように求めた。それから50年が経った今も、彼は労働者の権利をめぐる問題に、コカ・コーラで取り組んでいる。

ヤフーのエベリー・オコビは次のように語った。「小さい時でさえ、私は意味のある仕事に就きたいと思っていました。私の両親は犠牲を払い、海を越えて米国へ渡ってきました。ですから、そのおかげで今の私があるのです。私はまさに『巨人の肩に乗っている』〔先人たちの努力を土台として物事を成し遂げるという意味〕のであり、より良い世界を目指して恩返しをする義務があるのです」

ロースクールを修了して大手法律事務所に入ったエベリーは、そこで社会奉仕として政治亡命者やドメスティック・バイオレンスの被害者、芸術家のために弁護活動を行なった。彼女はその仕事がとても気に入ったので、1年間休職してNPOでボランティアをすることにしたのだが、その時は企業法務の世界に戻ろうという漠然とした意思を持っていた。ところが2001年9月11日、彼女は親友のひとりを失った。その人は、世界貿易センターにオフィスがあったカンター・フィッツジェラルド社に勤務していた。エベリーは友人の死を受け、「人生は短いのだから、好きではない仕事に戻っている猶予はない」と思い至った。それから数年間、いくつかの非営利団体に在籍して医療関連の権利擁護活動や職場における女性の権利の平等などに取り組んだあと、彼女の言葉を借りると「企業は良い意味でも悪い意味でも、社会に変化をもたらし国家を変えられるような力を持っていて、そのことにだんだんと魅了され、希望を感じるようになった」という。エベリーはMBAを取得してナイキに入社したのだが、2008年にヤフーが新たに立ち上げる「ビジネスと人権プログラム」を運営する人材を募集しているという情報をBSRのウェブサイトで見つけた時、思わず自分の目を疑ったそうだ。

私はあちこちを渡り歩くキャリアを送ってきました。企業専門の弁護士として出発し、NPOの仕事に携わり、マーケティングやビジネス開発の現場でコンサルタントとして働きました。私は自分のキャリアに満足していましたが、こうした遠回りを評価しない人が少なからずいることもわかっていました。ところがヤフーは、まさに遠回りをした人をこの仕事に求めていたのです。さらに特筆すべきは、彼らが探していたのは重要な企業の決断に対して直接影響を与えられる人材であり、いわゆる広報担当として同社の環境への配慮をアピールする人材ではありませんでした。私にとって、ほんとうに素晴らしい機会だったのです！

それから5年の月日が過ぎた今も、エベリーはその時と同じ気持ちを持ち続けている。もちろん、私をはじめとする企業内理想主義者の仲間と同様に、仕事に浮き沈みはあるが――。私宛のメールで、彼女は自身をこう評した。「わずかに血が滲むことはあっても、滅多にへこたれない」

新人時代の経験がきっかけに

社会人になったばかりの頃の経験が、のちに企業内理想主義者の仕事につながったという人もいる。モニーク・オクセンダーは中西部の公立高校で環境科学を教えていた時、地元の研究開発センターが地域の水質に与えている影響について調べるというプロジェクトを生徒たちに提案した。しかし地元の教育委員会は、コミュニティにとっても税収の観点からも大切な企業を怒らせてしまうかもしれないと言って、この提案を退けた。企業を敵に回す可能性があるからという理由で教育プロジェクトを無効にすることができると知って、モニークは心底驚いた。特に、彼女の生徒たちの研究によって、その会社が良いことをしているという事実が明らかになる可能性もあるからだ。まさにこの時こそ、民間企業の持つ影響力に対するイメージが心の中にしっかりと、まるで種が蒔かれたかのように植え付けられた瞬間であったと、モニークは言う。

ミシガン大学大学院に在学中、モニークはコーヒーのサプライチェーンについて研究していたが、それは元はと言えば生態学的な観点からの研究だった。しかし、メキシコのコーヒー農家に3カ月間滞在したあとで、彼女はこの産業に関わる人々の問題も研究対象に含めるべきであると確信した。ゼネラル・モーターズ社のボランティア・プログラムを評価するプロジェクトがきっかけで、フォード社の購買部門でインターンとして働くことになり、のちにそれは彼女のフルタイムの仕事になった。フォードで8年間働いたあと、モニークのキャリアは振り出しに戻ってコーヒー業界に復帰することになり、グリーンマウンテン・コーヒー・ロースターズ社で持続可能性を担当するシニアディレクターに就任した。

モニカ・ゴーマンは女性初の国務長官になりたかったのだが、この夢はマデレーン・オルブライトの就任によって破れてしまった。大学院で国際関係を学んでいた時、自分には学究生活は向いていないと悟った彼女は、ビジネスに興味を持った。「欧州連合について勉強していたので、経済統合を政治的および法的にリードしていた存在を調べていたのです。すると、実際には多くの企業が立役者となって政治的なプロセスを動かしていたことがわかりました。まさに『これだ！』と思った瞬間、政治や歴史上の出来事に影響を与えるような世界の舞台で大きな力を持っているのは企業であると気づいたのです」

2003年、モニカは大学院生活の最後の数カ月を使って企業を回り、自分のことを採用するよう企業に対して説得を試みた。その結果、彼女はギャップ社に就職することになり、のちに同社のCSRへの取り組みについて報告するための革新的な方法を考案するという課題を与えられた。次の年、ギャップはCSR活動報告を発表したが[3]、小売企業が社会的責任に関するレポートを公表したのはこれが初めてだったと考えられている[4]。このレポートは、工場の労働環境についてかつてないほど正直に報告していると絶賛された[5]。マサチューセッツ工科大学経営大学院が発行するマネジメントレビュー誌の記事は、次のように書いている。

問題点も隠さずにありのままをさらけ出した報告書は、労働者の人権とサプライチェーンをめぐる行動規範に対する違反、および将来起こりうる違反を未然に防ぐための対策に焦点を当てて書かれている。複数の大手メディアがこの報告書を「懺悔の行為」と解釈し、「ギャップは労働搾取工場を動かしていることを認めた」などの見出しをつけて報道したが、ギャップに対してもっとも厳しい批判を繰り返してきた人々の中では、この取り組みを賞賛する声があがった。広報的な視点で見ると、この報告書は非常にポジティブな効果を発揮した。マーケティングの専門家たちは、報告書が与えた「肯定的な印象」の数値は、スーパーボウル〔アメリカン・フットボールのプロリーグの優勝決定戦〕で2度広告キャンペーンを展開する効果に匹敵すると

言った。また、この報告書は同業他社に対して行動を促すという役割も果たした。(6)

モニカは最終的にはギャップを離れてアメリカン・イーグル・アウトフィッターズ社へ転職し、そこで企業の責任と国際取引を担当した。現在はニューバランス社で企業コンプライアンスの責任者を務めている。

ベテランになってから目覚める

社会人としてのキャリアを積んでから、企業内理想主義者に転じた人もいる。ジョン・シャーマンはそのひとりだ。世界各地で公益事業を展開する企業に22年間勤務していたジョンは、2001年1月2日に電話である知らせを受けた。その企業が所有する施設で爆発事故が起きたのだ。3人の従業員が火に包まれ、そのうちのひとりが数日後に亡くなり、あとのふたりは助かった。

この企業の上席弁護士のひとりとして、ジョンはこの事故で同社を弁護する立場にあった。訴訟は和解に至ったが、事故で死亡した従業員のふたりの娘と対面した時、ジョンは自分がとった行動に驚いた。

「彼女たちに接することができてとても光栄だということと、心から気の毒に思っていることを伝えることしか思いつきませんでした」とジョンは言った。「すると、姉妹のひとりが泣き出したのです。私自身にも娘がふたりいますから、このことは私の心をひどく揺さぶりました」。ジョンにとって、これが転換期になった。彼は自称「60年代後半の申し子」で、妻はマーティン・ルーサー・キング牧師のデモ行進に参加している。だが、ほかの理想主義者と同様に、子どもが生まれるとジョンの優先順位も変わり、法曹の道を進んで企業での安定した職を得た。それから20年後、長く眠っていた活動家としてのジョンが、この悲劇的な事故によって目覚めたのだ。

ジョンは、他社が社会的責任に関してどのようなことをしているのかを調べ始め、2005年に自身が勤務する会社を代表して「人権に関するビジネスリーダー・イニシアチブ」に参加するという機会を得た。これは「気候変動に関するビジネスリーダー・イニシアチブ」に倣って作られたもので、四半期に一度様々な業種から十数社を集め、人権問題について話し合うのだが、外部の専門家や活動家を招くこともある。ジョンは、このイニシアチブのもっとも積極的な参加者であり擁護者だった。2008年に公益事業会社を退職したあと、ビジネスと人権に関する国連の特別代表をサポートする私たちのチームに加わった。こうして、ジョンは自分のコミュニティを見つけたのである。彼のように企業人であり、かつ世界のために役立ちたいと願う人たちがいるこの場所を、彼は「開放的」と表現する。

ダン・ブロスは、フォーチュン誌が選ぶ米国上位500社に数えられるヒューストンの石油・天然ガス企業に勤め、州政府と地域コミュニティとの渉外を担当する部署を率いていたが、ある時「大きな覚醒」と彼自身が表現するようなことがあった。「その時が来るまで、私は昼のあいだは仕事をきっちりとこなす地味な企業人で、夜になるとゲイになり、そのふたつが交差することは決してありませんでした」。1985年、ヒューストン市は差別を撤廃する条例を通過させた。当時について語った彼の言葉を引用しよう。

これはヒューストン史上最悪の出来事であり、この街がソドムとゴモラ〔旧約聖書に登場する都市。性のみだれが原因で神の怒りにふれて滅ぼされたとされる。現代では退廃的な都市を象徴する表現〕になってしまうと、ヒューストン商工会議所は結論づけました。私はその時白いシャツに三つ揃いのスーツ、そして赤いネクタイをして、自分の会社の会長室に座っていました。彼らは条例を撤回させようとする商工会議所の動きについて話していたのですが、「忌々しいホモ」といった差別的な表現を使ってヒューストンに起こりうる俗悪な問題について話し合っていました。私は献金を担当していたので、その会議を中座して小切手を用意しに行かなければなりませんでした。どこ宛ての小切手だったか忘れましたが、金額は3万ドルか5万ドルで、ヒューストン市議会が決定した条例を覆すための献金です。まさにその時、こんなことは自分にはできないと悟ったのです。その結果、私は会社にいる時でも週末に自宅で過ごす時でも、いつも自分らしくしていなければならないと、ものすごく強く感じました。

その晩、ダンは条例を支持する運動を開始し、昼間に自分が職場でやっていたことを打ち消そうとした。そのことについては、彼はのちに「ラムダ・リーガル」（女性同性愛者、男性同性愛者、両性愛者、心と体の性が一致しないなどのトランスジェンダー、そしてＨＩＶ感染者の権利を守るために活動する法律組織）の集会で、こう語った。「あんな人間になってしまった自分を、私は打ち負かさなければならなかったのです」

それから数カ月もしないうちにダンは会社を辞め、もっと自分の価値観と一致した仕事に就いた。カリフォルニア州の全住民にＨＩＶ検査を義務づける住民発議（有権者がみずから法案を提案し、住民投票によって成立を目指すこと）に反対する運動を展開するという仕事だ。その後、ワシントンに移って「エイズ・アクション・カウンシル」を運営した。

活動家として5年間脇目も振らずに走り続けたために燃え尽きてしまったダンは、特定の分野に特化したロビイング組織に就職した。それから間もなく、メイン顧客のマイクロソフトから引き抜きを打診された。ヒューストンでの経験を味わったあとに再び米国を代表する大企業に入社することに対してためらう気持ちはなかったか、私はダンに聞いてみた。「まったくその逆です。私のパートナーのぶんもカバーしてくれる保険がある会社に就職できるということ、ワシントンからシアトルへ引っ越すにあたって、パートナーのボブの職探しを支援してくれるということ――。これは以前とはまったく異なる経験でしたし、米国の大手企業の違う部分に入っていくということでした」

ダンはその時に引き受けた仕事のことを、「マイクロソフトは押しの強い独占企業だと思っていた規制当局や世論を形成する人たちに、同社を改めて紹介すること」と表現した。その仕事は広報的な意味合いが濃いのではないかと意地悪な質問をしてみたところ、彼の返事はこうだった。「元々は情報操作の一環として始まったのではないかと思います。正直に言うと、私もそのことを少し心配していました。でも、このような内容の話し合いを重ねていくうちに、情報操作をしてもある程度までしか効果がないということに私たちは気づいたのです。私たちがとにかくやらなければならないことは、当社の方針とビジネス慣行を真剣に見直すことでした」。現在、マイクロソフトで企業市民活動を担当するディレクターとして、ダンは「マイクロソフト・グローバル人権声明」の策定を率いており、責任あるビジネス慣行を現場に組み入れるようにするために、社内のあらゆる事業部と協働している。

偶然の成り行き

企業内理想主義者の中には、この仕事をするに至ったのは思いがけない展開だったという人もいる。ローラ・ルッポは国際関係の学位を取得したが仕事が見つからず、ボーイフレンドのあとを追ってサンフランシスコへ行くと、ギャップ社で2週間という短期の契約で資材調達部門のシニア・バイスプレジデントの事務アシスタントをすることになった。ちょうどその時、その人は同社の供給業者のための新しい行動規範の作成を検討していた。ローラは結局、それから7年間同社に残り、現在はディズニーで国際労働基準を担当する部署のシニア・ディレクターを務めている。

ポール・エリングスタッドは社会正義に関わる仕事がしたかったのだが、ヒューレット・パッカード社ではマーケティングを担当していたので、その情熱は心の中に秘めていた。ところが、彼のことを10年前から知る女性が社会イノベーション部門のトップに就任し、彼にもスタッフとして加わるように要請してきたのだ。もちろん、こうしたチャンスは完全に「成り行き任せ」の結果として巡ってきたわけではない。私がＢＰに入社した時がそうだったように、ローラもポールも関心を持っている分野がはっきりしていて、それをほかの人たちにも伝えていたのだ。企業内理想主義者の仕事を直接的に追い求めていたわけではなかったけれど。

世界をより良い場所にするために

これまでに登場した企業内理想主義者たちの話は、どれもその人ならではのエピソードによって様々に彩られていたものの、語られているテーマ自体に違いがあるわけではない。私たちの誰もがこの世界を良くしたいと思っていたのであり、みずから探し求めたことと偶然が重なり合った結果、その仕事に辿り着くことができたのである。

だが、すべての人が自身を「理想主義者」だと思っているわけではない。そのことについて、コカ・コーラ・カンパニーのエド・ポッターは次のように指摘した。「理想主義者だったら、ビジネスをまとめるために自分のベクトルを変えようとはしないでしょう。私は自分のことをＮＧＯの企業人、つまり企業内ＮＧＯのような存在だと思っています」。フェイスブック社のエリオット・シュレージは、「私は革新的な漸進主義者だ！」と私に宣言した。マイクロソフト社のダン・ブロスは「そつなく振る舞う扇動役」を自称する。

私が話を聞いた人たちの多くは、自身のことを現実的な視野を持った実務派として説明することを好んだ。そのうちのひとりが、カナダの産金大手バリック・ゴールド社でバイスプレジデント兼法務担当責任者補佐を務めるジョナサン・ドリマーだ。彼は２０１１年に同社へ入り、人権コンプライアンス・プログラムを新たに立ち上げた。前職は米国司法省で戦争犯罪を調査・起訴することだったが、この仕事がいかに道徳の力で支えられているものであっても、現在の仕事と同様に実践的な発想が求められたという。

有罪、つまりどこからどう見ても１００パーセント有罪であるとわかっている人物がいるとします。我々はそのことを証明できるでしょうか？　たぶん、できるでしょう。では、いかなる疑いも、つまりもっともな疑問も排除したうえで、それを証明できるでしょうか？　裁判所も我々と同じ結論に至るという確信を持てるでしょうか？　もしその答えが「いいえ」であれば、起訴しません。そうなればもちろん、その人物は逃してしまうことになりますが、また次の人物が現れるのです。ですから、そこには強い倫理観と強い道徳観があるのですが、同時に実践的な発想も働くのです。誰かを戦争犯罪で訴えた挙句にその人が無罪放免になるようなことはしたくないですから。「この仕事は理想主義的？」と聞かれれば、それは違うと答えます。理想主義ではなくて、強い倫理観と実践的な発想が必要なのです。

実用を重んじる友人たちの考えは尊重するが、それでもやはり彼らは私たちと同じ「企業内理想主義者族」の仲間に数えられる。本人としては自分の仕事を理想主義では括りたくないかもしれないが、彼らの仕事ぶりに理想主義が表れているのだ。アスペン研究所で「ビジネスと社会プログラム」を創設し、同プログラムのトップを務めるジュディ・サミュエルソンは以前、ビジネスリーダーたちのグループを相手に将来を悲観的にとらえたシナリオを使ってプログラムを進めたことがある。持続可能性についてもっと真剣に考えてもらうために、彼らを怖がらせるのが目的だったのだ。しかしその目論見は裏目に出た。参加者のひとりから「暗すぎる」と不満をぶつけられた。ここで、ジュディから聞いた話を紹介しよう。

非営利組織で働く道を選んだ私たちは、ビジネスの世界へ進んだ人たちとは異なる見方で世界をとらえる傾向があります。私はビジネス界で活躍するエグゼクティブたちと一緒に仕事をするのが大好きなのですが、その理由のひとつは、彼らの発想はすべて「機会」を基軸にしていること。まさに彼らのコップは「まだ半分残っている」なのです。〔コップに水が「まだ半分残っている」と言う人は楽観的、「もう半分しかない」と言う人は悲観的であることを示す、英語圏で多用される表現）悲観的で暗い見通しにどっぷり浸かっていたら、お金を稼ぐことなんてできません。非営利組織のために働く私たちの多くは、一般の人々の立場を案じることがその動機になっていますが、物事が前へ進んで行く道筋を見通しているのは機会に突き動かされている人たち――つまり、解決策はあるはずだと信じている人たち――であることが多いのです。

かつて米国アムネスティ・インターナショナルとヒューマン・ライツ・ウォッチに在籍したミラ・ローゼンタールは、活動家たちも実はひどく楽観的であると信じて疑わない。

根本的に極端なくらいの楽天家でなければ、企業内理想主義者にもなれないし、理想主義のNGOにもなれません。楽天家でないと自滅するからです。だってそうじゃなかったら、どうやって毎朝目が覚めた時に現実と向き合うのですか？　これまでに出会った最高の活動家たちは、どの人もこの素晴らしい気概――世界で発生する人権侵害を明確に把握し、自分がやっていることによって人々の置かれている状況がいつか改善すると強く信じている――を持っていましたね。

メグ・ローゲンサックは国際取引の法務を担当する弁護士として、かつては大手法律事務所に所属していたが、その後ヒューマン・ライツ・ファーストに転じた。これまで関わってきた企業には「やれる、できる」という姿勢があったと、彼女は指摘する。

それが法律だろうがルールだろうが、あるいは任意の目標だろうが、とにかく企業はその中身を知りたがり、それを達成するために組織的に動くのです。実際に実行できることの具体的な内容やそのスピードについては互いに意見が異なるかもしれませんので、まさに私たちはそれについて議論するのです。目標に置いたことをやり遂げるという明確な意志や規範がないと、物事を進めるのは非常に難しくなります。ところが、ビジネスというのは目標を達成することを基本に成り立っているのです。彼らはつねにそうあろうとするし、それが得意でもあるのです。ですから、彼らと認識を共有できていれば、私たちはビジネスの中心的な強みを梃子にして、共通の目標を達成することができるのです。

企業内理想主義者たちの多くが、「楽観主義・機会・行動」を強く志向することは、単にお金を儲けるためだけではなく世の中に変化をもたらすためにも必要であると、口ぐちに言った。自分が信じてきたことに幻滅するという場面に直面した時でさえ、みずから創業したセブンス・ジェネレーション社を去ることになったジェフリー・ホレンダーは次のような経験をしたという。「変化を遂げることは可能だということ、そして私たちには目の前の課題に取り組むのに必要な能力と技術が備わっていることがわかって、私は前向きな気持ちになれたのです」

マーカス・チャンは、インドにある同社の供給業者を訪問していた時のことを話してくれた。この時案内人は、彼をギャップ社が認定していない、とある工場へ連れて行った。

「その工場はデリーの真ん中の、人口が非常に密集している都心部にありました。それは何階建てかのビルの、あるフロアの一部屋だけを使っている、とても小さな工場で、すぐ隣の部屋や上下の階はアパートになっていたと思います。国内向けの製品を作る工場だったので、大手のブランドはそこと取引をしていませんでした。婦人物のシャツを作っていて、そこにはおそらくミシンが15台くらいあったと思います。とにかく、私たちがこれまで仕事をしたどの工場と比べても、そこは極めて小規模でした。

中へ入ると、そこはひどい労働環境でした。汚いし、狭いし、ゴミが辺り一面に散らばっているし、機械はものすごく古い。安全の仕組みなんてまったく考えられておらず、滑車がすべて丸見えになっていた。そこで見たものの中でいちばん衝撃的だったのは、まだ10歳くらいの子どもが機械を使って働いていたことです。ここの前に視察したばかりの工場とはまるで違うと思いました。

しかしマーカスは、このような光景を目にして落ち込むどころか、楽観的だったという。

実を言うとこの工場を見た時、これまでブランド各社が法令順守や監査や現地工場とのものづくりにおける様々な課題に取り組んできたからこそ、我々の工場はレベルが向上して各国へ製品を出荷できるようになったのだと実感できたのです。ところがその一方で、私たちが輸出工場を持っていない地域や国内マーケットに向けた製品だけを作っている工場など、私たちがどう関わったらいいのか見当もつかないような一連の問題にも目を向けるきっかけになりました。私があの工場で目にしたような光景は、どの国でも見られるはずです。そういう工場で作られた製品を売っている企業やブランドは、我々と同じような水準や期待値を持っていません。小売価格があまりにも低く、それはまるで別世界です。あの時あそこで私が見た工場と、私が日常的に見ている工場とのあいだには、ものすごく大きな差があるのです。

20年前や30年前の工場は、どこもきっとあんなふうな感じだったのだろうと思うと、なんだか元気が出ました。仕事をしていると、大して成果が上がっていないような気がする時があるのですが、もしそれがほんとうなら、どこを見渡してもひどい工場だらけだということになっているはずですからね。

私たちは皆、自分がこうした役割を担っている時に起きたことで苦労するものです。しかし、起こるべきことはまだたくさん残っているのです。私にとってあの経験は、私たちが数十年かけてやっとここまで来られたと実感できる、良い機会になりました。

バリック・ゴールド社のジョナサン・ドリマーが同社の仕事でパプア・ニューギニアを訪れた時、現地で横行するドメスティック・バイオレンスの状況について知ることになった。彼はその事実に圧倒されて無力感を感じたり、同社のビジネスに無関係だからと言って切り捨てたりはせず、そこに支援の機会を見出した。

これはまさに人権擁護につながる良い取り組みになるような気がしました。企業はこのような分野でこそ、影響力を発揮して状況を改善できるはずなのです。それはたとえば雇用の機会を提供すること、教育プログラムを充実させること、市民社会団体を支援すること、ドメスティック・バイオレンスについて警察官を教育することや家庭裁判所の設立を目指して地元の政府と協働することなどです。私たちにできることや私たちがすべきことは、明らかに存在していたのです。

「資源の呪い」を考察した論文によると、企業が社会問題を悪化させる、もしくは新たに作り出してしまう場合があるという。そのため、教育プログラムの開発に投資することは企業にとってもっとも可能性の低い選択肢のように思われるかもしれない。だが、ジョナサンが指摘しているように、また私自身がＢＰで経験したことからもわかるように、ある企業の存在は、その社会に多く存在する影響力のひとつにすぎない。私はジョナサンに対して、疑問に感じたことを口にした。「バリック社から仕事と給料を与えられたことで、現地の男性たちはより大きな支配力を手にしてしまった、という状況になっていないでしょうか?」それに対して彼は、無職の男性は自宅にいる時間が長いので自分の男らしさが揺らぐように感じてしまい、結果として限られたお金や物資の使い方をめぐって女性と言い争うのだということがわかったと答えた。「ですから、暴力を引き起こす要因になっていたものを変えた、と言ったほうがいいでしょう。ドメスティック・バイオレンスが横行している社会では、仕事とお金だけがその原因ではないですし、唯一の解決策でもありません」。ジョナサンは、ほかの企業内理想主義者たちが口にしたのと同じように、段階的に少しずつ進める(漸進主義)というスタンスを受容する考えに共鳴した。「この道に進んだ人は、自分が問題を完全に解決することなんて絶対に起こらないと自覚しておくべきです。特に、社会的な問題やコミュニティに根ざした問題には様々な要因が絡んでいますから、完全に解決することなどありません。自分たちにできることは問題を緩和すること、前向きなアプローチを模索すること、そして事態を改善するために確実に有効なステップを取り入れることです」

初めてインドネシアのタングー・プロジェクトを訪れた時、現地の開発は不可避であることを私は悟った。雇用が創出されインフラも整備されるので、地元の人々はBPの進出を望んでいたし、現地の政府は歳入が増えるのでBPを誘致したかったのだし、世界の人々はエネルギー資源を必要としていた。そこで私は、地域コミュニティが抱えるリスクを軽減する一方で地域コミュニティが享受すべき利益を高めることが、自分の使命であると考えるようになった。同時に、他社にはこのような仕事に従事している人材はいないかもしれない中で、自分はこうしてリスクを軽減して利益を高めるという特定の目的のために現地で仕事をしているという事実に対して、私は誇りと充実感を持っていた。

2002年、人権擁護団体からの圧力の高まりを受けて、カナダの石油大手タリスマン・エナジー社はスーダンの油田開発プロジェクトから撤退した[7]（スーダン政府による人権侵害を石油掘削企業が助長していると、人権擁護団体が訴えていた）。タリスマンが保有していた権益をインドの国営石油・天然ガス企業ONGCが買収すると、この地域についての懸念を表明していた人権擁護者との交信がなくなり、タリスマンが作ったコミュニティ・プログラムも途絶えてしまった。人権擁護者の中にはタリスマンの撤退を「勝利」と宣言する人たちもいたが、その後現地の石油生産は増加している。スーダンの人々の状況は少しも良くなっていないかもしれない。

企業内理想主義者のコミュニティは、大規模なビジネスの持つ可能性と課題の両方を見据えている。自分たちには世界を救うことはできない――犠牲を強いられている一人ひとりを救い出すことはできない――ということを、私たちは自覚している。自分たちの企業や業界が招いた災害について、ある程度詳しく語ることはできても完全なかたちで説明することはできない。このことは、わかりやすい回答と確かな保証を望んでいる人々にとっては到底納得できるものではない。しかし私たちは、「責任のあるビジネス」や「フェア・トレード」が新たな売り文句でもなく矛盾した言葉でもなく、当たり前で書く必要のない言葉になっているような、そんなより良い未来のビジョンに向かって企業の背中を押すことができるのだ。

ＢＰでの勤務と国連の仕事に携わり、世界各地で仕事をする経験をしたあと、私は数年間自分に問い続けた。「一体、これらの仕事には価値があったのだろうか？　自分はどこに向かって情熱を傾けるべきなのだろうか？」そして私は、自分の本拠地に戻ってきた。私は今、自分が生まれ育った街に、自分の家族と一緒に、そして自分が属するプロフェッショナルなコミュニティにいる。民間企業に恋い焦がれた「ハネムーン期間」は終わった。自分のパートナーは完璧ではないので、その相手をより深く愛さなければいけないことを自覚しながら、これから先は長い道のりを目指して腰を据えて取り組んでいくべきだ。大企業は失敗をおかしているが、それでも彼らには世界に変化を起こす力があるはずだと、私は楽観的にとらえている。小さな勝利を積み重ねて少しずつ段階的に進んでいくことを応援する一方で、危機の向こう側に変革のチャンスが見える。私はもはや、15年前の「石油メジャーに恋した女の子」ではない。しかし、私はこれからも「企業内理想主義者」であり続けなければならないのだ。

エピローグ
理想主義者のマニフェスト

1 社会のためになることは、私の会社のためにもなる。

2 「責任のあるビジネス」という言葉は、くどいほど繰り返されて不必要になるべきだ。

3 私の会社のビジネスによって影響を受けている地域コミュニティとその住民の話を聞き、それを社内で共有することは、私の仕事の一部である。

4 同僚に対して伝道師のごとく振る舞ったところでプラスには働かない。自分のやっていることが同僚の仕事にどういうかたちで役に立つかを考えることは、プラスになる。

5 「ビジネスの事情」は大切だ。同じように、倫理観も大切だ。

6 自分の仕事が会社の本質的な部分にしっかりと組み込まれているならば、トップが交代しようが財務体質が悪化しようが関係ない。

7 人権に関するすべてのことが、私の会社に関連している。

8 協議と協働――。そのどちらにも難しさや挫折感を感じることがなく、価値を見出すこともできないとしたら、私はまともな仕事をやっていないことになる。

9 革新的な変化は必要だ。少しずつ段階的に変えていくことも有意義だ。

10 私たちが直面している課題は構造的で複雑なものだ。しかしだからといって、自分にはどうすることもできない、というわけではない。

謝辞

文中に名前が登場していない人も含め、みずからの見解と体験を共有してくれたすべての人たち――理想主義者、実用主義者、皮肉屋、擁護者、専門家――に対して、感謝の言葉を贈ります。

エリカ・ヘイルマン、ジル・フリードランダー、シェヴァーン・ベルツァー、ジル・ショーエンホート、スーザン・ローゾー、そして本書を出版してくれたビブリオモーションの皆さん。

著作権エージェント、ラヴィーン・グリーンバーグのジム・ラヴィーン、ケリー・スパークス。

私の相談に乗りながら過去を振り返り、意見や感想を言ってくれたBP勤務時代の元同僚の皆さん。

チーム・ラギー。

BSRの皆さん。特にお世話になったファリス・ナトゥール、ピーター・ネスター、エヴァ・ダニエル、アーロン・クレイマー、そしてニューヨークチーム、人権チーム、人権ワーキンググループの皆さん。

コロンビア大学のジョアン・バウアー、ゾーリ・バーカン。

ノア・ピッカス、そしてデューク大学ケナン倫理研究所。

事実関係のチェックとアドバイスをしてくれた、ナサニエル・スタイン。

ケヴィン・オルーク、ジェン・チェン、ピーター・スターン、アンジェラ・サップ＝マンチーニ、ワード・デュヴァル、ユーセフ・アフタブ、アリエル・マイヤースタイン、サラ・スミス、ウェンディ・スズキ、ヴァレリー・ケラー、エルミラ・ベイラズリ、ベッキー・ホールデンをはじめ、原稿を読んで内容の評価をしてくれた多くの友人、学生、仲間たち。

イェール大学経営大学院のハイディ・ブルックス、エイミー・レズネスキー。

私に著者としてのロールモデルを示し、知識を与えてくれた人たち。特にお世話になった、ロン・リーバー、ジョディ・カンター、ケイト・ラインバウ、マーシー・アルボア、エイミー・ウィテカー、ケイティ・オレンスタイン、カリ・ヨスト、ジュリー・バースタイン、ジミー・ソニ。

ハイディ、スティーブ、ドリアン、シャーレーン。

キャリー、お母さん、スチュワート、ラリー、ジェフ、ケン、ペギー、サム、レキシー。

インスピレーション、そして目的とプライドを持って仕事をすることを教えてくれたアレクサンダーとクレア。

エイドリアンには、あらゆることに対して感謝しています。

訳者あとがき

本書の翻訳に取り組んでいた2015年、グローバルに事業を展開する企業の不祥事が相次いで報じられた。その規模とインパクトの大きさから特に耳目を集めたのは、タカタ、東芝、そしてフォルクスワーゲン（VW）の問題だろう。大規模なリコールが発生したエアバッグ製造大手のタカタは、同社製品の不具合により死傷した人や遺族への補償をするための基金を設立するように米国で要請された。東芝は、不適切な会計処理によって巨額の利益を水増ししていた事実が発覚した。VWは、米国でクリーンディーゼル車の排ガス規制を逃れるために不正なソフトウェアを搭載していたことがわかり、燃費の良さを訴求してきた同社のクリーンなブランドイメージは失墜した。

日本国内では、住まいや健康という人々の基本的な安全を脅かす不正も次々と明るみに出た。横浜市の大型マンションは、ずさんな基礎工事が原因で傾いてしまったのだが、これは杭打ち工事に使われたデータが改ざんされていたためであることが発覚した。しかも、データの改ざんと流用は全国各地に広がっていた。また、血液製剤やワクチンの製造大手である化学及血清療法研究所が40年という長きにわたって国の承認とは異なる方法で製造していたことが明らかになり、日本中を震撼させた。

いずれの問題も、不正や欠陥などを当の企業が認識していながら虚偽の報告を行なったり、問題を放置したり、あるいは情報を適切に開示しなかったために招いた結果だ。本書で紹介されている数々の事例を見ればわかるように、人は不都合なことを隠したがるものだが、それを見逃し続けていると、企業はいつか大きな代償を払わなければならなくなる。また、より大きな利益を求めてコストを最優先すれば、そのぶんなにかが犠牲になり、ひいては人権侵害や大きな事故を招いてしまうことも、過去の事例から学ぶことができる。それなのになぜ、企業は事故や不正を未然に防ぐことができないのだろう?

「ここにいるあなたたち一人ひとりにプロ意識がなかったから、9人は死にました。何千人もの社員がいるのだから、ひとりだけでも『この点検方法はおかしい』『天井板は危ない』とさえ言ってくれていたら、お姉ちゃんたちは死なずに済みました」

12月2日、山梨県の中央自動車道・笹子トンネルで2012年に発生した天井板崩落事故の追悼慰霊式で、ある被害者の遺族が中日本高速道路の幹部に対して涙ながらに強く訴えた。この言葉はまさに、「なぜ未然に防げないのか」という問題の本質を鋭く突いている。

著者のクリスティーン・ベイダーは、こうした問題から逃げるのではなく自分から探しに行くことを仕事とするビジネスパーソンを、「企業内理想主義者」と呼ぶ。そして、問題を起こした企業の中にも必ずこうした人材がいたはずだが、彼らはその役割と存在意義が過小評価されており、社内で孤軍奮闘するケースが少なくないと指摘する。

企業の社会的責任（ＣＳＲ）と言えば、環境への配慮や持続可能性に関する取り組みを思い浮かべる人が多いだろう。12月12日に第21回国連気候変動枠組み条約締約国会議（ＣＯＰ21）で「パリ協定」が採択され、２０２０年以降は開発途上国を含むすべての国が温室効果ガスの削減に取り組むことになった今、企業にはさらなる努力が求められる。それに比べて、ビジネスと人権への取り組みはかなり遅れているのが実情だ。ＢＰ社と国連で人権問題に取り組み、この分野の専門家となったベイダー自身も自戒の念を込めて書いているが、先進国のビジネスパーソンのあいだには「人権問題は開発途上国で起こるもの」という先入観があり、実は自分の足元で頻繁に起こっているにもかかわらず、国内での問題に対する意識が低い。

従業員やアルバイトに過酷な労働条件を強要するブラック企業やブラックバイト、妊娠・出産を理由に退職を迫るような嫌がらせをするマタニティ・ハラスメント――。近年大きく報じられるようになったこれらの問題は、いずれも企業によるれっきとした人権侵害であるが、はたしてそのような認識が日本の人々のあいだで広く共有されているかどうかについては、疑問が残る。

ベイダーは8月、米国シアトルに拠点を置くアマゾン社の社会的責任担当ディレクターに就任した。提携先の梱包業者での過酷な労働実態や、本社の従業員に対する厳しい処遇、地域コミュニティへの貢献の欠如など様々な批判を受けてきた同社が彼女に白羽の矢を当てたのは、ＣＳＲに本腰を入れて取り組むという意思表示だろう。

成長を追い求めた前世紀とは異なり、世の中が成熟した21世紀において、企業の使命は「世界をより良い場所にすること」であるべきだ。どの部署でも企業内理想主義者が活躍している企業が増え、そうした企業間の協働が進めば、社会に大きな変革をもたらすことが可能になるだろう。

２０１５年12月吉日

原賀真紀子

21. Rachel Davis and Daniel M. Franks, *The Cost of Conflict with Local Communities in the Extractive Industry*, presented at First Annual Seminar for Social Responsibility in Mining, 2011.
22. Yahoo! Business and Human Rights Program, yhumanrightsblog.com.
23. Mehul Srivastava and Sarah Shannon, "Ninety Cents Buys Safety on $22 Jeans in Bangladesh," Bloomberg.com, June 6 , 2013.
24. Howard Kimeldorf, Rachel Meyer, Monica Prasad, and Ian Robinson, "Consumers with a Conscience: Will They Pay More?" *Contexts*, February 2006, vol. 5: 124-29, as cited in Quentin Fottrell, "Would You Pay More for Fair Trade Socks? Why Shoppers Don't Care About Bangladesh?" Market Watch, May 14, 2013.
25. Joel Makower, "Exit Interview: Kevin Hagen, REI," Greenbiz.com, April 24, 2013.
26. Extractive Industries Transparency Initiative, "History of EITI," eiti.org.
27. David G. Victor and Joshua C. House, "BP's Emissions Trading System," *Energy Policy* 34 (2006): 2100-2112.
28. Fairphone, fairphone.com.
29. Dan Pallotta, "The Way We Think About Charity is Dead Wrong," TED Talk, March 2013.
30. ジョン・ジェラルド・ラギー著『正しいビジネス』※引用は独自訳
31. ウィリアム・マクダナー，マイケル・ブラウンガート著『サステイナブルなものづくり――ゆりかごからゆりかごへ』（山本聡，山崎正人訳，岡山慶子，吉村英子監修，人間と歴史社，2009 年）※引用は独自訳

第 6 章　ニューヨーク――再出発

1. Debra E. Meyerson, *Tempered Radicals: How People Use Difference to Inspire Change at Work*, (Boston, Harvard Business School Press, 2012): xi, 173, Meyerson and Maureen A. Schully, "Tempered Radicalism and the Politics of Ambivalence and Change," *Organization Science*, vol. 6, No.5. (Sep.-Oct. 1995): 585-600.
2. セス・ゴーディン著『トライブ――新しい " 組織 " の未来形』※引用は独自訳
3. Gap Inc., *2003 Social Responsibility Report*, gapinc.com.
4. Patrick M. Wright, "Corporate Social Responsibility at Gap: An Interview with Eva Sage-Gavin," Cornell University, School of Industrial and Labor Relations, Center for Advanced Human Resource Studies, Working Paper #06-14, 2006.
5. *Corporate Responsibility Magazine*, "Business Ethics Annual Award Winners: 1989-2006," thecro.com.
6. N. Craig Smith, Sean Ansett and Lior Erez, "How Gap Inc. Engaged with Its Stakeholders," MIT Sloan Management Review, Summer 2011, Simon English, "Gap Admits to Running Sweatshops," *The Telegraph*, May 13, 2004.
7. Lison Joseph, "ONGC's Sudan Deals Come Under Attack," *Live Mint*, June 30, 2008, Reg Manhas, "Talisman in Sudan: Impacts of Divestment," *Compact Quarterly*, March 2007.

演（冒頭に引用された数字はダニエル・L・ドクトロフによる）.
36. Office of the High Commissioner for Human Rights, "Working Group on the Issue of Human Rights and Transnational Corporations and Other Business Enterprises," ohchr.org.

第５章　メキシコ湾――理想主義の危機

1. Mouawad, "For BP, a History of Spills and Safety Lapses."
2. Abrahm Lustgarten, "Furious Growth and Cost Cuts Led to BP Accidents Past and Present," ProPublica and PBS *Frontline*, October 26, 2010.
3. Lustgarten, "Furious Growth and Cost Cuts Led to BP Accidents Past and Present," October 26, 2010.
4. National Commission on the BP Deepwater Horizon Oil Spill and Offshore Drilling, *Deep Water: The Gulf Oil Disaster and the Future of Offshore Drilling*, January 2011, Chapter 8, 218.
5. National Commission on the BP Deepwater Horizon Oil Spill and Offshore Drilling, Chapter 8, 219.
6. 米下院エネルギー商業委員会委員長ヘンリー・A・ワックスマン議員の開会声明. The Role of BP in the Deepwater Horizon Explosion and Oil Spill, subcommittee on Oversight and Investigation, June 17, 2010.
7. Lyall, "In BP's Record, a History of Boldness and Costly Blunders."
8. Peter Lattman, "An Ex-Trader, Now a Sociologist, Looks at the Changes in Goldman," *The New York Times*, September 30, 2013.
9. "A Report from Bangladesh," guest blog post on www.marcgunther.com, January 27, 2013.
10. Human Rights Watch, "Bangladesh: Tragedy Shows Urgency of Worker Protections," April 25, 2013.
11. Jim Yardley, "Garment Trade wields Power in Bangladesh," *The New York Times*, July 24, 2013.
12. Business and Human Rights Resource Center, "Foxconn Suicides—2010," business-humanrights.org.
13. アレクサンドラ・ハーニー著『中国貧困絶望工場』※引用は独自訳
14. Tom Idle, "Tesco CEO Admits That Era of Cheap Food is Over—And That Suppliers Need Longer Contracts," July 22, 2013, 2degreesnetwork.com
15. H & M," Choose and Reward Responsible Partners," hm.com, Vikas Bajaj, "Doing Business in Bangladesh," *The New York Times*, September 14, 2013.
16. ジョン・P・コッター，ダン・S・コーエン著『ジョン・コッターの企業変革ノート』（高遠裕子訳，日経 BP 社，2003 年）※引用は独自訳
17. ジョン・ジェラルド・ラギー著『正しいビジネス』
18. Mark Dowie, "Pinto Madness," Mother Jones, September/October 1977.
19. "Gas Flows Again from ExxonMobil's Arun Fields," *The Jakarta Post*, Schuman and Herrick, "ExxonMobil's Gas Shutdown in Aceh Shows Unrest's Cost," Coll, *Private Empire*.
20. Margaret Cronin Fisk, Brian Swint, and Laurel Calkins, "BP's Oil Spill Deal Sours as Claims Add Billions to Cost," Bloomberg.com, June 5, 2013, Stanley Reed, "Spill Claims Rising, BP Announces Weak Results," *The New York Times*, July 30, 2013.

14. Human Rights Council Resolution 8/7, "Mandate of the Special Representative of the Secretary-General on the Issue of Human Rights and Transnational Corporations and Other Business Enterprises," June 18, 2008.
15. ジョン・ジェラルド・ラギー著『正しいビジネス』 ※引用は独自訳
16. *Applications of the U.N. 'Protect, Respect, and Remedy' Framework*, June 30, 2011, business-humanrights.org.
17. John Ruggie, "Presentation of Report to United Nations Human Rights Council," June 3, 2008, business-humanrights.org.
18. Lee Scott, "Twenty First Century Leadership," October 24, 2005.
19. セス・ゴーディン著『トライブ——新しい"組織"の未来形』(勝間和代訳, 講談社, 2012年) 引用は独自訳
20. *The Onion*, "Ambassador Stages Coup At U.N., Issues Long List of Non-Binding Resolutions," theonion.com.
21. Mouawad, "For BP, a History of Spills and Safety Lapses," Lyall, "In BP' Record, a History of Boldness and Costly Blunders."
22. The White House, "Remarks by the President to the Nation on the BP Oil Spill," June 15, 2010, www.whitehouse.gov.
23. Sir Geoffrey Chandler Speaker Series, January 11, 2011, business-humanrights.org.
24. Hugh Williamson, "Conflict Zone Pressure Rises on Companies," *Financial Times*, January 12, 2011.
25. Hugh Williamson, *Financial Times*, January 17, 2011.
26. "Joint Civil Society Statement on the Draft Guiding Principles on Business and Human Rights," January 2011. この声明を受けたあとの書簡はbusiness-humanrights.orgで閲覧可能.
27. リプトンとミルスタインの書簡については, Michael D. Goldhaber, "A Sarbanes-Oxley for Human Rights?" *The AmLaw Daily*, June 2, 2008. リプトンの「指導原則」に対する支持表明については, Michael D. Goldhaber, "The Global Lawyer: Marty Likes It," December 20, 2010.
28. Business and Human Resource Center, business-humanrights.org.
29. "Eonron's 'Code of Ethics,'" thesmokinggun.com.
30. 人権理事会における声明の概略については, "Council Establishes Working Group on Human Rights and Transnational Corporations and Other Business Enterprises," June 16, 2011, ohchr.org. 人権理事会のビデオアーカイブについては, U.N. Human Rights Council Archived Video, Human Rights Council Seventeenth Session, un.org.
31. "Business and Transnational Corporations Have a Responsibility to Respect Human Rights," June 16, 2011, www.humanrights.gov.
32. U.N. Human Rights Council Archived Video, Human Rights Council Fourteenth Session, un.org.
33. U.S. Department of State and U.S. Department of the Treasury, "Administration Eases Financial and Investment Sanctions on Burma," May 23, 2013, humanrights.gov.
34. Hillary Rodham Clinton, Commemoration of the 50th Anniversary of the OECD on Guidelines for Multinational Enterprises, May 25, 2011, state.gov.
35. 2012年12月11日に開催された"The Responsibility to Lead"と題する外交問題評議会での講

第４章　国際連合——原則の力

以下に記したウェブサイトのリンク先に加え，本章で参照した「国連ビジネスと人権に関する特別代表」に関する資料は，ビジネスと人権リソースセンターのウェブサイトで閲覧できる．"U.N. Special Representative," business-humanrights.org.

1. Business and Human Rights Resource Center, Corporate Legal Accountability Portal, "Case Profile: Coca-Cola Lawsuit (Re Colombia)," business-humanright.org.
2. 本件に関する国連での歴史的経緯の概要については以下を参照．Giovanni Mantilla, "Emerging International Human Rights Norms for Transnational Corporations," *Global Governance* 15 (2009): 279-298.
3. *Draft Norms on the Responsibilities of Transnational Corporations and Other Business Enterprises with Regard to Human Rights*, E/CN.4/Sub.2/2003/12 (2003).
4. International Organization of Employers and International Chamber of Commerce, Joint Views of the IOE and ICC on the Draft Norms on the Responsibilities of Transnational Corporations and Other Businesses With Regard to Human Rights, March 2004, business-humanrights.org.
5. Letter from Graham Baxter, BP, to Dzidek Kedzia, Office of the High Commissioner for Human Rights, 1 October 2004, (available at Office of the High Commissioner for Human Rights), "Stakeholder Submissions to the Report of the High Commissioner for Human Rights on the Responsibilities of Transnational Corporations and Related Business Enterprises with Regard to Human Rights," www.ohchr.org.
6. Amnesty International, "Submission by Amnesty International under Decision 2004/116 on the Responsibilities of Transnational Corporations and Related Business Enterprises with Regard to Human Rights," September 2004, www.ohchr.org.
7. Commission on Human Rights, Decision 2004/116, "Responsibilities of Transnational Corporations and Related Business Enterprises with Regard to Human Rights," April 20, 2004.
8. Commission on Human Rights, Human Rights Resolution 2005/69, "Human Rights and Transnational Corporations and Other Business Enterprises," April 20, 2005.
9. Business and Human Rights Resource Center, "U.N. Special Representative," business-humanrights.org.
10. *Reporting on non-financial performance, Revenue Sharing and Fiscal Management, Security of People and Assets, Human Rights Impact Assessments*, Business and Human Resource Center, business-humanrights.org.
11. *Protect, Respect, and Remedy: a Framework for Business and Human Rights*, A/HRC/8/5, April 7, 2008.
12. John Ruggie, *Interim Report of the Special Representative of the Secretary-General on the Issue of Human Rights and Transnational Corporations and Other Business Enterprises*, U.N. Doc. E/CN.4/2006/97 (2006), February 2006.
13. ジョン・ジェラルド・ラギー著『正しいビジネス——世界が取り組む「多国籍企業と人権」の課題』（東澤靖訳，岩波書店，2014 年）※引用は独自訳

第３章　ロンドン――組織の力学

1. "Gas Flows Again from ExxonMobil's Arun Fields," *The Jakarta Post*, Schuman and Herrick, "ExxonMobil's Gas Shutdown in Aceh Shows Unrest's Cost," Coll, *Private Empire*.
2. International Financial Corporation, "Financial Valuation Tool for Sustainability Investments," www.fvtool.com.
3. *BP Annual Report and Accounts 2005*, 12
4. James. A. Baker, III, et al., *The Report of the BP U.S. Refineries Independent Safety Review Panel*, January 2007, xii.
5. インドネシアのワークショップに参加したスタッフについては仮名を使用した.
6. Avery, "The Difference Between CSR and Human Rights."
7. Tim Wall, "A Social Explosion in the Pipeline," *The Moscow Times*, June 7, 2005.
8. "The Oil Satrap: David Woodward and Being a Giant in a Small Country," *The Economist*, June 9, 2005.
9. Rio Tinto, "Human Rights Guidance," October 2003, www.riotinto.com.
10. 2006 年に発表した BP の人権問題に関する指針を示す文書は，2013 年に新たに作成された「ビジネスと人権方針」に置き換えられ，同社のウェブサイトに掲載された．Human Rights Policy, bp.com.
11. 独立安全調査委員会（通称ベーカー・パネル）の報告書を受けて開催した 2007 年 1 月 16 日の記者会見で，ジョン・ブラウンは次のように発言した．「我々が実行しているアクションは，2005 年にテキサス・シティーで発生した事故に遡るだけではなく，当クループの成長規模の拡大に伴って社内のコントロールや操業のあり方を強化するという大がかりな改革に着手した 2003 年にまで遡る」．www.investor-claims-against-bp.com (2013 年 9 月時点ではアクセス可能).
12. BP, "How We Operate," bp.com.
13. Office of the High Commissioner for Human Rights, "Human Rights and Transnational Corporations and Other Business Enterprises," Human Rights Resolution 2005/69 (E-CN_4-RES-2005-69), April 20, 2005.
14. John Ruggie, "Re: Joint NGO Response to Interim Report," Letter, May 22, business-humanrights.org.
15. Global Witness, "UN/SRSG & Global Witness Team Up," Press Release, October 3, 2007. Seema Joshi, *Business & Human Rights in Conflict Zones: The Role of Home States*, November 5, 2007. business-humanrights.org.
16. Browne, *Beyond Business*, 215
17. Barley, "BP Brings 'Green Era' to a Close."
18. "Entrepreneurial Spirit Needed" と題するスタンフォード大学経営大学院での講演（2009 年 5 月 12 日）.
19. Browne, *Beyond Business*, 231.
20. Arup, "Lord Browne Addresses Connect Out," Arup.com, May 29, 2012.
21. John Browne, "Three Reasons Why I'm Voting for Gay Marriage," *Financial Times*, June 2, 2013.
22. Charlotte Williams, "WH Allen Buys *Glass Closet* from Browne," June 11, 2013, wwwthebookseller.com.

2009 (available at BP Indonesia), "TIAP Reports and BP Responses," bp.com. タングー・プロジェクトが建設されたあと，BPは同プロジェクトの操業段階に関して新たな諮問団を設けた．アジア開発銀行もタングーのLNGプロジェクトにおける社会・環境面についての監視を行なった．それらの資料は同行のウェブサイトで閲覧可能．adb.org.

35. 特筆すべきものとしては，同社の経営方針として発表した2002年の声明 "What We Stand For," BPニュージーランドの "2002 Triple Bottom Line Report," そして次の記事がある．Simon Montlake, "A Test for Big Oil in Indonesia," *The Christian Science Monitor*, May 21, 2002.

第2章　中国――正しさの説明

1. John Bellamy Foster and Robert W. McChesney, *The Endless Crisis: How Monopoly-Finance Capital Produces Stagnation and Upheaval from the U.S.A. to China* (New York: Monthly Review Press, 2012), 175.
2. ChildFund Australia, *Stop Violence Against Women and Children in Papua New Guinea*, August 2013.
3. 中国唯一の労働組合である中華全国総工会は「本質的な力はなく，労働者を保護する立場でありながら政府の機関でもあるという，その矛盾した役割によって信用に値しない存在になっている」．アレクサンドラ・ハーニー著『中国貧困絶望工場――「世界の工場」のカラクリ』（漆嶋稔訳，日経BP社，2008年）※引用は独自訳
4. Mark Nordstrom, "China and Human Rights," May 3, 2013, www.gecitizenship.com.
5. John Elkington, "Going Green," *The New York Times*, June 21, 2012.
6. 1998年5月12日，ナショナル・プレスクラブで行なわれたフィル・ナイトの講演．
7. Charles Duhigg and David Barboza, "In China, Human Costs Are Built Into an iPad," *The New York Times*, January 25, 2012.
8. Shenzhen Stock Exchange Social Responsibility Instructions to Listed Companies," September 25, 2006, www.szse.cn. "SSE[Shanghai Stock Exchange] Drives Listed Cmpanies to Fulfill Social Responsibilities," May 14, 2008, English.sse.com.cn. Covered in World Federation of Exchanges, "Raising CSR Standards and Disclosure Practices," August 2009, www.world-echanges.org.
9. Shapi Shacinda, "Workers Shot During Zambia Mine Riots," *Mail & Guardian*, July 26, 2006, Barry Bearak, "Zambia Uneasily Balances Chinese Investment and Workers' Resentment," *The New York Times*, November 20, 2010.
10. The Embassy of Sweden in Beijing, "Corporate Social Responsibility in China," www.swedenabroad.com, China CSR Map, "UK Department for International Development China," www.chinacsrmap.org.
11. James A. Kent, "The Social Risk: When Citizens Organize to Fight a Project," EnergyBiz.com, Aug 20, 2013, Keith Bradsher, "'Social Risk' Test Ordered by China for Big Projects," *The New York Times*, November 12, 2012.
12. 2001年12月12日にウィンザー城で行なわれたチャンドラーの講演．"Challenges of Globalization: The Flaw of the 'Business Case'," Environment Foundation's Windsor Consultation at St. George's House.

19. Paul Lewis, "After Nigeria Represses, Shell Defends Its Record," *The New York Times*, February 13, 1996.
20. Global Witness, "Campaign Success: BP Makes Move for Transparency in Angola," February 12, 2001. ここに書かれているエピソードと引用されているソナンゴル社の書簡については, John Browne, "Beyond Business" 113-119, Human Rights Watch, *Some Transparency, No Accountability: The Use of Oil Revenue in Angola and Its Impact on Human Rights*, January 2004.
21. Richard C. Paddock, "7 Convicted in Assassination of Papuan Separatist Leader," *Los Angeles Times*, April 22, 2003.
22. Claire Cain Miller, "Secret Court Ruling Put Tech Companies in Data Bind," *The New York Times*, June 13, 2013.
23. Chris Avery, "The difference between CSR and human rights," Corporate Citizenship Briefing, August/September 2006.
24. Gare A. Smith and Bennett Freeman, *Human Rights Assessment of the Proposed Tangguh LNG Project: Summary of Recommendations and Conclusion*, April 19, 2002 (available at BP Indonesia), "Human Rights and Tangguh," bp.com
25. Business and Human Rights Resource Center, "Human Rights Impact and Compliance Assessments," bsiness-humanrights.org.
26. Douglas MacMillan, "Yahoo's Bold Advance into the Middle East," *Bloomberg BusinessWeek*, August 26, 2009. 特に, この記事に引用されていた次の発言を参考にした.「ヤフーの副社長兼法務担当副責任者マイケル・サムウェイは, 同社が法令順守を行なっていたとき,『人権上の問題に抵触する可能性のある点』を検討したと語る」. 他にも, 次の文書を参照. Yahoo!, Business and Human Rights Program, "Human Rights Impact Assessments," www.yhumanrightsblog.com.
27. エクソンモービル社のプラント閉鎖にかかるコストについては, 以下の試算や見積もりを参照した. "Gas Flows Again from ExxonMobil's Arun Fields," *The Jakarta Post*, July 29, 2001, 年間の純利益が3億～5億ドルという見積もりについては, 次記事を参照した. Michael Schuman and Thaddeus Herrick, "ExxonMobil's Gas Shutdown in Aceh Shows Unrest's Cost," *The Wall Street Journal*, April 4, 2001, Steve Coll, *Private Empire: Exxon Mobil and American Power*, 95.
28. Simon Montlake, "Cave in: Freeport-McMoRan Digs a Heap of Trouble in Indonesia," *Forbes Magazine*, February 13, 2012.
29. Tangguh Independent Advisory Panel, *Fourth Report on Tangguh LNG Project*, March 2006, 3 (footnote 7).
30. Timothy Mapes, "For BP to Gain in Irian Jaya, the Locals Must Benefit, Too," *The Wall Street Journal*, November 15, 2001.
31. "BP in Indonesia: Sociologists Before Geologists?" *The Economist*, June 27, 2002.
32. Mapes, "For BP to Gain in Irian Jaya, the Locals Must Benefit, Too," Smith and Freeman, *Human Rights Assessment of the Proposed Tangguh LNG Project.*
33. Michael M. Cernea, *BP Tangguh LNG Project: LARAP's Implementation Performance in 2006: 2nd Report of the External Monitoring Panel*, May 15, 2007, 47.
34. Tangguh Independent Advisory Panel, *Seventh Report on the Tangguh LNG Project*, March

Commission: Peace and Progress in Papua, 2003, and Blair A. King, *Peace in Papua: Widening a Window of Opportunity*, 2006.

3. WWF, "New Guinea," wwf.panda.org.
4. Reuters, "Indonesia Census Turns Up Papua Tribe Living in Trees," June 25, 2010.
5. パプアは2003年，2つの州に分断され，そのうちの一つは2007年まで「西イリアン・ジャヤ」と呼ばれていた．
6. Frederick van der Ploeg, "Natural Resources: Curse or Blessing?" *Journal of Economic Literature*, 49(2), 2011: 366-420.
7. *John Doe I et.al. v. ExxonMobil Corporation et.al.* この訴状は2001年6月11日，ワシントン米連邦地方裁判所に提出された．本件に関する資料として，以下を参照することが可能だ．Business & Human Rights Resource Center, "Case Profile: ExxonMobil Lawsuit (re Aceh)," business-humanrights.org. 同訴訟は，2013年の「キオベル対ロイヤル・ダッチ・シェル」訴訟の連邦最高裁判所の判決を受けて棄却される見込みである．同判決は，米国外で行なわれた人権侵害について，米国の裁判所では外国籍の被告が企業を相手取って訴えを起こすことはできないことを示すものだった．これについては，以下を参照されたい．Ian T. Shearn and Laird Townsend, "Did ExxonMobil Pay Torturers?" *Mother Jones*, October 5, 2012, Steve Coll, *Private Empire: ExxonMobile and American Power*, (New York: Penguin Press, 2012), 120.
8. Browne, "Addressing Climate Change."
9. Browne, "Leading a Global Company: The Case of BP."
10. BP, "Our logo," bp.com
11. 1999-2000: Chris Blackhurst, "2001: Britain's Most Admired Companies," *Management Today*, December 1, 2001.2002: Andrew Saunders, "Britain's Most Admired Companies: Double First," *Management Today*, December 1, 2002.
12. Business for Social Responsibility の年次会議にてジョン・ブラウンが行なったスピーチ "The Case for Social Responsibility"（1998年11月10日，ボストン）．
13. John Browne, *Beyond Business*, (London: Weidenfeld & Nicolson, 2010), 90-109, Jenny Pearce, *Beyond the Perimeter Fence: Oil and Armed Conflict in Casanare, Colombia*, Center for the Study of Global Governance, February 26, 2009, BP,"A security and human rights legacy in Colombia," bp.com.
14. John Browne, *Beyond Business*, 107
15. Charles Bowden, "Charlie Kernaghan, Keeper of the Fire," *Mother Jones*, July/August 2003.
16. 1998年5月12日，フィル・ナイトがナショナル・プレスクラブで行なった講演．この内容は次の記事で取り上げられている．John H. Cushman Jr., "Nike Pledges to End Child Labor and Apply U.S. Rules Abroad," *The New York Times*, May 13, 1998.
17. Abdul Khalik, "CTF Implicates Generals in 1999 East Timor Violence," *The Jakarta Post*, July 16, 2008, Human Rights Watch, "Justice Denied for East Timor," December 20,2002.
18. Jad Mouawad, "Oil Industry Braces for Trial on Rights Abuses," *The New York Times*, May 21, 2009, Elizabeth Neuffer, "Big Oil and an Activist's Death," *Boston Globe*, June 3, 2001. ケン・サロ＝ウィワ事件に関する詳しい資料や解説は，ビジネスと人権リソースセンター（Business and Human Rights Resource Center）で入手可能．"Case File: Shell Lawsuit (Re Nigeria)," business-humanrights.org.

原注

プロローグ　石油メジャーに恋をして

1. ブリティッシュ・ペトロリアムのCEO（当時）ジョン・ブラウンは1998年9月18日，"Leading a Global Company: The Case of BP" と題する講演のためにイェール大学を訪れた．この時の発言は，地元紙で取り上げられている．Daniel P. Jones, "BP Breaks Ranks with Vow to Cut Greenhouse Gases," *The Courant*, September 19, 1998.
2. ジョン・ブラウンが気候変動に言及したスタンフォード大学でのスピーチは，1997年5月19日に行なわれた．この発言について，のちにジャーナリストのダーシー・フレイが，ニューヨーク・タイムズ紙に掲載された投稿記事で論じている．Darcy Frey, "How Green Is BP?" *The New York Times*, December 08, 2002.
3. 私の両親は素晴らしいキャリアを送ったということが，今になってよくわかる．母はいくつもの金融機関で人事を担当したあとにペンシルベニア大学へ転じ，そこで引退した．母は同校の強みや利点を説明したり同校の立場を代弁したりする能力に長けていたので，彼女の退職は同大の教授陣を動揺させた．引退するまで保険計理士を務めていた父は，年金基金のお粗末な運用実態が全米レベルで耳目を集めるようになる何年も前に，この問題について複数の論文を執筆している．この問題は2009年，年金費用の増大によりゼネラル・モーターズ社や多数の州政府の予算が破綻したことを契機に注目されるようになった．父は年金の運用が失敗に至るシナリオが多く存在することを論文で指摘している．
4. Shanta Barley, "BP Brings 'Green Era' to a Close," BBC News, May 11, 2009.
5. Terry Macalister, "Safety Failures and Delays Force BP to Slash Targets," *The Guardian*, February 6, 2007.
6. Jad Mouawad, "For BP, a History of Spills and Safety Lapses," *The New York Times*, May 8, 2010, Sarah Lyall, "In BP's Record, a History of Boldness and Costly Blunders," *The New York Times*, July 12, 2010.
7. 本著では，企業が人々や環境に与えるインパクトを指す用語として「企業の社会的責任」「企業の責任」「持続可能性」という言葉を使っているが，いずれも互いに置き換えることが可能である．
8. Archie Carroll, "Corporate Social Responsibility: Evolution of a Definitional Construct," *Business & Society*, Vol.38 No.3, September 1999: 268-295.
9. Governance & Accountability Institute, "Numbers of Companies in S&P 500 and Fortune 500 Reporting on Sustainability More Than Doubles from Previous Year," December 17, 2011.

第1章　インドネシア——手探りの出発

1. 2001年の消費量を基にしている．*BP Statistical Review of World Energy 2013.*
2. インドネシアの歴史と文化についての記述は，BPインドネシアのタングー・プロジェクトで仕事を共にした元同僚ケヴィン・オルークの協力を得た．彼には次の著書がある．*Reformasi: The Struggle for Power in Post-Soeharto Indonesia*, Allen & Unwin, 2002. パプアの政治問題については，外交問題評議会の2つの論文に詳しく考察されている（同論文はその歴史や背景についても言及している）．David L. Phillips (Project Director) and Dennis C. Blair (Chair), *Indonesia*

●著者

クリスティーン・ベイダー

Christine Bader

コロンビア大学客員研究員。同大学で教鞭をとる一方で、持続可能性に特化した世界的なビジネス・ネットワーク組織であるBSRで人権問題に関する助言を行なっている。企業の社会的責任と持続可能性という、ビジネスと人権が複雑に絡み合う課題について講演や執筆を続けながら、社会にインパクトを与える仕事を志す人々のキャリア形成を支援している。

イェール大学経営大学院でMBAを取得してBPに入社。インドネシアと中国の拠点およびロンドン本社に勤務し、開発途上国で同社が展開するプロジェクトが持つ社会インパクトに関するマネジメントを担当した。2006年、ビジネスと人権に関する国連事務総長の特別代表のもとへBPから無償で出向する非常勤のポストを作り、のちに常勤のスタッフとして2008年から2011年まで従事した。

また、非営利組織シティ・イヤーで地域奉仕活動に携わったほか、フィリップス・アカデミー・アンドーヴァーという全寮制私立高校で教員兼助手を務めて地域奉仕を担当、ニューヨーク市庁にて市長の首席補佐官および副市長のアシスタントを務めた経験を持つ。

アマースト大学在学中にはスカッシュとラグビーの選手として活躍し、2002年にはフライングディスクの世界大会に参加したほどのスポーツ・ウーマンだが、現在アスリートとしての活動は、もっぱらハドソン川沿いのジョギングが中心だ。夫と二人の子ども（男女の双子）と共に、ニューヨークに暮らす。

●訳者

原賀真紀子

Makiko Haraga

ライター、翻訳者、東京工業大学非常勤講師。慶應義塾大学卒業、米ノースウェスタン大学ジャーナリズム大学院修了。著書に『「伝わる英語」習得術——理系の巨匠に学ぶ』（朝日新書、2009年）、訳書にトリシア・タンストール著『世界でいちばん貧しくて美しいオーケストラ』（東洋経済新報社、2013年）、エドガー・H・シャイン著『問いかける技術』（英治出版、2014年）がある。

理想主義者として働く

真に「倫理的」な企業を求めて

発行日　2016 年　1 月 31 日　第 1 版　第 1 刷

著者　クリスティーン・ベイダー
訳者　原賀真紀子（はらが・まきこ）
発行人　原田英治
発行　英治出版株式会社
〒150-0022 東京都渋谷区恵比寿南 1-9-12 ピトレスクビル 4F
電話　03-5773-0193　FAX　03-5773-0194
http://www.eijipress.co.jp/
プロデューサー　高野達成
スタッフ　原田涼子　岩田大志　藤竹賢一郎　山下智也　鈴木美穂
下田理　田中三枝　山見玲加　安村侑希子　山本有子
上村悠也　足立敬　市川志穂　田中大輔
印刷・製本　大日本印刷株式会社
校正　株式会社ヴェリタ
装丁　英治出版デザイン室

ISBN978-4-86276-206-1　C0034　Printed in Japan